U. Wengst (Hg.) · Historiker betrachten Deutschland

Historiker betrachten Deutschland

Beiträge zum Vereinigungsprozeß und zur Hauptstadtdiskussion (Februar 1990–Juni 1991)

Ausgewählt und herausgegeben
von
Udo Wengst

1992

BOUVIER VERLAG · BONN BERLIN

Die Deutsche Bibliothek – CIP-Einheitsaufnahme

Historiker betrachten Deutschland: Beiträge zum Vereinigungsprozess und zur Hauptstadtdiskussion (Februar 1990 – Juni 1991) / ausgew. und hrsg. von Udo Wengst. – Bonn; Berlin: Bouvier 1992
ISBN 3-416-02392-7
NE: Wengst, Udo [Hrsg.]

 Satz: Computersatz Bonn GmbH Bonn, Druck und Einband: Strauss Offsetdruck GmbH, 6945 Hirschberg 2. Printed in Germany.
Umschlaggestaltung: Klaus Fischer, Köln

Inhalt

Zur Hauptstadtdiskussion:

Vorbemerkungen

Wie alle anderen Zeitgenossen sind auch die Historiker von den politischen, gesellschaftlichen und wirtschaftlichen Umbrüchen, die sich seit der zweiten Jahreshälfte 1989 in Europa vollzogen haben und bis heute nicht zum Abschluß gekommen sind, überrascht worden. Obwohl gerade in diesem Jahr und in den Jahren davor sich viele von ihnen aus Anlaß des 200jährigen Jubiläums der französischen Revolution von 1789 mit dem Problem der Revolution beschäftigten, hatte wohl kaum einer von ihnen die neue Revolution vorausgesehen und erwartet. Die persönliche Erfahrung einer Revolution – wenn auch in den meisten Fällen aus einer gewissen Distanz – war für viele der Historiker ein existentielles Erlebnis, da ihnen nachdrücklich vor Augen geführt wurde, daß Geschichte stets ein „Durchgang" ist. Durch die ruckartige Änderung und Beschleunigung des Geschichtsverlaufs seit 1989 verloren bisher als sicher geltende Positionen ihren Grund, und die sich rasch wandelnde Welt verlangte nach Interpretationen aus sich ebenfalls ändernden Perspektiven. Dies gilt insbesondere im Hinblick auf die Dynamik, der die Entwicklungen im geteilten Deutschland unterworfen waren und die mit einer zunächst nicht für möglich gehaltenen Geschwindigkeit auf ein vereinigtes Deutschland zuliefen und den neuen Nationalstaat mit der Frage nach seiner Hauptstadt konfrontierten. In der öffentlichen Debatte, die über die deutsch-deutsche Vereinigung und das Hauptstadtproblem geführt wurde, wurden Historiker um Stellungnahmen gebeten oder meldeten sich selbst zu Wort, um zu versuchen, die verwirrenden und nur schwer durchschaubaren Einstellungen, Entscheidungen und Abläufe aufgrund von aus der Geschichtsbetrachtung gewonnenen Maßstäben zu interpretieren.

Wenn im folgenden eine Auswahl dieser Beiträge, die in Form von Artikeln in deutschsprachigen Zeitungen oder Magazinen erschienen sind, in Buchform veröffentlicht wird, so geschieht das deshalb, weil der Herausgeber davon überzeugt ist, daß sie über den Tag hinaus von Interesse sind. Losgelöst von vordergründiger politischer Argumentation und Polemik liegen mit dieser Artikelfolge Stellungnahmen vor, die zwar allesamt selbst zeitbedingt sind und die jeweilige politische Situation als Bezugspunkt erkennen lassen, die aber zugleich erste tastende Versuche historischer Einordnung und Bewertung darstellen.

Damit ist bereits ein entscheidendes Kriterium für die Auswahl der Beiträge genannt. Historische Argumentationsführung war für die Aufnahme in diese Sammlung Grundbedingung. Wortmeldungen von Historikern, die sich lediglich als politische Kommentatoren verstanden (so z. B. Eberhard Jäckel, Kurt Sontheimer und Heinrich August Winkler in der Hauptstadtdiskussion[1]) fanden ebensowenig Berücksichtigung wie Einlassungen, bei denen Polemiken ad personam überwogen (z. B. die Attacke von Harold James und die Replik von Hans-Ulrich Wehler[2]). Weiterhin war der Herausgeber bestrebt, nicht nur Neuhistoriker, sondern auch Vertreter der alten und mittelalterlichen Geschichte zu Wort kommen zu lassen. Wichtig war ihm ebenfalls, Beiträge von Repräsentanten verschiedener „Schulen" und „Richtungen", von Angehörigen unterschiedlicher Generationen, von Kollegen aus dem Osten und (sehr viel zahlreicher) aus dem Westen und schließlich auch aus dem Ausland zum Abdruck zu bringen.

Diese sind insbesondere in einem Exkurs nachzulesen, in dem zunächst das Protokoll eines von Margaret Thatcher einberufenen Deutschland-Seminars in Chequers am 24. März 1990 abge-

[1] Eberhard Jäckel, Für einen historischen Kompromiß, in: „Handelsblatt" vom 21. 3. 1991; Eberhard Jäckel, Bonn würde mehr verlieren, als Berlin je gewinnen könnte, in: „Mannheimer Morgen" vom 15. 5. 1991; Kurt Sontheimer, Wider die deutsche Hauptstadtspaltung, in: „Handelsblatt" vom 21. 3. 1991; Kurt Sontheimer, Ist Bonn von allen guten Geistern verlassen?, in: „Die Welt" vom 29. 4. 1991; Heinrich-August Winkler, Alle lieben Berlin und wollen doch von Bonn nicht lassen, in: „Die Zeit" vom 26. 4. 1991; Heinrich-August Winkler, Hauptstadt Berlin – eine unbequeme Notwendigkeit, in: „Mannheimer Morgen" vom 14. 5. 1991.

[2] Harold James, Die Nemesis der Einfallslosigkeit, in: „Frankfurter Allgemeine Zeitung" vom 17. 9. 1990; Hans-Ulrich Wehler, Aufforderung zum Irrweg, in: „Der Spiegel" vom 24. 9. 1990.

druckt wird, an dem neben der Premierministerin, einigen ihrer Mitarbeiter und dem Journalisten George Urban die angelsächsischen Historiker Gordon Craig, Fritz Stern, Lord Dacre (Hugh Trevor-Roper), Norman Stone und Timothy Garton Ash teilnahmen. Als das Protokoll, das Charles Powell, der Chefberater Margaret Thatchers für Außenpolitik verfaßt hat, im Juli 1990 u. a. vom „Spiegel“ unter der Überschrift „Wer sind die Deutschen?“ veröffentlicht wurde und in der Öffentlichkeit sowohl in England als auch in Deutschland heftige Reaktionen auslöste, gaben drei der am Gespräch beteiligten Historiker hierzu in der Presse ihre Stellungnahmen ab, die nunmehr im Anschluß an das Protokoll im Rahmen des Exkurses in vorliegende Veröffentlichung aufgenommen worden sind.[3]

Bedauerlich ist, daß Artikel von französischen, russischen und polnischen Historikern nicht aufzufinden waren. Aber auch hiervon abgesehen ist es durchaus möglich, daß der eine oder andere Beitrag, der in diese Sammlung noch „hineingepaßt“ hätte, übersehen worden ist. Dies kann jedoch in Kauf genommen werden, da es in diesem Fall weniger auf Vollständigkeit, sondern auf eine instruktive Auswahl ankommt. Daß hierin vier Historiker mit jeweils zwei Beiträgen vertreten sind, die zu unterschiedlichen Zeitpunkten verfaßt worden sind, ist durchaus nicht als Nachteil, sondern als Vorteil zu werten, da dem Leser anschaulich vor Augen geführt wird, wie sich jeweils der Betrachtungswinkel und die Argumentationsführung in Anbetracht der rasch ablaufenden Wandlungsprozesse verändert haben.

Die in diesem Band veröffentlichten Beiträge – durchweg von namhaften Historikern verfaßt – sprechen für sich, und es ist daher nicht notwendig, auf sie an dieser Stelle im einzelnen einzugehen. Zusammenfassend sei nur so viel festgestellt, daß das Ja zur staatlichen Einheit Deutschlands von allen Autoren ausgespro-

3 Zu der Tagung und dem Protokoll hat sich nunmehr in ausführlicherer Weise auch Gordon A. Craig mit dem Artikel „Die Chequers-Affäre von 1990. Beobachtungen zum Thema Presse und internationale Beziehungen“, in: Vierteljahrshefte für Zeitgeschichte, 39. Jg. (1991), S. 611–623, geäußert.

chen wird, wenn auch in den (zeitlich) ersten Stellungnahmen noch mit einigen Vorbehalten und Einschränkungen. Ebenso interessierten anfangs noch insbesondere die Modalitäten der Vereinigung (z. B. der Zusammenhang von Vereinigung und Verfassungsfrage), während von dem Zeitpunkt ab, als sich die deutsche Einheit als Realität abzeichnete, die Analyse der Ursachen der Revolution in der DDR und ihre nationale Wendung, das Problem der Einordnung der Vereinigung in den historischen Prozeß und die Frage nach der Identität (den Identitäten) der Deutschen und des neuen (National)Staates vor dem Hintergrund seiner historischen Belastungen in den Mittelpunkt der Betrachtung rücken.

Die mit Blick auf den zuletzt genannten Aspekt bezogenen Positionen lassen sich – unter Vernachlässigung der im jeweiligen Einzelfall vorgenommenen Relativierungen – wie folgt festmachen. Die eine Seite hält es für notwendig, den mit der Gründung der Bundesrepublik Deutschland 1949 eingeschlagenen, als Abkehr von der bisherigen deutschen Geschichte zu interpretierenden politischen Kurs fortzusetzen und die letzten 40 Jahre nicht als eine Episode deutscher Geschichte erscheinen zu lassen. Die andere Seite hingegen plädiert für die Aufnahme von Traditionen aus beiden deutschen Teilstaaten, aus der etwas „Neues" entstehen müsse. Pointiert ausgedrückt vertreten die einen den Standpunkt vom Fortbestand der Bundesrepublik Deutschland unter veränderten Rahmenbedingungen, die anderen hingegen unterstellen den Untergang der Bundesrepublik und der DDR durch die Vereinigung, durch die ein qualitativ anderer Staat, eben ein neuer deutscher Nationalstaat entstanden sei, der an ältere deutsche, nunmehr allerdings zu modifizierende Entwicklungslinien anknüpft.

Um denselben Dissens handelt es sich letztlich ebenso in fast allen Beiträgen, die in diesem Band zur Hauptstadtdiskussion Stellung nehmen. Auch hier steht Berlin als Ort „neuer" nationaler Identitätsstiftung Bonn als Symbol für die „alte" Bundesrepublik gegenüber, wobei für beide Lösungen durchaus wohlbegründete historische Argumente ins Gefecht geführt werden und die vorgetragenen Hoffnungen, aber auch die zum Ausdruck gebrachten Befürchtungen allesamt von Belang erscheinen. Starke Beachtung verdient jedenfalls auch nach der Entscheidung des Deutschen Bundstages, den Parlaments- und Regierungssitz nach Berlin zu verlegen, die Mahnung Hagen Schulzes an die Berliner, die Zukunft dieser Stadt nicht allein von ihrer Hauptstadtfunktion abhängig zu machen, sondern sich auf die eigene Substanz, auf ihre Rolle als Metropole Europas zu besinnen.

Mit diesen knappen Vorbemerkungen soll es sein Bewenden haben. Eine ausführlichere Einführung des Herausgebers ist nicht notwendig: Der am Beginn stehende Beitrag von Arnold Esch erweist sich als so gelungener Problemaufriß, daß keine Ergänzungen mehr angebracht sind. Die Aufteilung der Artikel (jeweils chronologisch geordnet, wobei für die Einordnung des Exkurses über das Chequers-Seminar der Zeitpunkt der Veröffentlichung des Protokolls und der hierzu abgegebenen Stellungnahmen maßgebend war) in zwei Kapitel, dessen erstes die Ausführungen zum Vereinigungsprozeß generell, dessen zweites jenes zur Hauptstadtdiskussion enthält, erschien dem Herausgeber angesichts der zeitlich unterschiedlich abgelaufenen Hauptdiskussionsphasen und der Komplexität der Fragestellung einerseits und der Konzentration auf ein Problem andererseits sinnvoll, auch wenn bereits in einigen Beiträgen zur Vereinigungsfrage zur Hauptstadt Stellung genommen wird. Den Abschluß der Sammlung bilden schließlich die zeitgeschichtlichen Anmerkungen Karl Dietrich Brachers, die einen Versuch darstellen, den „Zeitenbruch" von 1989/90 und mit ihm den deutschen Vereinigungsprozeß in einen größeren historischen Zusammenhang zu stellen, und die in einem nachdrücklichen Plädoyer für das Gelingen der Demokratie, für die Schaffung einer weltoffenen Gesellschaft am Ausgang des 20. Jahrhunderts gipfeln.

Zur Redaktion des Bandes ist noch folgendes zu bemerken. Die Beiträge erscheinen in aller Regel in der Form, wie sie in den Zeitungen bzw. Magazinen publiziert worden sind. In einigen Fällen sind allerdings Korrekturen vorgenommen worden, weil der Erstabdruck fehlerhaft war. Ergänzungen, die durch [. . .] kenntlich gemacht worden sind, enthalten auf Bitten der Autoren die Artikel von Karl Dietrich Bracher und Hagen Schulze, da die Zeitungen die seinerzeit vorliegenden Manuskripte nur leicht gekürzt publiziert (Bracher) bzw. willkürliche, den Text erheblich verändernde Eingriffe vorgenommen haben (Schulze), bis hin zum sinnentstellenden Vertausch von Absätzen, der rückgängig gemacht wurde. Ebenfalls auf Bitten der Autoren sind die Überschriften der Beiträge von Michael Stürmer und Heinrich August Winkler geändert worden, die in der „Frankfurter Allgemeinen Zeitung" unter dem Titel „Wenig Staat. Deutschland ohne Preußen" bzw. in der „Zeit" unter der Schlagzeile „Mit Skepsis in die Einigung" erschienen waren. Hinzuweisen ist außerdem darauf, daß drei Artikel in dieser oder einer ausführlicheren Fassung bereits an anderer Stelle publiziert worden sind.[4]

Am Ende dieser Vorbemerkungen habe ich den Autoren und Zeitungsredaktionen für die – problemlose – Zustimmung zum Abdruck der Beiträge in diesem Band ebenso zu danken wie Herrn Thomas Grundmann, der sich auf meine Anfrage hin spontan bereit erklärte, das Buch in seinem Verlag herauszubringen. Dank gebührt auch Frau Evelyn Harbich und Herrn Peter Parusel für die Betreuung bei der Drucklegung und ebenso Monika Demary, die die Texte satzfertig vorbereitet hat.

Bonn, im März 1992 Udo Wengst

[4] Karl Dietrich Bracher: Betrachtungen über den „Zeitenbruch", in: Wolfgang Mantl (Hrsg.), Die neue Architektur Europas. Reflexionen in einer bedrohten Welt, Böhlau-Verlag, Wien u. a. 1991, S. 94–101; Jürgen Kocka: Revolution und Nation 1989. Zur historischen Einordnung der gegenwärtigen Ereignisse, in: Tel Aviver Jahrbuch für deutsche Geschichte, Bd. 19 (1990), S. 479–499; Christian Meier: Deutsche Einheit als Herausforderung. Welche Fundamente für welche Republik? Carl Hanser Verlag, München 1990, S. 46–57.

Zur Einführung

Arnold Esch

Geschichte im Entstehen

Der Historiker und die Erfahrung der Gegenwart

(Aus: „Frankfurter Allgemeine Zeitung" vom 14. 7. 1990)

In Märchen und Sagen gibt es ein Motiv, das Menschen durch mehrhundertjährigen Schlaf aus ihrer Gegenwart entrückt sein läßt, so daß sie, endlich wiedererwachend, die unterdes gewandelte Welt nicht wiedererkennen. In unserer Gegenwart scheint schon der Schlaf einer Nacht zu genügen, um beim Blick in die Morgenzeitungen die Welt verändert zu finden. Die atemberaubende Beschleunigung der Vorgänge im Herbst 1989 ließ die Zeitgenossen nicht nur staunend den Wandel der Welt feststellen, sondern löste auch eine Welle von Reflexionen aus, wie einem aus zahllosen Artikeln entgegentrat, aber auch aus Gesprächen des Alltags mit Menschen, die mit Geschichte sonst nichts im Sinn haben. Denn die Erfahrung der eigenen Gegenwart gab das Empfinden, nicht einfach Geschehen, sondern Geschichte zu erleben. Solch faszinierender Erfahrung kann sich am wenigsten der Historiker entziehen: Ihm ist, als beobachte er Geschichte im Entstehen; als lehre ihn diese Zeit das Begreifen von Prozessen, die er in der Vergangenheit so nicht zu fassen kriege. Ja, er ist versucht, auf die eigene Gegenwart als eine historische zurückzublicken.

Während aus der Erfahrung der vergangenen vier Jahrzehnte Geschichte wie ein verwaltbarer Prozeß von berechenbarer Dynamik wirkte, sozusagen als das, was vom Tun der Politiker am Ende übrigbleibe, scheint es den Menschen nun so, als habe die Geschichte sich verselbständigt, ja, als breche nun seit vierzig Jahren gestaute Geschichte über sie herein: Geschichte, nicht von Politikern gemacht, sondern Geschichte sozusagen selbst, hinter der die Politik atemlos herrenne. „Eigendynamik" und „Unumkehrbarkeit" sind kennzeichnenderweise früh und häufig verwendete Leitbegriffe bei der Beschreibung dieses historischen Prozesses, der offensichtlich auch in besonderer Weise dazu herausfordert, spontan Aussagen über Geschichte zu machen.

Dem Historiker muß jedenfalls auffallen, daß von Geschichte im Augenblick viel die Rede ist. Mit den periodisch wiederkehrenden Wellen modischen Interesses hat das nichts zu tun. Hatte etwa die „Mittelalter-Welle" immer etwas Künstliches, das den Mediävisten nicht recht froh an ihr werden ließ – Züge von Bildungsbeflissenheit, von Esoterik, von rückwärtsgewandter Science-fiction –, so ist das gegenwärtige Empfinden, im Innern eines historischen Prozesses eingeschlossen zu sein, und das Bedürfnis, darüber Allgemeines auszusagen, etwas völlig anderes, ganz Unverstelltes, wahrhaft Existentielles. War „Geschichte" bisher ein Fach an Schule und Universität, ein Sachbuchbereich auf dem Buchmarkt, ein bloßes Synonym für Vergangenheit, so spricht man von ihr jetzt, als habe sie Macht über unsere Gegenwart und unsere Zukunft. Gewußt hat man das immer. Aber daß man es nicht nur weiß, sondern auch empfindet, daß man solche Einsicht nicht nur über den Verstand, sondern gleichsam durch die Poren aufnimmt, ist die neue Erfahrung einer ganzen Nachkriegsgeneration.

Dieses Bewußtsein, in Gegenwart der Geschichte zu sein, läßt das Interesse an Einzelaspekten des Historischen weit hinter sich. Vielmehr wird die Geschichte sozusagen persönlich bemüht: Jetzt wehe über Deutschland der Mantel der Geschichte; oder: Jetzt gelinge auch den Deutschen einmal Geschichte (ein Wort Martin Walsers, das sehr zwiespältig ist); jetzt korrigiere sich in der deutschen Frage die Geschichte bereits selbst (Gorbatschow). Was mag da Geschichte sein? Bald ist sie Subjekt, bald Objekt; hier läßt man sie gestalten, dort gestaltet werden; mal läßt man sie diesen einholen, mal dorthin ausholen; sie erwache, sagt man, sie rege sich, laufe davon, gebe diesem recht und jenem unrecht – nichts, was sie augenblicklich nicht täte.

Für dieses nun so allgemein geweckte Bedürfnis (nur davon ist hier die Rede und nicht von professioneller Geschichtswissenschaft), über das Wesen von Geschichte nachzudenken, mußte es im übrigen widersinnig scheinen, wenn die Geschichte soeben noch von einem amerikanischen Bestseller mit überklugen Argumenten totgesagt worden war – wo sie doch jetzt erst richtig lebendig wurde und sich dabei als aufregender erwies als jede vorhergesagte, jede totgesagte, jede „nachgeschichtliche" Geschichte: Sie erfindet Revolutionen, die es nach Lenins Revolutionsbegriff gar nicht hätte geben dürfen; schreibt Textbücher, wie sie phantastischer nicht zu ersinnen sind: Honecker, seinen Lebensabend zeitweilig in der Dachkammer eines pietistischen Pfarrers verbringend, wer könnte sich so etwas ausdenken?

Was dieses Verlangen, Geschichte als Gegenwart und Gegenwart als Geschichte zu begreifen, in solcher Breite ausgelöst hat, sind unter mehreren Faktoren sicherlich zwei: der Eindruck, daß die Entwicklung eine gänzlich unerwartete Richtung genommen habe und daß sie zugleich eine unerhöhrte Beschleunigung gewinne, die uns die Gegenwart auf einmal als das erfahren läßt, was wir von ihr zwar wissen, aber nicht empfinden: als Durchgang.

Denn der Wandel ist mit Händen zu greifen, zumal er, anders als bei früherer Nachrichtenübermittlung, durch die Massenmedien tagtäglich ungebremst auf uns eindringt. Während man Zeitungen sonst allenfalls im Jahresabstand veralten sah – beim Auswickeln von Weihnachtsbaumschmuck aus Zeitungspapier ein befremdeter Blick auf Nachrichten und Kommentare des vorigen Jahreswechsels –, ist es heute schon die monatliche Papiersammlung, die bei einem letzten flüchtigen Blick auf die Titelseiten historischen Abstand erkennen läßt: Da wird ja noch Freundliches über Gysi gesagt! Da ist Gorbatschow ja noch gegen die Wiedervereinigung! Da ist ja noch von „Vertragsgemeinschaft" die Rede! Und so weiter – was im Dezember geschrieben wurde, wirkte schon im Januar wie abgelegt, wie ein historischer Quellentext, datierbar: Der Historiker sieht gewissermaßen schon in künftigen Seminaren die Leitbegriffe solcher Texte als Datierungskriterien unterstrichen – ob man noch in zehn Schritten oder schon in vier Schritten oder gar in einem Sprung bei der Wiedervereinigung zu sein meint und so fort. Denn einigen Texten (den besonders weitsichtigen und den besonders kurzsichtigen, zeitverhafteten) glaubt man schon anzusehen, daß sie später einmal in historische Quellensammlungen hineinfinden werden: darunter gewiß auch jene (für routinierte westliche Werbeaugen etwas unbeholfenen) ersten politischen Artikulierungen, wie man sie in der DDR an den Wänden lesen konnte, auf unansehnlichem holzhaltigen Papier – und doch waren es die frischesten Blätter, das schönste Laub dieser unvergleichlichen Monate. Überhaupt: Wie wird dieser historische Wandel später im Museum dokumentiert sein?

Es ist das atemberaubende Tempo dieses „beschleunigten Prozesses" (Jacob Burckhardt), das uns so betroffen macht. Wir sehen buchstäblich das Papier vergilben, auf dem wir diese Vorgänge beschreiben; sehen Memoiren verwelken, die gerade noch nicht wußten, daß es einen 9. November geben werde; sehen kopfschüttelnd Bücher erscheinen, deren Manuskripte sichtlich vor diesem Datum an den Verlag gegangen sein müssen.

Wir erfahren diesen Durchgangscharakter auch in dem raschen Auf und Ab der Namen. Persönlichkeiten, deren Namen noch im Spätsommer für die Öffnung standen, werden kaum noch genannt oder wurden gar mit kümmerlichen Stimmenprozenten schon aus der Politik verabschiedet. Dafür etablierten sich andere, denen kaum noch die Zukunft, allenfalls ihre eigene Vergangenheit etwas anhaben kann. In Ländern, in denen die politische Situation offener geblieben ist, stehen schon die Männer bereit, die, von welcher Gesinnung auch immer, die Geschicke etwa der Sowjetunion nach Gorbatschow in der Hand haben werden: noch unerkannt, noch ohne Gesicht, aber alle schon geboren, alle schon unter uns – so wie die Revolutionäre lange vor der Revolution, die Reformatoren vor der Reformation, die Entdecker vor den Entdeckungen alle schon leibhaftig umherliefen, mochten die Entdecker bis dahin auch noch nie das Meer gesehen, die Reformatoren mit Reform nichts im Sinn gehabt haben. Aus solchem Noch und Schon besteht jede historische Gegenwart, die unsere ganz besonders – mögen wir auch nicht mit letzter Sicherheit wissen, ob das Schon ganz Zukunft, das Noch ganz Vergangenheit ist.

Daß man gewissermaßen einen Schub von Geschichte zu erleben und ihr Fortschreiten einmal wahrzunehmen glaubt, liegt aber auch an jener vermeintlich brüsken Richtungsänderung, derer man sich nicht versah. Nicht daß Unvorhergesehenes eintrat, machte betroffen. Unvorhergesehen ist vieles in der Geschichte: daß man die Zukunft nicht voraussehen könne, rechnen wir zu den Grundbedingungen menschlicher Existenz, und wer darin irrt, hat mehr unseren Spott als unseren Zorn. Man lese nur einmal nach, was 1965 für die kommenden zwei Jahrzehnte vorhergesagt – und nicht vorhergesagt wurde: nicht 1968, nicht die Ölkrise, nicht das Ozonloch, nicht die Genmanipulation. Nicht Gorbatschow.

Revolutionäre Entwicklungen haben es eben so an sich, daß sie die neue Richtung, die sie nehmen, nicht vorher zu erkennen geben: Ebendarum heißen sie ja so. Geschichte verläuft eben nicht so, wie Menschen allein zu sehen vermögen: Sie läuft nie einfach geradeaus. Und so ist sie auch hier anders – und damit den Propheten aus der Blickrichtung – gelaufen. Da glaubten wir, das zwanzigste Jahrhundert schon zu kennen, so abgeschlossen schien es vor unseren Augen zu liegen. Und nun ist es doch noch ein anderes geworden.

Nein, nicht das Unvorhergesehene ist es, was so betroffen macht, sondern das Undenkbare. In einem Traktat über die Frage: Was wäre geschehen, wenn . . .? (1984) machte sich der Historiker Alexander Demandt, unter dem Kopfschütteln mancher Universitätskollegen, kühn Gedanken über die Eventualitäten anders verlaufener Geschichte, über „Ungeschehene Geschichte". Seine Phantasie mit wissenschaftlicher Disziplinierung zur Ordnung rufend, schloß er einige Möglichkeiten von vornherein als undenkbar und darum nicht durchspielbar aus, darunter: „Kein sowjetischer Generalsekretär [kann] den Marxismus verurteilen. Derartige Absurditäten zu vermehren, ist wenig reizvoll. Interessanter ist die Betrachtung von Ereignissen, die im engeren Kreis des objektiv Möglichen gelegen haben!"

Und nun ist auch diese „Absurdität" in „den engeren Kreis des objektiv Möglichen" geraten, ist denkbarer geworden als anderes, was der Verfasser unter die plausibleren Eventualitäten rechnete, um daran durchzuspielen, wie die Geschichte wohl verlaufen wäre, wenn etwa Caesar nicht ermordet, Jesus von Pilatus begnadigt, der Erste Weltkrieg vermieden worden wäre. Das einst Undenkbare, daß ein furchtgebietendes Imperium plötzlich seine tönernen Füße sehen lasse und sich von seiner Ideologie abwende, mag im nachhinein so undenkbar gar nicht sein. Ja, die Historiker, die in der Regel nur die faktisch stattgehabte Geschichte rechtfertigen und die Alternativen einer vergangenen Gegenwart nicht mehr wahrhaben wollen, werden uns schon bald erläutern, warum die Geschichte so und nur so verlaufen konnte. „Absurditäten" werden uns im nachhinein ausgetrieben, „Unvorhersehbarkeiten" nicht verziehen, „Undenkbarkeiten" nicht nachgesehen werden.

Was hier vorgeht: das unerhörte Geschehen und seine nachmalige Deutung durch den Historiker, der eben schon weiß, wie es dann weiterging – was hier vorgeht, zeigt gewiß eines: daß die Substanz, mit der der Historiker umgeht, nicht weniger brisant ist als die Substanz, mit der es der Naturwissenschaftler zu tun hat. Aus der unmittelbaren Erfahrung dieser Vorgänge kann der Historiker (den das Erleben seiner Zeit oft nicht mehr erregt als seine Zeitgenossen) in diesem Fall aber auch spezifische Einsichten ziehen, angesichts historischer Anschauung so dicht gepackt, daß sie auch ohne Geschichtstheorie von selber steht.

Zunächst einmal ist es für den Historiker heilsam, historische Dynamik aus der Perspektive des Zeitgenossen zu erleben, also ohne den Erkenntnisvorsprung, den der Historiker sonst, von seinem überhöhten Blickpunkt des Nachhinein, den Menschen der Geschichte gegenüber hat. Ich habe noch nie so viele kluge Historiker einander fröhlich ins Gesicht sagen hören, das hätten sie nicht vorausgesehen (mit solchen Bekenntnissen sind die Kollegen nämlich sonst eher zurückhaltend), wie angesichts dieser Ereignisse. Und es ist gut, wenn die Historiker wenigstens selber wissen, wie schwierig es ist, was doch immer wieder von ihnen erwartet wird: nämlich geschichtliche Abläufe nicht erst im nachhinein zu deuten, sondern bereits einzuordnen oder gar den weiteren Ablauf vorauszusagen, und sei es mit Hilfe von Parallelisierungen („Sind wir jetzt 1789? Oder schon 1791?“) – vermeintliche Erkenntnishilfen, die den Blick auf die Gegenwart oft eher verstellen als schärfen. Denn aus der niedrigen Augenhöhe des Zeitgenossen vermag auch der Historiker nicht zu erkennen, ob und wann wir in unserem Alltag den kritischen Augenblick einer unumkehrbaren historischen Entscheidung durchschreiten.

Für den Historiker ist daran so lehrreich, daß er (nicht einfach eine rasante Entwicklung, sondern:) die Offenheit einer historischen Situation erlebt, bevor noch Umrisse sich endgültig abzeichnen. So aus ihrem Innern wird er die Dynamik der Geschichte selten erfahren. Und so wird er sich später selbst als Zeitzeugen befragen können – ja, man wird ihn auf seine Kompetenz ansprechen: Du bist doch Historiker; ab wann hattest du eine Erklärung dafür, daß sich da etwas in Bewegung gesetzt hatte? Ab wann konntest du es einordnen?

Richtige Antworten wird der Historiker, wie gesagt, da nicht schon geben können – aber wenigstens richtige Fragen sollte er schon zu stellen versuchen. Etwa: Wann setzte sich der Eindruck allgemein durch, dieser Prozeß sei irreversibel? Genauer: Bis wann war diese so auffallend früh beteuerte Unumkehrbarkeit bange Hoffnung, ab wann war sie freudige Zuversicht? Und woher kam den Menschen diese Zuversicht (die die Entwicklung dann auch ihrerseits weiter vorantrieb)? Ab wann waren sie sicher, daß die Rote Armee sich nicht in Bewegung setzen werde, die Breschnew-Doktrin tatsächlich gestorben sei? Noch genauer gefragt: Ab wann machten die Opportunisten in der DDR – untrügliches Indiz dafür, daß das Schiff zu sinken begann – ihre ersten Absetzbewegungen?

Er wird sich weiterhin fragen, woraus die Zeitgenossen denn, mit Staunen und mit Beklommenheit, den Eindruck gewannen, daß sich der Vorgänge eine Eigendynamik bemächtigt habe. Was ist es, das Menschen auf einmal glauben läßt, was sie jahrzehntelang nicht geglaubt haben: daß die Dinge von selbst auf ungekannte Ziele zutreiben, wenn eine entschlossene, besonnene Politik sie nicht wieder einfange? Eine Sicht der Dinge mit Anflug von Fatalismus, die (und das fällt auf, wenn man im Ausland lebt und dort häufiger darüber ins Gespräch kommt) von unseren Nachbarn nicht völlig geteilt wird, da sie mehr als wir fähig und willens sind, das Unausweichliche und das Steuerbare auseinanderzuhalten.

Am Erleben dieser Gegenwart ist für den Historiker weiterhin so lehrreich, daß er mit aufnimmt, was an Atmosphärischem die Vorgänge umgibt. Er wird sich zwar immer gegen die Behauptung verwahren, recht begreifen und beschreiben könne eine Zeit nur, wer sie selbst miterlebt habe – denn sonst könnte er, der Caesar nicht gekannt, Abaelard nicht gehört, Napoleon nicht bekriegt hat, seinen Beruf gleich aufgeben. Aber er wird aus der Erfahrung einer dramatischen Gegenwart doch genauer ermessen können, was denn das Atmosphärische ist, das zu erleben ihm die zeitliche Distanz sonst verwehrt. Etwa die Euphorie jener Nacht voll neuer, ungewohnter Freiheit mit ihrer eigenen Poesie: „Nun begegn' ich meinen Braven, /Die sich in der Nacht versammelt, /Um zu schweigen, nicht zu schlafen,/ Und das schöne Wort der Freiheit/ Wird gelispelt und gestammelt,/ Bis in ungewohnter Neuheit/ Wir an unsrer Tempel Stufen/ Wieder neu entzückt es rufen:/ Freiheit! Freiheit! Freiheit!" (Goethe, Des Epimenides Erwachen). Und daß wir damals waren wie die Träumenden. Aber auch: daß auf solche Nacht ein grauer, prosaischer Tag folgt mit seiner Mühsal, kurz: daß auch eine Revolution (falls man sie später noch als solche bezeichnen wird) sich endlich in einem Alltag einrichten muß. Oder: das Erlebnis des Faktors Zeit mit seinen Zwängen, die dem Historiker bei der Analyse früherer Abläufe nicht immer hinreichend bewußt sind: daß gar nicht beliebig Zeit bleibt für die reifliche Überlegung von Entscheidungen, die gleichwohl, wie auch immer, getroffen werden müssen (aber ist nicht auch diese Beschleunigung letztlich von Menschen gemacht?). Oder: daß Legitimität ein praktisches Problem sogar des kommunalen Alltags sein kann und nicht bloß ein abstraktes Problem des Staatsrechts, mit nie gekannten, ja undenkbar neuen Situationen und Aufgaben (Wie löst man, als Bürger, einen Geheimdienst auf?).

Aber auch: das Ende eines totalitären Regimes ein zweites Mal zu erleben, diesmal als Lehrstück gesehen vom scheinbar Trocknen aus, aber doch nah genug, um sich selbst wiederzuerkennen: „Das haben wir nicht gewollt", „Das haben wir nicht gewußt", „Wir haben nur Befehle ausgeführt", so sprachen wir 1945, so hören wir 1989; und nun erwartet man von uns, was wir damals von anderen erwarteten: daß wir es glauben. Und das ist, weil es auf unsere Sicht der eigenen Vergangenheit rückwirken könnte, eher heilsam. Und wir könnten daran auch begreifen, was den Historiker nicht zu kümmern scheint und ihn doch bekümmern sollte: wie ungleichmäßig Schuld und Versuchung und Mühsal über die Generationen der Geschichte verteilt sind.

Zu dem wenigen, was sich mit einiger Sicherheit voraussagen läßt, gehört die begründete Vermutung, daß dieses Jahr 1989 auch künftig als epochale Zäsur angesehen werden wird und daß spätere Historiker mit diesem Einschnitt zwei Epochen voneinander scheiden werden, auf deren Bezeichnung wir gespannt sein dürfen: Schließlich ist es ja unser Menschenalter, aus dem die Historiker ihre zwei Zeitalter schneiden werden. Voraussagbar ist damit auch, daß sich um dieses Ereignis eine Generation bilden wird – Generation hier nicht im biologischen Sinne von Dreißig-Jahre-Rhythmen, sondern im Sinne von historischen Generationen, wie sie sich, mit gemeinsamer Perspektive und kollektiver Erinnerung, rings um ein konstituierendes geschichtliches Ereignis ansetzen: historische Daten, so wichtig und so verbindlich, daß jeder einzelne sie sogar für die Datierung ganz persönlicher Begebenheiten spontan zu Hilfe nimmt. Jeder von uns wird sich zeit seines Lebens erinnern, wo und unter welchen Umständen er die Nachricht von den Ereignissen des 9. November erfahren hat – ein untrügliches Zeichen dafür, wie persönlich uns dieses historische Geschehen angerührt hat. Von da aus wird man dann rückwärts sondieren bis zur voraufgehenden Generationsfuge und den Erlebnisvorrat dieser Generation ermitteln, die einen Gorbatschow möglich machte.

Von solchen Daten, die sich tief in die kollektive Erinnerung einer Generation absenken, gibt es gar nicht vo viele. Aber eines ist gewiß: Der Anstoß von 1989, wie immer er ausgeht, wird dazugehören, oder genauer: Die Generation, die noch die Konfrontation der Systeme vor 1989 erlebt hat (und schon ein Zwanzigjähriger hat sie noch im Bewußtsein und wird darin der Elterngeneration näherrücken), wird sich abschichten von einer Generation, für die es ein Vor-1989 nicht gibt, für die diese epochale Zäsur also Vergangenheit ist von Anfang an. Schon diese neue Generation, aus der einige bereits unter uns leben, wird, aus ihrer Perspektive, unsere Gegenwart neu sehen, vielleicht „richtiger", jedenfalls anders.

Zu den wenigen Aussagen, die der Historiker über künftige Rückblicke auf unsere Gegenwart zu machen vermag, gehört endlich eine Einsicht, die unsere historische Existenz in besonderer Weise berührt. Große historische Ereignisse haben es an sich, daß sie ihre Vorgeschichte auffressen: daß sie scheinbar abgeschlossenes Geschehen rückwirkend umwerten, weil sie es in einem neuen Licht erscheinen lassen. Der Historiker wird die russische Revolution von 1917 anders sehen, wenn er weiß, daß – und wie – ihre Dynamik zu einem Ende gekommen ist. Es sind nicht einfach die neuen Historiker-Generationen, die sie neu sehen, sondern die neuen Ereignisse, die sie neu sehen lassen. Darum wird mit 1989 nicht einfach das zwanzigste Jahrhundert in seinem letzten Jahrzehnt eine neue Wendung nehmen, sondern zugleich das Bild des ganzen zwanzigsten Jahrhunderts ein anderes werden.

Geschichte schreiben heißt ja schließlich nicht, die neuesten Ereignisse jeweils hinten einfach anzuhängen. Tagebücher werden immer länger, historische Darstellungen nicht. Es ändert sich eben auch vorne etwas – so wie die Resümees, die bei Fortsetzungsromanen dem Leser jeweils zu Anfang einer neuen Folge die bisherigen Begebenheiten zusammenfassen, darüber doch nicht länger werden: eben weil sie, im Laufe der Zeit, Episoden oder Figuren fortlassen, die für den weiteren Gang der Handlung unerheblich geworden sind. Daß das so ist, hat mit Perspektive zu tun: Denn nicht schon die Fakten als solche sind Geschichte, sondern das, was eine Zeit dann, im Zusammenhang der Erscheinungen, daran als ihre Geschichte erkennt. Anderes sinkt unter den Horizont. Dieser Ausleseprozeß ist etwas eminent Historisches und vom Zeitgenossen, da er den perspektivischen Fluchtpunkt der Nachwelt nicht schon kennt, nicht wahrzunehmen: Konturen, die er schon auszumachen glaubt, werden dann womöglich in ganz anderen Mustern aufgehoben sein. Erst der Historiker, der eben weiß, wie es dann weiterging, vermag die großen Linien zu erkennen und weiter auszuziehen: Erst sein Auge sieht Zeitalter.

Und so wird auch unsere Gegenwart einmal vom Ausgang her beschrieben werden, aus Menschenalter zu Zeitalter geworden sein. Noch wissen wir, daß wir im vergangenen Herbst vieles nicht wußten. Dem späteren Historiker wird das nicht mehr vor Augen sein, wenn er sich nicht die Mühe macht, den damaligen Horizont unserer Erwartungen, Hoffnungen, Ängste zu rekonstruieren, über den wir nicht hinauszublicken vermochten (und das tun, für frühere Generationen, beileibe nicht alle Historiker, obwohl es doch Grundvoraussetzung dafür ist, Menschen gerecht zu werden). Noch wissen wir, daß uns am Gang der jüngsten Ereignisse vieles überraschte: Für Spätere wird das alles erwartbar, ja „bei Lage der Dinge“ gar nicht anders denkbar sein. Noch wissen wir, daß wir mit Bangen Gegenwart und Zukunft daran hängten, wie lange Gorbatschow an der Macht sein werde: Spätere werden uns das schwerlich noch zugute halten, da wird dann Gorbatschow einfach so lange an der Macht gewesen sein, wie er eben an der Macht war. Und nichts anderes zählt in der Perspektive des Nachhinein (außer wir fallen besonders guten Historikern in die Hände – und so gut sollten wir selbst sein): Der mit Erwartungen gefüllte Raum der Lebenden ist eben ein anderer als der gleiche mit Ereignissen besetzte Raum in der Rückschau der Späteren.

Und schon sehen wir in unserer Gegenwart den unausweichlichen Prozeß der Umdeutung in Gang. Da wird in Werner Tübkes gigantischem Bauernkriegspanorama bereits eine Szene, in der Bauern einen Adeligen vom Pferd reißen, vom offiziellen Führer nicht mehr so gedeutet, als werde der Klassenfeind gedemütigt, sondern als werde den Regierenden gewaltsam „das Gesicht dem Volke zugewandt“: so erlebt vier Monate nach der Eröffnung, drei Monate nach der „Wende“! Da scheint, im Wissen um den Ausgang, einigen heute schon nicht mehr begreifbar, wie man Taube sein konnte und nicht Falke; wie man nur einiges fordern konnte und nicht alles. Was ungarische Politiker vor dem Durchbruch dachten und taten, wird heute schon als klein abgetan und war doch einmal groß. Spätere werden nicht mehr recht begreifen, wie eine Generation, beim Prozeß der Verständigung zwischen den Blöcken, das Fortschreiten um Millimeter schon als Fortschritt, die Erwärmung um ein Grad schon als Tauwetter empfinden konnte. Ja, sie werden angesichts unserer vier Jahrzehnte von jener „retrospektiven Ungeduld“ erfaßt werden, mit der Jacob Burckhardt das Verlangen Späterer bezeichnet, „die Dinge möchten geschwinder gegangen sein“, da doch Interessanteres (und nachmals Bekannteres) „bereits vor der Tür zu warten scheint“. Da wird das Gesicht einer Zeit vom Historiker gewaltsam gegen die Zukunft gedreht, als hätten die Menschen der Geschichte nicht ihr eigenes Leben gelebt.

Noch einmal: Der Historiker, der Geschichte im Wissen um den Ausgang, aber nicht mit dem „Wissen, als wüßten wir nicht“ beschreibt, verfällt leicht der Versuchung, im nachhinein die Offenheit einer Situation, den Entscheidungscharakter einer vergangenen Gegenwart nicht mehr wahrhaben zu wollen – als habe Geschichte so und nicht anders ablaufen müssen, nur weil sie eben so abgelaufen ist. Noch wissen wir, welche Alternativen für die weitere Entwicklung wir am 9. Oktober, am 9. November 1989 sahen. Später werden wir es vielleicht sogar selbst nicht mehr wissen (es sei denn in rechtfertigender Erinnerung), noch weniger die nach uns Geborenen: Da wird das Besserwissen um den Ausgang, wird das Gewicht des dann faktisch Eingetretenen einst gesehene Entscheidungsmöglichkeiten weggebügelt und Vorgänge, die sich für uns noch als Gegenwartsprobleme kaum entwirrbar verknoteten, schon säuberlich in Entwicklungsstränge zerlegt haben: Wahrhaftig, Kierkergaard hatte recht: Das Leben wird vorwärts gelebt und rückwärts verstanden.

Schon fühlen wir, die wir früheren Generationen gern ihre Blindheit vorrechnen, den Finger späterer Historiker, denen wir unsererseits ohne Appellationsinstanz ausgeliefert sind, auf uns gerichtet: uns vorrechnend, was wir hätten sehen müssen – und wir sahen es nicht; uns vorhaltend, welche spezifischen Versuchungen unserer Gegenwart wir hätten erkennen müssen – und wir erkannten sie nicht. All das mindert die Schuld des Menschen nicht. Aber es nimmt ihm auch nicht die Zuversicht. Die Erwartung, daß Geschichte noch nicht an ihrem Ende angekommen ist, macht nicht defätistisch, sondern gibt auch Hoffnung. Wir können uns von den Nachlebenden nicht sagen lassen, wie wir unsere Gegenwart hätten erleben und direkt in Geschichte überführen sollen. Und wir sollten es auch nicht wollen. Der Historiker ist dabei in der gleichen Lage wie jeder andere Zeitgenosse. Nur sollte er, für seinen Beruf, daraus mehr lernen als andere, um den Menschen der Vergangenheit gerecht zu werden, denen es sowenig wie uns gegeben war, die Geschichte ihrer Zeit von außen zu sehen. Wir wandern ja nicht (eine gern gebrauchte Metapher für die Beobachtung von Geschichte) am Strom der Zeit und beobachten ihn vom Ufer aus, so sehr es uns danach verlangen würde – jenes tiefe Verlangen nach Wahrnehmung seiner selbst in der Geschichte, von dem Jacob Burckhardt wußte: „Wir möchten gern die Welle kennen, auf welcher wir im Ozean treiben – allein, wir sind diese Welle selbst."

Zum Vereinigungsprozeß

Heinrich August Winkler

Der Staatenbund als Bewährungsprobe

Das erreichbare Maß an Einheit verträgt keinen Aufschub mehr

(Aus: „Süddeutsche Zeitung" vom 16. 2. 1990)

Es gilt, Abschied zu nehmen – Abschied von einem ungeschriebenen Gesetz, das vier Jahrzehnte lang die große Politik bestimmt hat: Die Stabilität Europas beruht auf der Teilung Deutschlands. Gegen dieses Gesetz haben seit den Tagen Konrad Adenauers bundesdeutsche Politiker zwar immer wieder angeredet, aber durch ihre Taten haben sie es zugleich bekräftigt. Seit dem Herbst 1989 gilt dieses Gesetz nicht mehr. Denn wie sollte die Teilung Deutschlands Stabilität bewirken, wo doch inzwischen kaum noch jemand bestreitet, daß ohne Aussicht auf die Vereinigung mit der Bundesrepublik eine Stabilisierung der DDR nicht mehr möglich ist?

Bis zum Herbst 1989 hatte viel dafür gesprochen, der innerstaatlichen Freiheit in der DDR absoluten Vorrang vor der staatlichen Einheit zu geben. Die Wiedervereinigungs-Rhetorik orientierte sich nicht an den Bedürfnissen der Deutschen in der DDR, sondern an den Zwecken der bundesdeutschen Innenpolitik, darunter, ganz obenan, der Bedienung einer deutschnationalen Klientel. Den Widersachern Gorbatschows in Ostberlin kamen die nationalen Beschwörungsformeln aus Bonn durchaus zupaß. Nichts hat dem SED-Staat soviel internationalen Rückhalt verschafft wie die von ihm propagierte Alternative: „Wir oder die Wiedervereinigung." Denn nicht nur die Sowjetunion wollte kein einheitliches Deutschland. Die Furcht, daß dieses Deutschland das europäische Gleichgewicht umstürzen und zur deutschen Vorherrschaft führen könnte, bestimmte die Politik der vier Siegermächte – und es gibt keinen europäischen Staat, wo diese Furcht nicht noch lebendig wäre.

Eine DDR, die 1985, nach der großen Wachablösung in Moskau, auf Reformkurs gegangen wäre, stünde heute vermutlich ganz anders, nämlich sehr viel besser da. Die SED hat diese Chance nicht genutzt, und eine widerspruchsvolle bundesdeutsche Politik hat mancherlei getan, um die Reformblockade zu fördern. Einerseits gab die Bundesrepublik, im Interesse menschlicher Erleichterungen, der DDR eine großzügige Wirtschaftshilfe, die ungewollt das „System Honecker" befestigte. Andererseits schwächte Bonn, indem es die DDR zu einem Staat auf Widerruf erklärte, ebenso ungewollt die Gegenkräfte, deren Zukunftsvision nur die Demokratisierung, nicht aber die Beseitigung der DDR sein konnte.

Heute sind wir mit den katastrophalen Folgen der versäumten Umgestaltung der DDR konfrontiert. Der wirtschaftliche Niedergang hat Ausmaße angenommen, die die düstersten Prognosen noch weit übertreffen. Die großen Errungenschaften der friedlichen Revolution vom Herbst 1989 – Öffnung der Grenzen, Meinungsfreiheit, freie Wahlen – sind eines. Etwas anderes ist die Stimmungslage der Menschen, die von den Erfahrungen des Alltages geprägt ist. Die Zahl von mehr als 2 000 Übersiedlern, die täglich in die Bundesrepublik kommen, ist das deutlichste Symptom der Misere.

Die Mehrheit der Deutschen in der DDR gibt ihrem Staat längerfristig offensichtlich keine Chance mehr. Von einem erneuerten Sozialismus wollen die meisten nichts wissen; nur ein völliger Bruch mit dem System des staatlich bewirtschafteten Mangels erscheint ihnen aussichtsreich. Wenn auf den großen Demonstrationen in Leipzig und Rostock, Dresden und Ostberlin bundesdeutsche Fahnen geschwenkt werden und Sprechchöre ein einiges Deutschland fordern, dann ist das beides: Protest gegen Verhältnisse, die unerträglich geworden sind, und Hoffnung auf Gemeinsamkeit mit den Deutschen im Westen, denen es in den letzten vier Jahrzehnten in jeder Hinsicht soviel besser ging als den Deutschen in der DDR.

Heute ist die Aussicht auf staatliche Einheit die einzige Perspektive, die eine Wende zum Besseren verspricht. Wenn wir wollen, daß möglichst viele Menschen in der DDR bleiben und sich dort für den politischen und wirtschaftlichen Neuaufbau engagieren, müssen wir auf die bundesstaatliche Vereinigung der beiden deutschen Staaten hinarbeiten. Wir müssen gleichzeitig Illusionen entgegenwirken und offen aussprechen, daß auf dem Weg zum Ziel noch große Hindernisse zu überwinden sind.

Das erste und massivste Hindernis ist die Tatsache, daß die beiden deutschen Staaten unterschiedlichen Bündnissystemen angehören. Ein Vorschlag, dieses Problem zu lösen, scheidet von vornherein aus: die Neutralisierung Deutschlands. Ein neutrales Deutschland wäre für die westlichen Partner der Bundesrepublik nicht annehmbar, weil sich auf diese Weise die geopolitische Balance zu Lasten der USA und zugunsten der Sowjetunion verschieben würde. Auch die Deutschen selbst können, wenn sie nicht von den Wechselfällen der sowjetischen Politik abhängig werden wollen, eine Neutralisierung Deutschlands nicht anstreben. Eine solche Lösung wäre im übrigen ein Rückfall in das Zeitalter der Nationalstaaten, und damit ein Schritt in die falsche Richtung.

Ähnlich illusionär wäre die Forderung, das Gebiet der NATO bis zur polnischen Westgrenze auszudehnen. Die Sowjetunion muß, wenn sie als Großmacht nicht definitiv abdanken will, ein solches Ansinnen zurückweisen. Ganz ungewiß ist im Augenblick, ob Moskau bei den bevorstehenden Verhandlungen der beiden deutschen Staaten mit den vier Siegermächten des Zweiten Weltkrieges die Mitgliedschaft eines vereinten Deutschland im atlantischen Bündnis vorläufig hinnimmt, sofern das NATO-Gebiet auf das Territorium der heutigen Bundesrepublik beschränkt bleibt. Aber eine dauerhafte Lösung des Sicherheitsproblemes wäre auch das nicht.

Dauerhaften Bestand kann nur eine Konstruktion haben, die den Gegensatz zwischen Ost und West aufhebt. Wenn die Wiener Verhandlungen über konventionelle Abrüstung zum Erfolg führen, und die Zeichen dafür stehen günstig, wird sich das Verhältnis der beiden Militärblöcke zueinander grundlegend ändern. Der eine, der Warschauer Pakt, ist bereits dabei, sich in seiner bisherigen Form als Militärorganisation aufzulösen. Daß die NATO hiervon unberührt bleibt, ist unwahrscheinlich. Es gibt jedoch Aufgaben, für die die beiden Bündnisse noch gebraucht werden. NATO und Warschauer Pakt werden sich künftig verstärkt um politische Aufgaben, um Rüstungskontrolle und Abrüstung kümmern. An die Stelle der Sicherheit vor- und gegeneinander wird die Organisation einer gemeinsamen Sicherheit treten. Am Ende dieses Prozesses können die beiden Allianzen in einem gemeinsamen europäischen Sicherheitssystem aufgehen, in das sowohl die Sowjetunion als auch die USA und Kanada eingebunden sind. In dieser neuen Friedensordnung würde auch ein geeintes Deutschland seinen Platz finden.

Das zweite Hindernis, das der staatlichen Einheit Deutschlands entgegensteht, sind Ängste unserer Nachbarn. Die Erinnerung, daß der deutsche Nationalstaat, das 1871 gegründete Deutsche Reich, in dem knappen Dreivierteljahrhundert seiner Existenz zweimal, 1914 und 1939, versucht hat, Europa seiner Hegemonie zu unterwerfen, ist noch überall lebendig. Einen dritten Anlauf in dieser Richtung zu verhindern, war nach 1945 ein gemeinsames Interesse der Siegermächte. Gewiß glaubt heute kaum noch jemand, daß ein geeintes Deutschland Europa und die Welt in einen neuen Krieg stürzen würde. Aber allein die Tatsache, daß ein einheitliches Deutschland mit 80 Millionen Einwohnern der bei weitem volkreichste und wirtschaftlich mächtigste Staat Europas westlich des Bug wäre, reicht aus, Furcht vor einer deutschen Hegemonie zu wecken. Das ist der Grund, weshalb das Stichwort „Wiedervereinigung“ unsere Nachbarn, und nicht nur die unmittelbaren, beunruhigt.

Wir tun gut daran, Besorgnisse ernst zu nehmen, die auf das Konto unserer Geschichte gehen – einer Geschichte, die gerade jetzt nicht ad acta gelegt werden kann, sondern die es in einer neuen, deutsch-deutschen Anstrengung aufzuarbeiten gilt. Ein wichtiger Beitrag zur Überwindung europäischer Besorgnisse wäre es gewiß, wenn Bundestag und freigewählte Volkskammer gemeinsam erklären würden, daß die Oder-Neiße-Grenze nach deutschem Willen die endgültige Westgrenze Polens ist. Aber wir müssen mehr tun. Es ist unser ureigenstes Interesse, mitzuwirken an der Entwicklung eines geeinten Europa, in dem kein Staat mehr den anderen dominieren kann. Der souveräne deutsche Nationalstaat ist an sich selbst gescheitert und nicht wiederherstellbar. Eine Vereinigung der beiden deutschen Staaten kann sich nur im Einvernehmen mit unseren Nachbarn und im Zuge des Zusammenwachsens der getrennten Teile Europas vollziehen – oder es wird diese Vereinigung nicht geben.

Der Weg zur bundesstaatlichen Einheit wird selbst dann noch einige Zeit in Anspruch nehmen, wenn sich die Sowjetunion in der Frage der Bündniszugehörigkeit ausgesprochen konziliant verhält und wenn eine Konferenz aller am Helsinki-Prozeß beteiligten Staaten einer Vereinigung der beiden deutschen Republiken grundsätzlich zustimmt. Solange können aber die Deutschen in der DDR nicht warten. Deshalb kommt es darauf an, eine Übergangslösung vorzubereiten, die sich schon kurz nach den Volkskammerwahlen vom 18. März verwirklichen läßt: eine deutsche Konföderation.

Einem deutschen Staatenbund, dessen gemeinsame Einrichtungen ihren Sitz in beiden Teilen Berlins haben würden, steht nicht im Wege, daß beide deutsche Staaten unterschiedlichen Bündnissen angehören. Eine deutsche Konföderation wäre das politische Dach, dessen auch eine Währungsunion zwischen Bundesrepublik und DDR bedarf. Eine Konföderation mit paritätisch besetzten Kommissionen und einem ebenfalls paritätischen Parlamentarischen Rat könnte sicherstellen, daß die Deutschen in der DDR von der wirtschaftlich so viel mächtigeren Bundesrepublik nicht „überfahren“ werden. Eine Konföderation böte den Deutschen in der DDR in einer Zeit historischer Weichenstellungen jenen Majorisierungsschutz, auf den sie einen moralisch begründeten Anspruch haben.

Auch außenpolitisch spricht alles für das Durchgangsstadium einer Konföderation. Ein deutscher Staatenbund kann Besorgnisse abbauen, daß mehr Gemeinsamkeit zwischen Bundesrepublik und DDR zu Lasten Europas gehen müsse. Er kann die deutsche Position bei den Verhandlungen mit den „Großen Vier" verstärken und aktiv an der Herstellung einer europäischen Friedensordnung mitwirken. Er kann zu einem Motor der politischen Einigung Europas von Polen bis Portugal werden. Die deutsche Konföderation als europäische Bewährungsprobe der Deutschen: Das ist eine Herausforderung, der wir uns stellen sollten.

Karl Dietrich Bracher

Der deutsche Einheitsstaat: ein Imperativ der Geschichte?

(Aus: „Basler Zeitung" vom 17. 2. 1990)

Frage: Der Begriff „Wiedervereinigung" setzt voraus, daß eine Vereinigung der beiden deutschen Staaten historisch begründet ist. Wie stark war die Forderung nach staatlicher Einheit im Laufe der letzten 150 Jahre wirklich?

Bracher: Der Wille zum deutschen Nationalstaat hat sich als Reaktion auf die Französische Revolution und Napoleon erst relativ spät entwickelt. Die Bemühungen um eine deutsche Staatenbildung waren von allem Anfang an geprägt vom Konflikt zwischen zwei fast unüberbrückbaren Forderungen: dem Ruf nach Freiheit und dem Verlangen nach staatlicher Einheit. Dieser Konflikt wurde schließlich nach langen Auseinandersetzungen 1870 zugunsten der Einheit entschieden.

Mit dem Ende des Zweiten Weltkrieges kam es zu einem deutlichen Bruch. Zwar gab es noch immer Diskussionen über eine „Einheit in Freiheit". Unter dem Eindruck der Niederlage der Hitler-Diktatur sowie bedingt durch die Einbettung West-Deutschlands in die westliche Allianz und Ost-Deutschlands in die sowjetische Machtsphäre dominierte jedoch nach der Spaltung von 1949 die Forderung nach Freiheit eindeutig vor dem Ruf nach Einheit. Ich bin deshalb der Meinung, daß die Forderung nach staatlicher Einheit heute eher politisch als historisch zu begründen ist: als Aufstand gegen die kommunistische Diktatur im Osten Deutschlands.

Frage: Welche Rolle spielten bei diesem „Umdenken" die Nachkriegsparteien?

Bracher: Die Christdemokraten, die stärker westorientiert waren, gingen vom Primat der Freiheit aus, während die Sozialdemokraten anfänglich unter Kurt Schumacher stärker die Einheit betonten. In der SPD mag die Meinung vorgeherrscht haben, die Partei habe nach 1918 zuwenig für die nationalen Bedürfnisse getan. Nach der Rückkehr aus der Emigration vertraten führende Sozialdemokraten die Meinung, daß die SPD nicht mehr weiterhin als „unnational" gelten dürfe. Die Partei setzte sich deshalb nach 1945 stark für die nationale Einheit ein, was zu heftigen Konflikten mit der CDU führte: So nannte der erste Oppositionsführer Kurt Schumacher den ersten Bundeskanzler Konrad Adenauer im Bundestag einen „Kanzler der Alliierten."

Man muß allerdings feststellen, daß die Position der SPD zur Einheitsfrage sich in den letzten 40 Jahren mehrfach gewandelt hat. Zunächst waren die Sozialdemokraten sehr stark für Einheit, später dann für die Zweistaatlichkeit. Diese Meinungsschwankungen machten sich gerade auch in jüngster Zeit bemerkbar.

Frage: Ist der Konflikt zwischen Freiheit und Einheit für die Bevölkerung nicht schon längst entschieden?

Bracher: Die Tatsache, daß die SPD bei den Wahlen in den fünfziger Jahren nie über 30 Prozent hinaus kam, zeigt, daß die Bevölkerung unter dem Druck des Kalten Krieges vor allem auf die Sicherung der Freiheit, auf den Wiederaufbau, auf den ökonomischen Aufstieg setzte. Die Forderung nach Wiedervereinigung trat in den Hintergrund, als die Westeinbindung der Bundesrepublik in NATO und EG geschehen war und dann gegen den Bau der Mauer keine Hilfe kam.

Auch unter den großen Parteien gibt es nach den großen Auseinandersetzungen um die Deutschlandpolitik seit Ende der fünfziger Jahre eine Art „nationalen Konsens": Die Bundesrepublik ist Teil der westlichen Allianz. Sie spielt in der Europapolitik eine aktive Rolle. Die Sicherheit der Bundesrepublik ist völlig angewiesen auf die Westbindung, der auch ihre demokratische Wertbindung entspricht.

Frage: Die Bildung eines deutschen Staatswesens hat im Laufe der letzten 150 Jahre verschiedene Modelle erlebt. Es gab den Deutschen Bund (1815–1866), den Norddeutschen Bund (1866–1871), das Deutsche Reich (1871–1918), die Weimarer Republik (1918–1933) und schließlich Hitlers gleichgeschaltete großdeutsche Diktatur (1933-1945). Ist ein deutscher Einheitsstaat ein Imperativ der Geschichte?

Bracher: Der Einheitsstaat ist nicht die einzige Möglichkeit. Denkbar wären etwa ein Deutscher Bund oder ein Staatenbund. Nur: Wir können nicht aus der realen Entwicklung austreten und einen Kampf gegen den Druck der Bevölkerung, gegen ihre Abstimmung mit den Füßen führen. Die gegenwärtigen Tendenzen kann man nicht einfach ignorieren. Diejenigen, die Angst vor einem deutschen „Sonderweg" haben, werden eine deutsche Föderation, die in die Europäische Gemeinschaft einbezogen ist, am wenigsten zu fürchten haben.

Frage: Wäre nicht eine Konföderation eine echte Alternative zum „großdeutschen" Einheitsstaat?

Bracher: Von „großdeutsch" kann bei dieser Vereinigung nicht die Rede sein. Eine Konföderation war in den ersten Wochen der Novemberrevolution sehr stark im Gespräch. Jetzt aber, glaube ich, ist die aktuelle Entwicklung bereits an der Konföderation vorbeigelaufen. Die Konföderation ist weggeschwemmt worden durch die Schärfe und Schnelligkeit der Entwicklung. Das ist allerdings nicht eine Folge des politischen Willens der Bundesrepublik, sondern liegt einzig und allein in der Schwäche der DDR, deren Bevölkerung aus der politisch-ökonomischen Not heraus will und an unser Zusammengehörigkeitsgefühl appelliert.

Was jetzt passiert, sind in erster Linie Systemveränderungen. Angesichts des bewunderswerten Freiheitswillens dürfen wir historische Erfahrungen mit früherem deutschem Nationalismus nicht überbewerten. Es ging den Menschen in der DDR doch darum, eine Diktatur durch ein freiheitlich-demokratisches Staatswesen zu ersetzen. Dieses Ziel war viel wichtiger als die nationale Komponente. Heute stehen wir anders als in früheren Perioden unter dem Eindruck einer primär demokratischen Entwicklung.

[Frage: Bereits 1953 probte die Bevölkerung der DDR den Aufstand. Sehen Sie Unterschiede zur Novemberrevolution 1989?

Bracher: Ich vertrete die These, daß die Ereignisse von 1953 und 1989 durchaus vergleichbar sind. Der Unterschied besteht darin, daß vor 37 Jahren die sowjetischen Truppen eingriffen und im vergangenen November nicht. Der Motor aber war bei beiden Entwicklungen die Befreiung von einem totalitären Regime und die Aufhebung der künstlichen Trennlinie zwischen den beiden deutschen Staaten. Nicht zuerst die Sehnsucht nach nationaler Einheit hat die Menschen in der DDR auf die Straße getrieben, sondern der Wunsch nach Befreiung. Die nationale Sehnsucht kam hinzu, doch erst hinterher. Das Wesentliche war die Nicht-Identifizierung mit dem eigenen, diktatorischen Staatswesen.]

Frage: Die gegenwärtige Wiedervereinigungsstimmung in beiden Teilen Deutschlands erweckt den Eindruck, daß die Einheitskomponente wieder stärker geworden ist. Gibt es einen neuen Nationalismus?

Bracher: Ich habe nicht diesen Eindruck. Weder in der DDR noch in der Bundesrepublik gibt es eine große nationalistische Welle. Die Parolen und Transparente in Leipzig sind wohl weniger nationalistisch als menschrechtlich und ökonomisch begründet: Die Vereinigung wird als Weg zu einer höheren Lebensqualität verstanden. Die Leute sagen sich: Es kann schneller gehen, wenn wir ein Staat werden. Die nationale Komponente darf nicht überbewertet werden. Die freiheitliche Komponente war auch bei der „Novemberrevolution" 1989 der dominierende Faktor. Es war in der Tat „ein Aufstand gegen Zwang und Lüge", wie Helmut Schmidt sagte. Wiedervereinigungsforderungen wurden erst gestellt, nachdem der volle Umfang der Wirtschaftsmisere sichtbar geworden war.

Frage: Wird ein vereinigtes Deutschland wieder ein Nationalstaat werden?

Bracher: Deutschland hat meiner Meinung nach eine gute Chance, eine postnationale Demokratie zu werden. Wenn die Entwicklung so verläuft, könnte es gelingen, eine weiterhin wünschenswerte Relativierung des Nationalstaatsprinzips einzuleiten.

Ich bin mir allerdings bewußt, daß die Gefahr eines Rückfalls in ein nationalistisches Europa besteht. Diese Gefahr scheint mir aber im deutschen Fall nicht sehr groß, da unsere europapolitische Einbindung so stark ist, daß auch die „Wiedervereinigung" faktisch an mehrere Vorbedingungen geknüpft ist. Wir wollen unsere Bindungen zur Europäischen Gemeinschaft, zu unseren westlichen Nachbarn, zu den USA nicht aufgeben und sind deshalb eindeutig gegen ein „neutrales" Deutschland. Wir können nicht einfach heraus aus diesem Beziehungsgeflecht. Wir können nicht einfach vertragsbrüchig werden. Vierzig Jahre Einbettung in Westeuropa – das ist eine lange Zeit, die man nicht einfach auf dem „Altar des Vaterlandes" opfern kann.

Frage: 1990 soll das „Jahr der Deutschen" werden. Wie sehen Sie die Zukunft Deutschlands?

Bracher: Ein vereinigtes Deutschland muß eine föderalistische, postnationale Demokratie werden. Auch die gegenwärtige Entwicklung in der DDR, die baldige Wiederherstellung ihrer Länder, läuft klar auf eine föderalistische Lösung hinaus.

Weiter müssen wir uns bewußt sein, daß wir keine Großmacht sind und keine mehr werden. Mittelfristig wird ein Gebilde entstehen, das nicht als Machtstaat auftritt, sondern das mit vielen Aufgaben und Belastungen behangen ist, das aber im Augenblick noch nicht weiß, wie es schließlich aussehen wird. Ein vereinigtes Deutschland wird binnen weniger Jahre existieren, wobei die zentralen Fragen der Sicherheits- und der Europapolitik Priorität besitzen. Für ihre Lösung ist mehr Zeit erforderlich. Eines aber ist mit aller Deutlichkeit zu sagen: Der europäische Binnenmarkt und die europäische politische Union hat nach meiner Meinung für Deutschland weiterhin Priorität. Die Lösung der anderen Aufgabe, die Einheit, ist aus Gründen der Solidarität wie der Verfassung nun unmittelbar zugewachsen.

[Frage: Wie günstig ist der Zeitpunkt für die Wiedervereinigung?

Bracher: Die Rahmenbedingungen sind günstig. Wir leben in einem interdependenten europäischen Staatensystem, in dem die nationalstaatliche Souveränität zunehmend relativiert wird. Auch der Entspannungs- und Abrüstungsprozeß ist voll in Gang gekommen. Daß die Bundesrepublik durch eine nationalistische Wende zur neuen Gefahr werden könnte, ist auf ein Minimum beschränkt.

Leider ist der Zeitpunkt, in dem sich das alles abspielt, in einer Hinsicht ungünstig. 1990 ist ein Wahljahr. Parteipolitik sowie wahltaktisches Verhalten beeinflussen und belasten den Einigungsprozeß sehr. Es wäre wesentlich einfacher, wenn er nicht in einem Wahljahr stattfinden würde.]

Hans-Peter Schwarz

Bestandsaufnahme in Deutschland

(Aus: „Die Welt“ vom 28. 2. 1990)

1. Deutschland ist in voller Fahrt auf eine Währungsunion. Damit sollen sich auch in der DDR jene tiefgreifenden marktwirtschaftlichen Reformen verbinden, mit denen im Westen zwischen 1948 und 1953 das Wirtschaftswunder begann. Exit Karl Marx, Ludwig Erhard steht vor den Toren.

Man kann jedoch die Währungssysteme zweier großer Industriestaaten nicht vereinigen und die Wirtschaftspolitik harmonisieren, gleichzeitig aber die politischen Entscheidungsprozesse getrennt halten. Somit wird die rasende Entwicklung mit innerer Logik die Phase der „konföderativen Strukturen“ wahrscheinlich rasch durchschreiten und eher früher als später in einen vereinigten Bundesstaat einmünden.

Die große Verfassungsdiskussion dürfte also unmittelbar nach den Volkskammerwahlen vom 18. März einsetzen. Man ist schon kein Prophet mehr mit der Feststellung, daß das Thema „Eine Verfassung für Deutschland“ die Planungen, Beratungen und politischen Kontroversen des Jahres 1990 wesentlich bestimmen wird.

2. Drei Kernfragen werden im Mittelpunkt dieser Diskussion stehen. Erstens die Frage: Welche Verfassung ist denn eigentlich erstrebenswert, praktikabel und für alle Deutschen akzeptabel? Zweitens die Frage nach dem Procedere auf dem Weg zu einer möglichen Bundesverfassung des vereinigten Deutschlands. Drittens die Frage nach der internationalen Akzeptanz eines vereinigten deutschen Bundesstaates.

Die folgende Problemskizze wird sich vorwiegend auf die beiden ersten Punkte beziehen. Man kann aber auch die besonders schwer einzuschätzende Frage der Einstellung, die die Nachbarn und die Weltmächte Deutschland entgegenbringen werden, nicht ganz außer acht lassen.

3. Welche Verfassung sollte es sein? Eine Bundesverfassung, so lautet die in diesem Punkt verblüffend übereinstimmende Antwort sowohl des Bundeskanzlers wie des Ministerpräsidenten der DDR. Absage also von vornherein an die Idee des Einheitsstaates.

Moderne Industriegesellschaften sind so kompliziert, daß akzeptable Entwicklungen bei regionaler Differenzierung der politischen Entscheidungsprozesse noch am ehesten zu erwarten sind. Auch eine gewisse Bürgernähe mit Einwirkungsmöglichkeiten regionaler Institutionen ist im Bundesstaat besser gewährleistet. Frankreich und Großbritannien, die bis heute an einer zentralistischen Staats- und Verwaltungsstruktur leiden, beneiden seit langem den viel flexibleren deutschen Föderalismus, ohne aber bisher die Kraft gehabt zu haben, ihn nachzuahmen.

Zugleich tragen Bundesländer in die Gesetzgebung und Verwaltung des Zentralstaates jene Elemente der Machtbeschränkung und des notwendigen Ausgleichs herein, die von denen als besonders bekömmlich empfunden werden, die sich eben dem Zugriff eines totalen Staates mit seiner totalitären Staatspartei entwunden haben.

Aufgrund dieser Erfahrungen, in die ohnehin eine lebendige deutsche Verfassungstradition einging, haben sich die Westdeutschen nach den Erfahrungen mit Preußen und mit dem Dritten Reich seinerzeit eine bundesstaatliche Verfassung gegeben. Die Erfahrungen, die die Deutschen in der DDR während der vergangenen 40 schlimmen Jahre mit ihrem zentralisierten Staat gemacht haben, legen die Rückkehr zu der klassischen deutschen Staatsform des Bundesstaates gleichfalls nahe.

Damit verbindet sich im Fall der DDR und ihrer wohl bald wiederzubelebenden Länder die Erkenntnis, daß ein vereinigter deutscher Bundesstaat noch auf längere Sicht eine sehr beträchtliche Unterschiedlichkeit der Lebensverhältnisse zwischen den Regionen der früheren DDR und Westdeutschland aufweisen würde. Man müßte versuchen, diese Unterschiede bald auszugleichen. Aber auch für das Ertragen der Unterschiede wie für das

Gelingen des Ausgleichs werden bundesstaatliche Strukturen am besten geeignet sein.

4. Braucht das in Freiheit vereinigte Deutschland eine ganz neue Bundesverfassung, oder kann man auf die ja bereits in Kraft befindliche Bundesverfassung des Grundgesetzes zurückgreifen? Das dürften die beiden großen Alternativen sein, zwischen denen sich die Deutschen zu entscheiden haben werden.

Sollte sich die Übernahme des Grundgesetzes der Bundesrepublik Deutschland als praktikabel und akzeptabel erweisen, so müßte freilich geprüft werden, ob die Errichtung eines in vielem eben doch ganz neuen Bundesstaates bei einzelnen Artikeln eine vorangehende Revision des Grundgesetzes erfordert.

Bei einer Option für das Grundgesetz müßte jedenfalls ein sorgfältig ausgearbeiteter Phasenplan für die Einbeziehung des Wirtschafts- und Sozialsystems der DDR in die des neuen Bundes im vorweg vertraglich und gesetzlich verankert werden. Ohne eine solche eindeutig festgelegte Zusicherung, daß die Anpassung der Lebensverhältnisse vernünftig, schonend und mit eingeplanter Unterstützung aus den Regionen des bisherigen Bundesgebiets erfolgen wird, wäre den Deutschen in der DDR die Entscheidung für die Alternative des Grundgesetzes unzumutbar.

5. Eine dritte theoretische Alternative – Rückgriff auf die Verfassungstraditionen der DDR – kann nicht ernsthaft in Betracht gezogen werden. Schließlich war und ist die demokratische Revolution in der DDR ja in erster Linie eine Revolution gegen jene Staatsziele und Organisationsvorschriften, die von der SED in der derzeit gültigen Verfassung der DDR vom 6. April 1968 in der Fassung vom 7. Oktober 1974 verankert waren.

Ob es bei der Perspektive einer bundesstaatlichen Vereinigung überhaupt sinnvoll wäre, würde die neugewählte Volkskammer eine neue DDR-Verfassung beschließen, ist zu bezweifeln. Doch sollte sie das für richtig halten, dann hätte eine solche Verfassung doch bloß einen sehr experimentellen Charakter.

Das gilt auch für den Fall eines Rückgriffs auf die Verfassung vom 7. Oktober 1949, die in der DDR immerhin fast über zwei Jahrzehnte hinweg formal in Kraft war. Doch trug diese leider nur den Buchstaben nach in den freiheitlichen deutschen Traditionen stehende Verfassung von Anfang an die Züge einer Scheinverfassung – primär dazu bestimmt, im Wettbewerb der beiden deutschen Staaten nach Westen hin werbend zu wirken. Tatsächlich aber waren alle dort vorhanden Ansätze zu einer positiven Entwicklung durch das faktische Machtmonopol der antidemokratischen SED ausgehöhlt.

Hinzu kam, daß diese Verfassung beträchtliche Mängel aufwies. Der Grundrechtsteil war schon damals kollektivistisch. Entscheidende Grundrechte waren nicht in ihrem Bestand gegen jeden Staatseingriff geschützt. Die Länderkompetenzen waren zu schwach. Vorherrschend war die verkehrte Idee eines Parlamentsabsolutismus, der die Freiheit des einzelnen wie der Gemeinschaft letztlich zur Disposition der jeweiligen Mehrheit stellte.

Das alles schließt den Gedanken aus, etwa ausgerechnet diese diskreditierte Verfassung nunmehr als spezifischen Beitrag von seiten der DDR in die deutsche Verfassungsdiskussion einzubringen. So ist zwar heute in der DDR die Überzeugung mächtig, daß das Land möglichst schnell aus der verfassungspolitischen Sackgasse herauskommen muß, in die es gegen den Willen der Bevölkerung hineingetrieben wurde. Erprobte eigene Traditionen des freiheitlich-demokratischen Verfassungsstaates gibt es aber nicht.

6. Doch werden die Vertreter der DDR unter diesen Umständen ohne weiteres für die Alternative optieren, das bestehende oder ein eventuell revidiertes Grundgesetz als Bundesverfassung des vereinigten Deutschlands vorzusehen? Werden sie nicht darauf drängen, eine ganz neue gesamtdeutsche Verfassung zu erfinden und dann zu erproben?

Da Psychologie bei dem schwierigen Vereinigungprozeß eine erhebliche Bedeutung hat, wäre das Streben nach einer ganz neuen deutschen Bundesverfassung auf seiten der DDR durchaus verständlich. Und man kann sich auch leicht vorstellen, daß der Impuls, bei der Vereinigung einen ganz neuen großen verfassungspolitischen Wurf zu versuchen, auch in bestimmten politischen Gruppierungen der Bundesrepublik ein Echo finden könnte.

Ein Hauptmotiv auf seiten derer in der DDR, die gegebenenfalls für eine ganz neue Bundesverfassung eintreten, könnte aus der wirtschaftlichen und sozialpolitischen Interessenlage des Landes kommen. Sind die sozio-ökonomischen Unterschiede nicht so gravierend, daß man den Grundrechtskatalog der Verfassung, vielleicht aber auch den Organisationsteil, ganz neu definieren müßte, um dem notwendigen Ausgleich Rechnung zu tragen?

Manche, gerade auch im Lager der Reformparteien und Reformgruppen, mögen so empfinden, auch die Millionen unpolitischer Deutscher in der DDR. Sie dürften von der Forderung nach verfassungsrechtlichen Garantien ihrer berechtigten Interessen in einer ganz neuen Verfassung wohl nur dann abgehen, wenn sie erkennen, daß es auch andere Verfahren gibt, ihren legitimen Erwartungen zu entsprechen.

Natürlich werden sich vor allem diejenigen für eine ganz neue Bundesverfassung aussprechen, die bei der Option für das Grundgesetz befürchten, damit auch die letzten sozialistischen Elemente in der DDR rasch zu eliminieren. Sie werden bei den Traditionskompanien sozialistischer Linksintellektueller der Bundesrepublik Unterstützung bekommen. Und man wird wohl erwarten müssen, daß sich die Forderung nach einer ganz neuen Bundesverfassung mit der Fata Morgana eines „dritten Weges" verbinden wird – ein neues, vereinigtes Deutschland also mit musterhafter neuer Verfassung, demokratisch, sozialistisch, pazifistisch und neutral.

Es ist kein Zufall, daß die Idee einer neuen Bundesverfassung von Ministerpräsident Modrow in die Diskussion geworfen worden ist. Die abgewetzte SED, jetzt PDS, könnte hoffen, dabei wenigstens Reste der sozialistischen Konkursmasse zu retten.

Rein verfassungsrechtlich wäre die Ausarbeitung einer neuen gesamtdeutschen Verfassung aus Sicht der Bundesrepublik durchaus möglich. Artikel 146 des Grundgesetzes würde das zulassen. Aber nicht alles, was möglich ist, ist auch vernünftig.

Denn in der Tat gibt es eine ganze Reihe gewichtiger Überlegungen, die gegen alle Versuche sprechen, eine ohnehin schon mehr als schwierige Vereinigung zusätzlich noch in den Formen einer unerprobten, ganz neuen Bundesverfassung ablaufen zu lassen. Es sind weitgehend auch Gründe, die zugleich dafür sprechen, die Vereinigung am besten im Rahmen der Bundesverfassung des Grundgesetzes zu vollziehen.

Bei näherem Zusehen zeigt sich nämlich, daß diese Alternative den Zielen aller Beteiligten am besten entsprechen würde. Aller Beteiligten – also der Deutschen in der DDR, die ein Leben in Freiheit und in einem mit den Westdeutschen mittelfristig vergleichbaren Wohlstand wünschen, und der Deutschen in der Bundesrepublik, die kein übermäßiges Risiko eingehen möchten, doch auch den Erwartungen der näheren und ferneren Nachbarn Deutschlands.

7. Die Deutschen in der DDR, so scheint es, wollen in ihrer großen Mehrheit zweierlei erreichen. Sie möchten erstens gesicherten Grundrechtsschutz, individuelle Entfaltungsfreiheit, vor allem auch als freie Wirtschaftsbürger, das alles verbunden mit verfassungsrechtlich oder sonstwie gesetzlich gewährleisteter sozialer Sicherheit. Sie möchten zweitens eine durchgreifende und unumkehrbare Besserung ihrer wirtschaftlichen und sozialen Lage erreichen.

Wenn die Prämisse akzeptiert wird, daß ein vereinigter deutscher Bundesstaat für die Wünsche nach Freiheit und Wohlstand für alle die besten Realisierungschancen abgibt, dann spricht alles für die Übernahme einer Verfassungsordnung, die so erprobt, so differenziert, so im besten Sinn „gewachsen" ist wie das Grundgesetz in seiner heutigen Form.

Politisch, wirtschaftlich, sozial und kulturell sind die Westdeutschen über 40 Jahre hinweg sehr gut damit gefahren. Weshalb sollten somit nicht auch die Deutschen in der DDR von dem Angebot dieser Grundordnung Gebrauch machen, wenn man nur im Vorfeld der verfassungsrechtlichen Vereinigung entsprechende gesetzliche oder verfassungsmäßige Vorkehrungen trifft, die sicherstellen, daß sie nicht nach einer Vereinigung von den Westdeutschen – hier sei ein umgangssprachlicher Ausdruck gestattet – kaltschnäuzig „untergebuttert" werden.

Spannungen, Anpassungschwierigkeiten, Reibungen und Ungleichgewichte wird die Vereinigung in einem gesamtdeutschen Bundesstaat in Hülle und Fülle bringen, ganz besonders in den ersten Jahren. Aber daß man trotz aller leicht vorhersehbaren Konflikte zum Ausgleich und zu vernünftigen Problemlösungen findet, ist auf Grundlage einer erprobten Verfassung viel eher zu erwarten als bei einer unerprobten neuen.

In diesen Wochen und Monaten überlegen Hunderttausende, ob sie bei einer Gefährdung des Reform- und Vereinigungsprozesses in der DDR nicht einfach alles zurücklassen und in den Geltungsbereich des Grundgesetzes übersiedeln sollen. Ist es unter diesen Umständen nicht ein naheliegender Gedanke, den dann zu erwartenden sozioökonomischen Kollaps der DDR dadurch zu verhindern, daß man die sozioökonomische Ordnung und die Verfassungsordnung der Bundesrepublik mit entsprechenden eingebauten Sicherungen zugunsten der Deutschen in der DDR auf dieses Land ausdehnt?

Theoretisch wäre es durchaus vorstellbar, daß auch ein gesamtdeutscher Verfassungsgeber den richtigen „Mix" herausfindet. Sicher ist das aber gar nicht. Wahrscheinlich ist eher, daß er sich dabei heillos zerstreitet, Fehlentscheidungen trifft und kein tragfähiges Werk zustande bringen kann.

Das Grundgesetz, eine denkbar ausdifferenzierte Bundesverfassung, existiert aber nun einmal. Es hat sich nach Ansicht der Westdeutschen selbst wie auch des Auslands alles in allem sehr gut bewährt. Die gleichfalls doch recht zufriedenstellende westdeutsche Wirtschafts- und Sozialordnung ist untrennbar damit verbunden. Die soziale Marktwirtschaft der Bundesrepublik ohne das Grundgesetz ist genausowenig vorstellbar wie das Grundgesetz in der Gestalt, wie es über 40 Jahre hinweg weiterentwickelt worden ist, ohne die soziale Marktwirtschaft. Somit ist auch die Wahrscheinlichkeit groß, daß es ungeachtet aller vorhersehbaren Belastungen für einen staatlichen Vereinigungsprozeß mit der DDR den nach Lage der Dinge besten Ordnungsrahmen abgeben würde.

8. In der bisherigen Diskussion ist häufig und mit voller Berechtigung festgestellt worden, daß jede Form der Vereinigung

der deutschen Staaten nur dann legitim ist, wenn die Deutschen in der DDR ihr zustimmen.

Beim Blick auf den bewegenden Überschwang der Monate seit Oktober 1989 scheut man sich daher fast, mit einigem Nachdruck darauf hinzuweisen, daß die Vereinigung natürlich genauso der Akzeptanz durch die Deutschen in der Bundesrepublik bedarf. Es wäre also unrealistisch, dies nicht gebührend zu berücksichtigen. Zur Vereinigung auf dem Boden einer Bundesverfassung wird es überhaupt nur kommen, wenn beide Staaten zustimmen.

Doch die Asymmetrien sind evident. Die Bundesrepublik brächte in den vereinigten Bundesstaat fast das Vierfache an Menschen ein. Das kann bei der Verfassungsgebung nicht ganz unberücksichtigt bleiben.

Zu den Asymmetrien gehört ebenso, daß das politische System der DDR sich im Zustand der Auflösung befindet, während das politische System der Bundesrepublik eine unbeschränkt lebensfähige Robustheit aufweist. Von den Asymmetrien der beiderseitigen Wirtschafts- und Sozialsysteme braucht gar nicht länger gesprochen zu werden. Die gegenwärtige Bewegung hin auf Vereinigung ist ja in erster Linie ein Ergebnis der Grundtatsache, daß diese Asymmetrien sich nunmehr unwiderstehlich bemerkbar machen.

Wie die vergangenen Monate gezeigt haben, bringen die Deutschen in der Bundesrepublik der Befreiung ihrer Landsleute in der DDR ein überwältigend großes Maß an Mitfreude, an gutem Willen, auch an Opferbereitschaft entgegen. Die so oft locker hingesagte Redewendung von der „kalten Gesellschaft" in der Bundesrepublik hat sich als das dekuvriert, was sie immer war: bloßes Gerede.

Diese Beobachtung ist sehr wichtig. Denn wie wollte man sich verantwortlich auf einen gewiß recht schwierigen Vereinigungsprozeß einlassen, wüßte man nicht, daß ganz offenkundig auch nach 40 Jahren der Teilung doch ein Bewußtsein der gesamtdeutschen Solidarität besteht, auf das sich auch eine vereinigte Bundesverfassung begründen läßt?

Doch die verfügbaren Meinungsumfragen und fast jedes Gespräch in den vergangenen Monaten lassen zugleich erkennen, daß die Gefühlslage der Westdeutschen ambivalent ist. Sie fühlen sich zwar in die Pflicht genommen und sind mehrheitlich bereit, den Schritt in ein größeres Ganzes zu tun – allerdings nur um der Landsleute in der DDR willen und nicht etwa aus Nationalismus oder gar aus machtstaatlichen Überlegungen heraus. Sie sind sich aber auch der Risiken bewußt – außenpolitische Risiken, wirtschaftliche Risiken, Belastungen des Sozialsystems, Erschütterungen des Parteiensystems. Sie wissen, daß die Bundesrepublik auch ohne Vereinigung in Sicherheit und in relativer Wohlfahrt weiterleben könnte. Daher der Wunsch, die Risiken möglichst zu minimieren.

Wenn also den Deutschen in der DDR daran gelegen ist, daß die Westdeutschen eine Vereinigung solidarisch akzeptieren, dürfen sie ihnen in der Verfassungsfrage nicht zuviel zumuten.

Dieses Zuviel wäre aber wohl die Erwartung, um der staatlichen Vereinigung willen auf das Grundgesetz zu verzichten. In ziemlich allen politischen Lagern der Bundesrepublik sieht man nämlich in dieser gut funktionierenden bundesstaatlichen Verfassung eine entscheidende Stabilitätsbedingung für den Bestand der Demokratie und für das Gedeihen von Wirtschaft und Gesellschaft.

Für die meisten wäre es auch praktisch gar nicht vorstellbar, wie die hochkomplexen und ja durchaus nicht erschütterungsfreien bundesdeutschen Wirtschafts- und Sozialsysteme in einer völlig neuen Bundesverfassung weiterhin reibungslos funktionieren könnten. Eine staatliche Vereinigung mit der DDR inmitten der Revolutionierung Ostmitteleuropas und Osteuropas ist schließlich bis zu einem gewissen Grad ein politisches Abenteuer. Man kann erwarten, daß es gutgeht. Sonst würden sich die Beteiligten nicht darauf einlassen wollen. Aber zumindest die Westdeutschen würden wohl recht bald den Mut verlieren, wenn sich diese sowohl schwierigen wie langwierigen Prozesse nicht im Rahmen der vertrauten und bewährten Verfassungsordnung vollziehen würden. Auch so, meinen viele, wird es noch schwierig genug.

9. Die Frage „Welche Verfassung?“ hat aber auch, wie schon

angedeutet, mit der internationalen Akzeptanz einer staatlichen Vereinigung Deutschlands zu tun. Zumindest im Fall des Dritten Reiches hat sich gezeigt, daß eine verfassungspolitische Katastrophe in Deutschland den ganzen Kontinent in ein Meer von Blut, Trümmern und Tränen gestoßen hat.

Wenn es der Bundesrepublik unter den nicht einfachen Bedingungen der Nachkriegszeit und des Kalten Krieges fast auf Anhieb gelungen ist, nicht nur Respektabilität zu erwerben, sondern auch zur positiven Entwicklung des westlichen Europas beizutragen, dann zu einem Gutteil aufgrund ihrer verfassungspolitischen Stabilität. So sah man es bei den westlichen Nachbarn, so hat man es insgeheim wahrscheinlich auch in Polen, in der CSSR und in Ungarn gesehen. Heute kann das dort ganz offen ausgesprochen werden.

Derzeit ist das östliche Europa aufgrund des Zusammenbruchs der kommunistischen Systeme zwischen der Ostsee und dem Schwarzen Meer in einen Zustand hochgradiger Labilität geraten. Zur Hoffnung, zumindest die postkommunistischen Systeme zwischen Elbe und Bug in den Rhythmus des freieren und prosperierenden westeuropäischen Lebens einschwingen zu lassen, besteht zwar durchaus Anlaß. Aber Grundvoraussetzung dafür ist eine Stabilisierung der Bedingungen in Deutschland.

In dieser Hinsicht dürften es alle Nachbarn Deutschlands mit Erleichterung begrüßen, wenn die derzeit so beunruhigenden Turbulenzen in der DDR und die mit einer deutschen Vereinigung verbundenen Unwägbarkeiten in einer seit langem bestehenden, beruhigend, ja geradezu langweilig stabilen Verfassungsordnung aufgefangen werden könnten. Eine erprobte Bundesverfassung, die so viele eingebaute Hemmungen besitzt wie das Grundgesetz, könnte alle jene Nachbarn ruhiger schlafen lassen, die sich sonst durch einen unter verfassungspolitischen Instabilitäten einhertaumelnden 77-Millionen-Giganten um den Schlaf gebracht sähen.

10. Das Verfahren des Hinzutritts weiterer Teile Deutschlands zur Verfassungsordnung des Grundgesetzes ist in Artikel 23 GG vorgezeichnet. Dieser stellt fest, welche Länder zum Geltungsbereich des Grundgesetzes gehören, und statuiert in Satz 2 lapidar:

„In anderen Teilen Deutschlands ist es nach dem Beitritt in Kraft zu setzen."

Bekanntlich wurde dieses Verfahren über den Artikel 23 beim Beitritt des Saarlandes 1957 erstmalig praktisch erprobt. Diese Angliederung erfolgte durch einfaches Bundesgesetz, dessen Regelungen allerdings zuvor mit dem Saarland und mit Frankreich ausgehandelt worden waren. Ein Hauptpunkt war dabei eine dreijährige Übergangsphase, während der das Wirtschafts- und Sozialsystem des Saarlandes an das der Bundesrepublik angeglichen wurde.

Entschlösse man sich also, im Fall der Errichtung eines vereinigten deutschen Bundesstaates über den Artikel 23 zu gehen, wäre das Verfahren bezüglich der westdeutschen Verfassung relativ problemlos.

11. Wie schon angedeutet, würde sich bei der hier erörterten Lösung aus Sicht der Deutschen in der DDR vor allem die Frage stellen, wie die Vereinigungsbedingungen bereits im Vorfeld so ausgestattet werden könnten, daß ihrer besonderen Lage während eines längeren Übergangsprozesses Rechnung getragen wird.

Der Verweis auf den Präzedenzfall des Saarlandes zeigt schon, daß die Aushandlung von einem oder von mehreren Überleitungsgesetzen, die vor einem Beitritt in Kraft treten müßten, unabdingbar wäre. Zweifellos wären in verschiedensten Bereichen sehr viel längere Anpassungs- und Schutzfristen vorzusehen als im Fall des Saarlandes. Diese Übergangsgesetze würden den Deutschen in der DDR auch die Sicherheit geben, daß die volle Finanzkraft des ganzen Bundes eingesetzt wird, um in absehbaren Fristen eine Angleichung der Lebensverhältnisse mitsamt den auf allen Gebieten unerläßlichen Infrastrukturverbesserungen und einer Abwendung der ökologischen Katastrophe zu gewährleisten.

Wären darüber hinaus auch Grundgesetzänderungen erforderlich? Sie bedürfen einer Zweidrittelmehrheit in Bundestag und Bundesrat, könnten also derzeit nur mit den Stimmen der SPD durchgeführt werden. Da diese vom Zweistaatenkonzept wieder abgerückt ist, ließe sich eine Einigung durchaus vorstellen.

Möglicherweise zeigt eine gründliche verfassungsrechtliche

Prüfung in der Tat, daß kleinere Grundgesetzänderungen selbst dann zwingend sind, wenn darauf verzichtet werden kann, bestimmte Schutz- und Übergangsbestimmungen für die Deutschen in der DDR im Grundgesetz zu verankern.

Die Erfahrung lehrt allerdings, daß selbst geringfügige Änderungen des Grundgesetzes viel Zeit brauchen. Das System ist so fein austariert und nicht zuletzt aufgrund der Rechtsprechung des Bundesverfassungsgerichts auch schon so kompliziert geworden, daß größere Veränderungen schwer vorstellbar sind. Wer also die entschiedene Forderung erhebt, mit Blick auf die Vereinigung gewichtige Verfassungsrevisionen durchzuführen, riskiert möglicherweise gewollt oder ungewollt, daß es gar nicht zur Vereinigung kommen kann.

Denkbar wäre auch, daß die Repräsentanten der DDR im verfassungsberatenden Gremium eine Kombination von Grundgesetzänderungen und Veränderungen der Stimmenanteile im Bundesrat verlangen, um den Ländern der DDR eine Sperrminorität gegen Verfassungsänderungen zu ihren Ungunsten zu sichern. Die wahrscheinlich ohnehin geringe Bereitschaft der bundesdeutschen Parteien und der Bundesländer, einschneidende Verfassungsänderungen vorzusehen, würde dadurch aber wahrscheinlich noch gemindert.

Einen der stärksten Mechanismen zur Durchsetzung ihrer berechtigten Interessen hätten die Deutschen in der DDR nicht so sehr im Verfassungssystem als solchem, sondern im Parteiensystem. Erfahrungsgemäß beruhen die Mehrheiten sowohl im Bund wie in einer Reihe von Bundesländern auf wenigen Prozenten der Wählerschaft. Die Wähler in der DDR könnten also davon ausgehen, daß die Parteien schon aus purem Eigennutz ihren Erwartungen einen hohen Stellenwert beimessen würden.

Sollten sich die Deutschen in der DDR also dafür entscheiden, ihr Schicksal mit dem der Deutschen in der Bundesrepublik zu verbinden, und sollten die Deutschen in der Bundesrepublik das akzeptieren, dann wird die ins parlamentarische System eingebaute Mechanik auch dafür sorgen, daß die berechtigten Wünsche aller Beteiligten Berücksichtigung finden.

12. Wie sollte das Procedere zur Vorbereitung einer bundesstaatlichen Zusammenführung konzipiert werden? Aus dem eben Ausgeführten ergibt sich, daß die Idee einer verfassungsgebenden Nationalversammlung, soviel Faszination auch früher von der Vision ausgegangen sein mag, nicht der richtige Weg wäre. Denn damit wäre eben schon vorentschieden, daß auch das Grundgesetz gegebenenfalls zur Disposition stünde. Man sollte zudem auch sehen, daß die DDR-Parlamentarier in einer solchen Konstituante eine vergleichsweise kleine Minderheit wären.

Zu befürchen wäre zudem, daß sich die Verfassungsberatungen lange hinschleppen würden und eher auf allen Seiten zu Polarisierungen führen könnten, selbst wenn bald darüber Einigkeit bestünde, daß man von dem eventuell revidierten Grundgesetz ausgehen sollte. Eine solche Verfassung müßte dann einem Referendum unterworfen werden. Unter welchen Vorbedingungen dann der Artikel 146 GG wirksam werden könnte, der zur Auflösung der Bundesrepublik führen würde, wäre gleichfalls zu klären und gewiß Gegenstand heftigsten Streits und komplizierter politischer Manöver.

Bestünde hingegen Übereinstimmung, über den Artikel 23 des Grundgesetzes zu gehen, so wäre das Procedere vergleichsweise einfacher. Denkbar wären dann unterschiedliche Ansätze. Man könnte Regierungsverhandlungen vorsehen, die auf beiden Seiten zu den parlamentarischen Körperschaften eng rückgekoppelt wären. Oder es wäre die Errichtung gemischter parlamentarischer Kommissionen denkbar, die zu verhandeln hätten.

Man wird aber in diesem Zusammenhang sehen müssen, daß sich die Regierungen so oder so in einer Schlüsselposition befinden werden. In ihrer Hand wird es nämlich in erster Linie liegen, die gewiß nicht einfachen internationalen Vertragsregelungen zu erreichen, ohne die der Vereinigungsprozeß nicht erfolgreich abgeschlossen werden könnte. Und sie werden alle Hände voll zu tun haben, die schwierigen Probleme und Labilitäten auf dem Weg zur Errichtung eines vereinigten Bundesstaates zu lösen.

James J. Sheehan

Die immer gleiche Geschichte von Verstimmung und Enttäuschung

Der Einigungsprozeß endet nicht mit der (Neube-)Gründung einer Nation

(Aus: „Frankfurter Rundschau" vom 13. 3. 1990)

Wir haben im Laufe des letzten Jahres die Niederlage von zwei internationalen Systemen erlebt. Mit verblüffender Schnelligkeit ist die politische Macht des sowjetischen Imperiums und die ideologische Macht des europäischen Kommunismus zusammengebrochen. Auf dem aus diesen Zusammenbrüchen sich eröffnenden neuen Terrain wachsen wieder nationale Institutionen und nationale Loyalitäten. Wie immer, stellen sich die nationalen Bewegungen in verschiedenartigen Formen vor. Im größten Teil Mittel- und Osteuropas verbinden sie sich mit Kämpfen für politische Freiheit und nationale Selbstbestimmung. Anderswo – und besonders innerhalb der Sowjetunion – scheint Nationalismus untrennbar mit kommunalen Feindschaften und uralten Erbitterungen verbunden zu sein. Jedenfalls hat heute Nationalismus Konjunktur.

Obwohl die Macht des Nationalismus überall unverkennbar ist, sind seine Schwächen leicht zu übersehen. Nationalismus hat die Macht, Menschen zu mobilisieren, nicht aber die Fähigkeit, das Ziel dieser Mobilmachung zu bestimmen. Im Nationalismus an sich suchen wir vergebens nach Antworten auf die für jede Gesellschaft wichtigsten Fragen: Verfassungsfragen – die Definition der politischen Herrschaft –, soziale Fragen – die Teilung der Güter –, moralische Fragen – Sinn und Zweck der Gemeinschaft. Der Nationalismus ist wie eine leere Tüte, die nur aufrecht stehen kann, wenn sie mit anderen ideologischen Waren gefüllt ist. Deswegen ist er so beweglich und flexibel; Nationalisten kommen von links und rechts; sie sind liberal oder konservativ, fromm oder religionsfeindlich, demokratisch oder autoritär.

In der Geschichte der Nationenbildung wiederholt sich die gleiche Struktur: Während der Zeit, in der sie um die Nation kämpfen, können Nationalisten ihre Uneinigkeiten oftmals dämpfen oder verbergen; nach der Gründung der Nation streiten sie unter sich darum, wer die richtige, die eigentliche Nation verkörpert. Die Wirkungen dieser Auseinandersetzungen sind offenbar unterschiedlich, aber eines ist klar: Neue Nationen sind niemals so einig wie ihre Befürworter vorher gehofft haben; wenige Nationalisten bekommen die Nation, die sie sich vorgestellt haben. Die Geschichte der Nationsbildung ist daher fast immer eine Geschichte von Verstimmung und Enttäuschung.

Man fragt sich, wie es für die Deutschen sein wird? Im März 1990, an der Schwelle zu einer neuen Nationsgründung, können wir die Lage mit einem gewissen Optimismus betrachten. Wenn auch die wirtschaftlichen Kosten der Einigung noch nicht kalkulierbar sind, scheint doch die deutsche Wirtschaft mächtig und produktiv zu sein, um eine hohe Rechnung zu bezahlen. Besonders im Vergleich mit den Nachbarn im Osten wird das neue Deutschland eine feste materielle Grundlage haben. Im Vergleich mit Osteuropa zeigt sich noch ein Vorteil der Deutschen: Ihnen fehlen die fast überall in den östlichen Ländern vorhandenen ethnischen und nationalen Spaltungen. Auch die Last der deutschen Geschichte, die jetzt die neue Nation tragen muß, scheint immer leichter zu werden. Also resultieren die für Deutschland größten Gefahren zur Zeit aus internationalen Momenten, wie dem Schicksal der Reformbewegung in der UdSSR oder der Stabilität des globalen und wirtschaftlichen Systems.

Obwohl die Deutschen die Möglichkeit und zugleich die Fähigkeit haben, ihrer Nation eine freie, wohlhabende, stabile Grundlage zu verschaffen, werden sie sicherlich den mit dem Bau neuer Nationen immer einhergehenden Problemen nicht entkommen.

Daß das neue Deutschland in der Tat eine neue Nation sein

wird, sollte man nicht vergessen. Das Deutschland von 1990 hat niemals vorher existiert. Noch wichtiger: Es wird aus zwei Staaten, die zwei sonderbare vierzigjährige Geschichten hatten, hergestellt werden. Ist es sinnvoll, diese als eine „wiedervereinigte" Nation zu verstehen? Oder ist der Begriff der „Wiedervereinigung" nicht ein Beispiel für jene Neigung zur Mystifizierung, die in dem von Nationalismus geprägten Diskurs so oft vorhanden ist? Das neue Deutschland ist kein zu seiner „natürlichen" Gestalt endlich restauriertes Land. Genau wie die zwei Staaten von 1949 muß es sich gewissen Identitätsfragen stellen: Wie die Bundesrepublik und die DDR muß das Deutschland von morgen sich eine historische Standortbestimmung schaffen und aneignen. Zu oft glauben begeisterte Nationalisten, daß der Einigungsprozeß mit der Gründung der Nation endet. Tatsächlich ist die Nationsgründung zwar eine neue Phase, nicht aber eine Vollendung dieses Prozesses.

Jede neue Nation muß unterschiedliche Teile zusammenbringen. So wird es in dem neuen Deutschland sein. Obwohl die gegenwärtige Stimmung der nationalen Gemeinschaft zweifellos echt und sehr imponierend ist, kann sie die Erfahrungen von vier Jahrzehnten nicht auslöschen. Bei einem Anschluß der DDR an die BRD müssen sich ehemalige DDR-Bürger an ein grundverschiedenes politisches System gewöhnen. Noch wichtiger aber ist, daß sie in einem nach ganz anderen Regeln organisierten sozialen System handeln und lernen müssen, mit einer nach ganz anderen Werten orientierten Kultur umzugehen.

Nach der Einigung werden ehemalige BRD-Bürger auch einige Schwierigkeiten haben; denn sie müssen jetzt mit Landsleuten leben, die teilweise sichtbare, teilweise verborgene neue Sitten, Voraussetzungen und Werte in die Nation mitgebracht haben. Kurz: Die neuen Deutschen müssen sich Mühe geben, um sich zu verstehen. Und hier sollte man sich daran erinnern, daß eine besonders peinliche Art von Mißverständnis entstehen kann, wenn Leute für verschiedene Dinge dasselbe Wort verwenden.

Über die große ökonomische Ungleichheit zwischen den beiden Staaten sind wir alle gut informiert. Nach der politischen Einigung wird diese Ungleichheit nicht verschwinden; wahrscheinlicher ist, daß sie sich kurzfristig noch verstärken wird. Und fast sicher ist, daß sie viel länger dauern wird, als die Menschen hoffen und glauben. Sicher werden die sozialen Auswirkungen dieser ökonomischen Lage in einer gemeinsamen politischen Struktur Ausdruck finden.

Spannungen in dem neuen Deutschland werden nicht nur durch Rest der Teilung entstehen, sondern auch aufgrund der Neugestaltung alter Fragen. Regionale Fragen, zum Beispiel: Es gibt in beiden deutschen Staaten sowohl ein Nord-Süd-Gefälle als auch andere regionale Gegensätze. Wie wird ein neuer deutscher Föderalismus damit zurecht kommen? Konfessionelle Fragen, bisher immer wichtige Streitpunkte in der deutschen Geschichte, müssen nach der Einigung wieder gestellt werden. Welche politischen und kulturellen Wirkungen ergeben sich aus der neuen protestantischen Mehrheit?

Schließlich umd am wichtigsten: Eine Vermehrung der deutschen Wählerschaft um Millionen neuer Stimmen muß dramatische Konsequenzen für das innenpolitische Gleichgewicht haben. Welche Partei wird dieses große Los gewinnen? Denn diese Fragen können nicht ohne eine Verschärfung der politischen Auseinandersetzungen gelöst werden. Der in der heutigen Lage noch vorhandene politische Konsens wird nicht mehr lange bestehen.

Wie selten zuvor liegt vor den Deutschen die Zukunft offen und voller Hoffnung. Wie gesagt, es gibt gute Gründe für Hoffnung und Zuversicht. Aber wir können nicht erwarten, daß das Deutschland von morgen dem schmerzvollen Paradox des Nationalismus entkommen wird: machtvoll als Vorbild und Ziel der Gemeinschaft ist der Nationalismus als Wegweiser und Führer unbrauchbar. Im Licht einer Geschichte, in der die vereinigte Macht der Nation oft überschätzt worden war, scheint es nützlich, diese Begrenzungen nicht außer acht zu lassen.

Steven Muller

Deutschland und die neue europäische Architektur

Die Vereinigung als Chance zum Beginn eines größeren Prozesses

(Aus: „Frankfurter Allgemeine Zeitung“ vom 28. 3. 1990)

Historische Veränderungen haben niemals nur einen einzigen Grund, aber die Tür zu den Revolutionen des letzten Jahres wurde durch den Verzicht der Sowjetunion, Osteuropa ihren Willen aufzuzwingen, aufgestoßen. Über das Warum und das Wie dieses Geschehens wird man Bücher schreiben. Wir können im Moment sogar noch nicht ganz sicher sein, daß dieser Machtverzicht von Dauer ist. Das einzige, was jetzt deutlich sichtbar ist, ist, daß die sowjetische Führung ein klares Signal gegeben hat, daß sie keine Gewalt mehr anwenden würde, um ihre osteuropäischen Trabant-Regime zu unterstützen, und daß die Streitkräfte der Sowjetunion in ihren Kasernen geblieben sind, während mutige Männer und Frauen ihr Leben aufs Spiel setzten, um diese Regime eines nach dem anderen zu stürzen. Die sowjetische Macht mag im Schwinden begriffen sein oder auch nicht, aber ihre Anwendung in Osteuropa ist verschwunden, und eine Welle nationaler Befreiung ist über das geschaffene Machtvakuum hinweggerollt. Der Kalte Krieg in Europa endete fast über Nacht, und dies überraschte uns völlig. Wir sind noch immer so überrascht, daß wir noch nicht in der Lage sind, mit so vielen schnellen Veränderungen fertig zu werden. Noch wagen wir kaum daran zu glauben, daß sich ein so zäher und hartnäckiger Gegner wie dieser, dem wir über vier Jahrzehnte lang in Europa gegenüberstanden, einfach zum Rückzug entschlossen hat.

Für die meisten Amerikaner, die meisten Deutschen und vielleicht sogar für den größten Teil der Welt symbolisierte die unerwartete Öffnung der Berliner Mauer das Ende einer Ära wohl am dramatischsten. Ich sah dieses Ereignis im Fernsehen und war freudig überwältigt, aber auch von Unglauben gelähmt. Das ganze Wochenende fühlte ich einen Zwang, das Fernsehgerät einzuschalten, um dieselben Bilder von Tanzenden auf der Mauer und Ostdeutschen, die nach West-Berlin strömten, immer wieder zu sehen; und in irgendeinem Moment fiel mir ein, daß an jenem Wochenende der Jahrestag des Waffenstillstandes von 1918 war. Damals kam mir ein Gedanke, der mich seitdem nicht losgelassen hat.

Ich denke, daß Europa in Wahrheit zwischen 1914 und 1945 nur einen einzigen Krieg erlebt hat, einen dreißigjährigen, nur durch ein Phantom unterbrochenen Krieg, der ohne Friedensschluß endete. Es war, als ob Europa zwischen 1944 und 1949 langsam einfror, eingeschlossen durch die Konfrontation der beiden Supermächte, durch militärische Stärke und nicht durch freie Wahlen kontrolliert. Das Tauwetter setzte nicht vor 1989 ein, obwohl es während der achtziger Jahre immer Anzeichen dafür gab, daß es in der Luft lag, vielleicht schon langsam begann und eines Tages richtig beginnen würde. An jenem Wochenende im November dachte ich, daß für Europa endlich die Zeit anbrechen würde, in der es wieder zum Frieden finden und dreißig Jahre Krieg sowie vierzig kalte Jahre der Ost-West-Teilung und Konfrontation beenden könnte.

Ich denke immer noch, daß Europa jetzt eine glänzende Möglichkeit hat, drei Viertel eines Jahrhunderts voller Unruhe zu beenden, aber seit jenem Wochenende im vergangenen November hatte man auch Zeit, über die großen Unterschiede zwischen West- und Osteuropa nachzudenken, die vier Jahrzehnte lang nicht zum Schmelzen zu bringen waren.

In Westeuropa wuchs ein wahrer europäischer Geist, und 1992 soll eine neue weitreichende Phase der sozialen und wirtschaftlichen Einigung Europas beginnen. Nationalgefühl konnte frei zum Ausdruck gebracht werden, aber im großen und ganzen ist es vom wachsenden Gefühl, Mitglied der Europäischen Gemeinschaft zu sein, sowie vom gemeinsamen Wohlstand aufgesogen worden. In Osteuropa dagegen wurde Kooperation zwischen den Mitgliedstaaten durch die militärische wie wirtschaftliche Macht der Sowjetunion beherrscht und im Kontext einer marxistisch-leninistischen Ideologie ausgedrückt, deren Bankrott nun für alle sichtbar ist. Nationale Freiheit und Freiheitsbestrebungen wurden mit eiserner Faust unterdrückt.

Die Revolutionen des Jahres 1989 haben in Osteuropa jetzt eine Situation geschaffen, in der ein freier Ausdruck nationaler Interessen aus den Zwängen der Unterdrückung heraustreten konnte und in der Nationalstolz der offensichtlichste und unmittelbarste Ersatz für eine tote Ideologie wurde. Das ist völlig verständlich und wahrscheinlich unvermeidbar, aber es ist vielleicht nicht sehr erstrebenswert. Es ist sicherlich ansteckend. Gorbatschow mag mit tschechischem, polnischem und ungarischem und vielleicht auch mit litauischem, estnischem und lettischem Nationalismus gerechnet haben; aber georgischer, ukrainischer, moldawischer, armenischer und aserbaidschanischer Nationalismus scheinen ihm größere Schwierigkeiten zu bereiten. Auf jeden Fall haben die neuen freien Nationen Osteuropas ein stolzes Nationalgefühl, und jede kämpft um eine neue Nationalstruktur für ihr Land – mit Ausnahme des Sonderfalles der Deutschen Demokratischen Republik, dem wir uns gleich zuwenden wollen. Die Kraft des Nationalstolzes nach einer langen Phase der Repression und seine Anziehungskraft als Ersatz für eine aufgezwungene Ideologie sollten uns nicht überraschen. Seit dem Tode Marschall Titos hatten wir alle Gelegenheit zu beobachten, wie der wiedererwachende Nationalstolz der Serben, Kroaten, Slowenen und anderer begann, den Zusammenhalt der jugoslawischen Föderation zu zersetzen. Aber ein neuer, weitreichender Nationalismus in Osteuropa kann mit Hinweis auf das von mir gebrauchte Bild als Problem eines Europa angesehen werden, das seit 1914 nie richtig in Frieden lebte und das seit den vierziger Jahre erstarrt, „eingefroren" war. Das Böse und das Gute waren zusammen unter der Eisschicht, und das Tauwetter bringt sie jetzt beide an die Oberfläche. So werden beispielsweise nie bewältigte Konsequenzen des Zusammenbruchs des österreichisch-ungarischen Reichs und der folgenden Improvisationen der Friedensverträge nach dem Waffenstillstand von 1918 in Osteuropa wieder sichtbar. Niemand hat die gegensätzlichen nationalen Bestrebungen vergessen, die Europa 1914 in den Krieg trieben und die fortbestanden, bis 1939 formell der Krieg erklärt wurde.

Deshalb ist es ganz natürlich, daß die Aufmerksamkeit der Weltöffentlichkeit darauf gerichtet ist, wie die beiden deutschen Staaten im Nachklang der Revolutionen des Jahres 1989 vereinigt werden. Wie die Teilung Deutschlands in zwei Staaten das dramatischste Symbol des Kalten Krieges war, so wird die Vereinigung Deutschlands als Schlüssel für die Zukunft eines freien Europa angesehen. Die Vereinigung selbst ist nicht das Thema. Wenn – Gott bewahre! – die Deutsche Demokratische Republik hundert Jahre lang bestanden hätte, dann hätte für sie vielleicht Anlaß bestanden, als separater Staat in Freiheit weiterzuexistieren. So, wie sie heute aussieht, ein Staat, der seine Existenz der Gewalt verdankt, dessen ideologische Rechtfertigung von seinen Bürgern abgelehnt wird und dessen Wirtschafts- und Sozialstruktur sich auflöst, hat sie weder eine Chance noch eine Berechtigung, als eigener Staat weiterzubestehen. Das Thema ist nicht das „Ob" der Vereinigung der beiden deutschen Staaten, sondern das „Wie" dieser Vereinigung. Und die fundamentalste Frage ist, ob der Prozeß, einen deutschen Staat zu schaffen, ein rein deutscher oder aber ein europäischer ist. Es ist meine feste Überzeugung, daß ein europäischer Prozeß zur Schaffung eines einzigen deutschen Staates einem rein deutschen Prozeß bei weitem vorzuziehen ist und daß sowohl die Sowjetunion wie auch die Vereinigten Staaten als Teile Europas angesehen und als solche beteiligt werden müssen.

Was ist mit einem europäischen Prozeß gemeint? Die Antwort ist einfach: Ein einziger deutscher Staat sollte nur als Teil eines größeren Prozesses entstehen, der Ost- und Westeuropa in einem neuen Assoziierungsmuster zusammenbringt. Das ist die neue europäische Architektur oder das neue europäische Haus, auf das Staatsmänner bereits angespielt haben. Ein europäischer Prozeß heißt auch, daß die Zukunft Ostdeutschlands so wenig wie möglich als Sonderfall behandelt werden sollte und daß ein einziger deutscher Staat nicht ganz fertig sein sollte, bevor der größere europäische Rahmen ebenfalls fertig ist. Um mich so genau wie möglich auszudrücken: Die wirtschaftliche Erholung Ostdeutschlands sollte Teil eines größeren wirtschaftlichen Wiederaufbauprogramms für ganz Osteuropa sein, an dem die gesamte EG und die Vereinigten Staaten beteiligt sind. Und die Vereinigung Deutschlands sollte deshalb nicht in überstürzter Eile noch in diesem Jahr erfolgen.

Ist solch ein europäischer Prozeß zur Vereinigung Deutschlands wirklich notwendig? Und ist er möglich?

Ein rein deutscher Prozeß zur Schaffung eines einzigen deutschen Staates würde die fast sofortige Vereinigung durch einfache Absorption der DDR in die Bundesrepublik bedeuten. Das ist nicht ganz so einfach, wie wir inzwischen festgestellt haben. Es wäre vielleicht möglich. Es brächte aber große Risiken mit sich, von denen einige schon sichtbar sind und deshalb als Warnung dienen sollten. Das offensichtlichste Risiko ist, daß ein großes und wirtschaftlich mächtiges Deutschland so schnell entstehen könnte, daß Europa aus dem Gleichgewicht gebracht wird, bevor eine neue europäische Architektur geschaffen werden kann. Das kann Ängste vor einem germanisierten Europa wecken, die wiederum zu Allianzen gegen den deutschen Einfluß führen könnten: eine schlechte Grundlage für jegliche neue europäische Struktur.

Wir müssen offen miteinander reden, ober aber es hat keinen Zweck, überhaupt darüber zu reden: Es gibt in ganz Europa ein latentes, historisch begründetes Mißtrauen gegenüber der deutschen Nationalkraft. Die Antwort auf die Position, die der deutsche Bundeskanzler in bezug auf die polnische Grenze einnahm – eine Position, deren legale Berechtigung ich nicht in Frage stelle –, hat als Warnung vor einem Potential gedient, das in widersprüchlichen Nationalgefühlen und -bestrebungen immer noch besteht.

Es gibt noch andere Risiken. Die Deutschen in der DDR haben

jetzt die Möglichkeit gehabt, ihre eigene Meinung in einer freien Wahl zum Ausdruck zu bringen. Die Ergebnisse dieser Wahl werden noch im einzelnen analysiert, aber es ist deutlich, daß eine Mehrheit für eine Wiedervereinigung – so schnell wie möglich – gestimmt hat. Das bedeutet, daß Vereinigung einer Mehrheit in der DDR als beste Lösung erscheint, aber es bedeutet nicht, daß sie dem „Wie" der Vereinigung ohne Sorge gegenüberstehen. Sie sind Bürger ohne eigene Helden oder Führer, weil ein stalinistisches Regime jede Stimme gnadenlos zum Schweigen brachte, die versuchte, frei zu sprechen. Sie und der eine Staat, in dem sie leben werden, werden besser damit fahren, wenn der Prozeß zu diesem Staat nicht überstürzt würde und sie auf dem Weg zur Einheit als einen Weg zurückblicken könnten, den sie selbst frei gewählt haben.

In diesem Zusammenhang mache ich mir besondere Sorgen über die jungen Leute in der Deutschen Demokratischen Republik. Sie haben keine Vorbilder. Ihnen fehlt nicht nur ein Walesa oder Havel, sondern auch ihre Eltern müssen ihnen mindestens als ratlos erscheinen. Das meiste, was sie in der Schule und in ihren Organisationen lernen mußten, war offensichtlicher Unsinn, und ihre Regierung hat sie offenbar betrogen. Daher kommt mir die Jugend in der DDR zynisch vor, und ich habe Mitleid mit ihr. Es wird bestimmt nicht leicht sein, diesen jungen Menschen wieder Vertrauen zu geben und sie in die Bürgerschaft eines wiedervereinigten Deutschland einzugliedern. Man muß schon jetzt daran denken, für diese wichtige Aufgabe genug Mühe und Zeit aufzuwenden.

Auch nach ihren ersten freien Wahlen nach fast siebzig Jahren fühlen die Ostdeutschen sich noch immer hilflos, weil ihre Wirtschafts- und Gesellschaftsordnung zerfällt. Die Notwendigkeit einer einzigen deutschen Währung scheint so dringend zu sein, daß man damit einfach nicht warten kann. Es steht aber nirgendwo, daß Währungsintegration und politische Integration gleichzeitig geschehen müssen. Ganz gewiß braucht man dringend ein wirtschaftliches Investitionsprogramm für die DDR, aber das gilt auch für die Tschechoslowakei, Polen, Ungarn, Rumänien und andere. Natürlich kann die Massenwanderung von Ostdeutschen in die Bundesrepublik so nicht weitergehen. Sofortige Vereinigung könnte dieses Problem lösen, aber auch das ist nicht sicher.

Ein europäischer Prozeß zur deutschen Vereinigung ist auch deshalb notwendig, weil die Bundesrepublik Deutschland als verläßlicher und starker Partner in ihren Bündnissen vieles erreicht hat. In diesem Moment braucht Deutschland seine Verbündeten – und die Verbündeten brauchen Deutschland – mehr denn je. Ich brauche nicht lang zu erklären, daß die Römischen Verträge weder vorsehen, daß ein Mitgliedstaat sich ohne die Zustimmung seiner Partner beträchtlich vergrößern kann, noch daß die Fragen von nationaler Sicherheit und der Stationierung alliierter Truppen unter die Statuten der Nordatlantik-Pakt-Organisation fallen oder daß es deutsche Verpflichtungen im Rahmen des Helsinki-Prozesses gibt. Natürlich gibt es auch noch die den früheren Besatzungsmächten immer noch vorbehaltenen Rechte, die die als „zwei plus vier" bezeichneten Verhandlungen zur Folge haben. Außerdem läßt die Aussicht auf einen einzigen deutschen Staat die Frage nach einem Friedensvertrag zur Beendigung des Zweiten Weltkrieges aufkommen.

Ist ein europäischer Prozeß, wenn er für die Vereinigung Deutschlands notwendig und wünschenswert ist, auch möglich? Man wird sofort einwenden, daß dafür einfach keine Zeit bleibt. Hier bin ich anderer Meinung. Wieviel Zeit hatten denn Adenauer, Acheson, Marshall oder Truman damals zur Verfügung? Wir sollten unsere Zeit und Energie nicht damit vergeuden, darüber zu weinen, daß für die jetzige Lage keine Notfallpläne da sind. Niemand hat erwartet, daß die Ereignisse so schnell ablaufen würden, und keine Notfallplanung hätte uns auf die Breite der Ereignisse, wie sie dann wirklich stattfanden, vorbereiten können. Die Notwendigkeit und die Möglichkeit eines europäischen Prozesses sind gegeben, und auf Arbeitsebene sind die Anfänge auch schon im Entstehen. Zeit ist noch verfügbar, wenn der Wille vorhanden ist, sie richtig auszunutzen. Was wir jetzt am nötigsten brauchen, ist ein unzweideutiger Ruf nach der Schaffung einer neuen europäischen Struktur, und dieser Ruf kann am wirksamsten von der Bundesrepublik Deutschland ausgehen.

Die Bundesrepublik Deutschland steht vor der großen Verantwortung und Möglichkeit, Katalysator für die Entwicklung dieses neuen, besseren und ganzen Europas zu sein, das ins nächste Jahrtausend eintreten wird. Die Notwendigkeit der Zusammenarbeit zur Schaffung eines neuen europäischen Musters ist inzwischen eine allgemeine Überzeugung. Viele Stimmen dazu kommen aus der Bundesrepublik. Bonn unternimmt mittlerweile alle Anstrengungen, um Alliierte und Nachbarn im Osten zu konsultieren. Der einzige noch fehlende Schritt ist eine ausdrückliche und unwiderrufliche Verbindung zwischen der Vereinigung Deutschlands und der Restrukturierung Europas. Diese einfachen Worte bedeuten ein Konzept des deutschen Nationalinteresses auf einer noch nie zuvor so hochgeschraubten Ebene: der Ebene Europas. Das deutsche Volk hätte dann wirklich den Weitblick und den Mut, seinen Nachbarn gegenüber zu erklären: „Wir haben jetzt die uns geschenkte Möglichkeit, wieder als eine nationale Gemeinschaft zusammenzukommen, aber wir können diese nur mit eurer Hilfe richtig nutzen. Die beiden Staaten, in denen wir getrennt leben mußten, existierten beide innerhalb größerer Gemeinschaften, aber diese Gemeinschaft war dem östlichen Staat aufgezwungen worden, und nur im Westen waren wir frei, die größere Gemeinschaft, in der wir lebten und Wohlstand erwarben, zu wählen und mitzugestalten. Als „ein“ Staat möchten wir jetzt fortfahren, an dieser Gemeinschaft teilzunehmen, von ihr zu profitieren und zu ihr beizutragen. Eine solche Gemeinschaft muß weiter nach Osten reichen und sich mit neuen Problemen beschäftigen, nicht zuletzt mit dem wirtschaftlichen Ungleichgewicht in ihr, mit dem fertigzuwerden unsere Partner und wir – innerhalb Westeuropas – gelernt hatten. Wir Deutschen können dies nicht alleine tun. Wir brauchen unsere Nachbarn als unsere Partner, alte und neue, weil wir nie wieder allein stehen wollen. Wir bitten euch, zusammenzukommen, so daß wir – alle – frei und aus eigener Wahl zusammengebracht werden können.“

Man fordert viel, wenn man vorschlägt, daß ein Volk eine solche „transzendente“ Ebene des Nationalinteresses beschreiten soll. Dies ist in einem Wahljahr besonders schwierig. Wir Amerikaner wissen aus eigener Erfahrung, wie schwierig es ist, in einer demokratischen Gesellschaft, die von einem Wahlkampf zwischen rivalisierenden politischen Fraktionen beherrscht wird, staatsmännische Haltung zu bewahren. Aber es ist uns nicht immer mißlungen, und der Versuch sollte auf jeden Fall unternommen werden. Ich bin zuversichtlich, daß die Bürger der Bundesrepublik aus den einst so bitteren und in jüngerer Zeit so vielversprechenden Erfahrungen ihre Lektionen gelernt haben. Ich glaube auch, daß die DDR ein gewisses Maß an Trost – und langfristig sogar an Befriedigung – in der Aussicht finden kann, daß vierzig mühevolle Jahre den Weg zu einem neuen und besseren Europa geebnet haben, das man ihnen immer versprochen hat, aber das erst jetzt erreichbar geworden ist. Ich bin sicher, daß ein europäischer Prozeß zur Einigung Deutschlands weit bessere langfristige Chancen auf geschichtlichen Erfolg hat als ein nationaler, rein deutscher Prozeß. Und ich glaube ferner, daß solch ein europäischer Prozeß nur durch eine deutsche Initiative wirksam begonnen werden kann.

Eine amerikanische Beteiligung an Europas Zukunft muß es geben, aber ich glaube nicht, daß die Hauptrolle bei der Schaffung einer neuen europäischen Struktur bei den Vereinigten Staaten liegen sollte. Offen gestanden glaube ich, daß der größte amerikanische Beitrag für Europa nicht der Marshall-Plan – so wichtig er auch gewesen sein mag – oder die strategische Verteidigung – so wesentlich diese auch war und vielleicht noch ist – gewesen sind, sondern vielmehr die Selbstbeschränkung, die wir in der Ausübung amerikanischer Macht und amerikanischen Einflusses gelernt haben. Den Kontrast zwischen wirksamer Freiheit in Westeuropa und fehlgeschlagenem Stalinismus in Osteuropa können wir zumindest teilweise der Tatsache zurechnen, daß die Vereinigten Staaten gelernt haben, ihre Verbündeten als Partner und nicht als Vasallen zu behandeln und sich nicht in die Angelegenheiten der Westeuropäer zu mischen. Die Amerikanisierung, wie wir sie erlebten, war das Ergebnis von Attraktion, nicht von

Unterdrückung. Starke amerikanische Partnerschaft mit Europa bleibt eine Notwendigkeit, aber sie muß nicht unbedingt eine führende amerikanische Rolle in europäischen Angelegenheiten bedeuten.

Deshalb bin ich über die Zurückhaltung der Regierung der Vereinigten Staaten im Nachklang zu den Revolutionen des Jahres 1989 nicht so beunruhigt wie einige meiner Freunde in Amerika oder in Europa. Präsident Bush hat sich als ein vorsichtiger Politiker gezeigt, der allerdings zu dramatischen Handlungen fähig ist, wenn er sie für angebracht hält. Er hatte genügend Grund, vorsichtig zu sein. Man ist innerhalb seiner Regierung noch immer geteilter Ansicht über die Dauer der sowjetischen Nichtanwendung von Gewalt in Osteuropa im besonderen und die Stabilität der zukünftigen sowjetischen Außen- und Innenpolitik im allgemeinen. Unter Millionen Amerikanern europäischer Abstammung ist man geteilter Ansicht über die Zukunft Deutschlands im besonderen und Europas im allgemeinen. Millionen Amerikaner sind selbst noch nicht in der Lage, die Welt so zu sehen, daß die Sowjetunion nicht mehr der Hauptgegner ist. Sie stehen den Revolutionen des Jahres 1989 mit verwirrtem Erstaunen und Freude gegenüber und haben eine unklare Vorstellung davon, wie die Zukunft Europas aussehen sollte. Andere Amerikaner beschäftigen sich hauptsächlich mit den wirtschaftlichen Auswirkungen der Entwicklungen in Europa und betrachten das Potential neuer Märkte und Investitionen in Osteuropa. Angesichts so geringen Drucks von seiten der amerikanischen Öffentlichkeit sieht Präsident Bush noch keine Veranlassung, im Hinblick auf Europa das Risiko einer Initiative einzugehen. Die sowjetische Position scheint bis jetzt flexibler zu sein, als irgend jemand vor sechs Monaten nur gedacht hätte, und es liegt nicht im gegenwärtigen amerikanischen Interesse, der sowjetischen Führung durch zu harten Druck weitere Probleme aufzuladen.

Die europäischen Alliierten haben bisher auch keinen Druck auf Amerika ausgeübt. Was die Deutschen angeht, so waren und bleiben die Konsultationen zwischen Bonn und Washington umfassend und kontinuierlich, weshalb der Präsident – mit Ausnahme einer kurzen Zeitspanne im Hinblick auf die Grenze zu Polen – keinen Grund dafür sah, einen treuen Hauptverbündeten nicht zu unterstützen.

Das mag nicht die genaueste Zusammenfassung der Gründe sein, weshalb Washington im Hinblick auf Europa keine zustimmendere Haltung eingenommen hat; mein Hauptargument ist, daß es falsch wäre, Washingtons abwartende Haltung als Beweis für nachlassende amerikanische Kraft oder nachlassendes amerikanisches Interesse anzusehen. Es gibt keine Symmetrie zwischen der Sowjetunion und den Vereinigten Staaten, wie sie heute bestehen. Wir haben schwerwiegende Probleme mit unserem Defizit, mit Rauschgift, wir haben Verschuldungsprobleme, die aus der riesigen negativen Handelsbilanz herrühren. Wir sind während einer langen Phase der Prosperität wohl etwas maßlos geworden. Aber die Kraft des amerikanischen Volkes und seine Fähigkeit zu arbeiten und zu produzieren, sind immer noch vorhanden und groß. Wir sind eine Macht, mit der man rechnen muß, und wir werden es auch bleiben. Was abnehmendes Interesse anbetrifft, so haben die Amerikaner in diesem Jahrhundert gelernt, daß man sich vom Rest der Welt nicht zurückziehen kann. Wir sind uns auch dessen bewußt, daß Europa politisch, wirtschaftlich und strategisch mit uns verbunden ist und daß wir Entwicklungen in Europa nur zu unserem eigenen Nachteil ignorieren könnten. Ich glaube nicht, daß die Vereinigten Staaten dabei sind, ihre Interessen oder Verpflichtungen gegenüber Europa zu vernachlässigen.

Vielleicht wird meine Behauptung in Zweifel gezogen, das Nationalgefühl in Westeuorpa habe frei zum Ausdruck gebracht werden können, sei aber im großen und ganzen vom wachsenden Gefühl, Teil der Europäischen Gemeinschaft zu sein – sowie von gemeinsamem Wohlstand –, aufgesogen worden. Ich stehe zu dieser These; aber es ist natürlich auch richtig, daß es ein bis zu einem gewissen Maß in ganz Westeuropa bestehendes enttäuschtes Nationalgefühl gibt, nicht nur unter Basken und Flamen, sondern auch unter Walisern und Schotten sowie bei vielen anderen. Ich habe behauptet, der neue Nationalismus in den plötzlich frei gewordenen Staaten Osteuropas sei verständlich und wahrscheinlich unvermeidbar, aber wahrscheinlich nicht unbedingt wünschenswert und bestimmt ansteckend. Niemand stellt das Selbstbestimmungsrecht der beiden deutschen Staaten im Hinblick auf die Vereinigung zu einem einzigen Staat in Frage. Meine Besorgnis richtete sich nur darauf, wie man dieses Ziel am besten erreichen kann. Wir müssen uns jedoch fragen, wie gründlich wir wirklich darauf vorbereitet sind, jeder nationalen oder ethnischen Gruppe ein Recht auf einen eigenen Staat zuzusichern.

Diese Frage richtet sich nicht so sehr an nationale oder ethnische Bestrebungen, sie gilt vielmehr der künftigen Rolle und Nützlichkeit des Nationalstaates. Im Licht der gegenwärtig vorhandenen und weiter entstehenden Technik – angefangen bei Telekommunikation, Hochgeschwindigkeits-Massentransportmitteln, Computer-Massenproduktionen bis hin zu globalen Finanzmärkten und raumgestützten Waffensystemen – muß die Funktionsfähigkeit des Nationalstaates noch einmal analysiert und über sie diskutiert werden. Die Struktur des Europa von 1992 ist schon auf eine Sichtung der Mängel des autonomen Nationalstaates der Vergangenheit ausgerichtet. Ein neues Ost und West umfassendes Europa steht vor derselben Herausforderung. Müssen wir es wirklich als unumgänglich ansehen, daß der traditionelle Nationalstaat ein dauerhaftes Fundament für die langfristige europäische Zukunft sein wird? Der Gedanke eines Europa der Regionen ist nicht neu, aber jetzt ist vielleicht der Zeitpunkt gekommen, um ihm mehr Überlegung zu widmen. Es wird eventuell möglich sein, ethnische Bestrebungen von Nationalismus zu trennen. Ein vom Nationalismus befreites ethnisches Bestreben stellt wahrscheinlich eine erstrebenswerte, wertvolle menschliche Verbindung in einer immer technischeren und dadurch immer unpersönlicheren Welt dar. Nationalismus hatte in der Vergangenheit, zumindest was seine Bestrebungen hin zum eigenen Staat anging, meist gefährlich spaltenden Charakter. Es mag sein, daß dies so bleibt und sich als anachronistisch und kontraproduktiv herausstellt. Ein Europa der Regionen wird es uns zu gegebener Zeit leichter machen, kulturelle und linguistische ethnische

Bestrebungen lokal zum Ausdruck zu bringen, während wir gleichzeitig von den immer sichtbarer werdenden Begrenzungen des Nationalstaates wegkommen, hin zu einer Gemeinschaft, die groß genug ist, um den Anforderungen heutiger Technik gerecht zu werden. Diese Gedanken beziehen sich eher auf die langfristige Zukunft als auf die Gegenwart. Der Schlüssel zur Bildung eines Europas des nächsten Jahrtausends sollte ein fortlaufender Prozeß und keine zu früh schon wieder versteifte Struktur sein. Dieser Prozeß sollte jetzt, verbunden mit dem Enstehen eines deutschen Staates, beginnen.

(Leicht gekürzte Fassung eines Vortrags, der als „Karl-Heinz-Beckurts-Gedächtnisrede der Atlantikbrücke“ anläßlich der Hannover-Messe 1990 gehalten wurde).

Lothar Gall

Auf dem Weg zur Einheit wird es noch große Konflikte geben

(Aus: „Die Welt" vom 17. 4. 1990)

Frage: Als die Nationalversammlung 1848 unter Böllerschüssen und Glockengeläut in der Paulskirche zusammentrat, da schien für die Deutschen eine neue, bessere Zeit angebrochen zu sein. Die Einheit des in 35 souveräne Fürstenstaaten und vier freie Reichsstädte aufgesplitterten Reiches war greifbar nahe. Doch der Versuch, ein geeintes Deutschland zu schaffen und darin die Freiheitsrechte der Bürger und ihre politische Mitverantwortung zu verankern, mißlang. Jetzt stehen wir vor einem zweiten Versuch. Wird der glücklicher enden?

Gall: Das kann ein Historiker natürlich schwer beantworten. Aber er kann schon ein paar Überlegungen über das anstellen, was damals das Scheitern herbeigeführt hat. Dazu gehörte sicher, daß man die Situation in Europa und die Haltung der übrigen Mächte zur deutschen Frage unterschätzt hat. Und dazu gehörte, daß man die Interessen der beteiligten Staaten, die scheinbar in den Hintergrund getreten waren, ebenfalls nicht richtig bewertet hat. Man ist also, wenn ich so sagen darf, mit dem harten Material des Faktischen etwas leichtfertig umgegangen. Hier könnte man natürlich für die Gegenwart den Schluß ziehen: Man muß gerade in Augenblicken des Aufbruchs und der Euphorie sehr genau sehen, was man tut, und genau erkennen, was die Interessen der Beteiligten sind.

Frage: Die Euphorie scheint ja schon – ganz die Entwicklung von 1848 wiederholend – einer gewissen Ernüchterung, da und dort wohl auch einer Enttäuschung, gewichen zu sein.

Gall: Das ist wohl so. In der Tat gibt es derzeit einen gewissen Umbruch in der Stimmungslage. Das liegt wahrscheinlich daran, daß man jetzt sieht, wie schwierig die Probleme im einzelnen ausschauen. Wenn die Probleme auf dem Tisch liegen, dann kommen die Interessen ins Spiel, und sie sind nun einmal vielfältiger Natur und lassen sich nicht in einem alle vollständig befriedigenden harmonischen Ausgleich zusammenfassen. Darum muß man ringen, Kompromisse finden. Und diese Kompromisse stehen dann in einem gewissen Mißverhältnis zu den meist überschäumenden Erwartungen. 1848/49 ist man den Kompromissen gegenüber skeptisch gewesen. Das heißt: Alle Seiten haben den Kompromiß immer – wie Eugen Richter einmal gesagt hat – als etwas Kompromittierendes empfunden. Aber Kompromisse sind nun einmal die Seele der Politik. So ist die Situation 1848/49 gewissermaßen auseinandergefallen. Man hat auf der einen Seite große Erwartungen gehabt und auf der anderen Seite nicht recht sehen wollen, daß man mit den Verhältnissen leben muß.

Frage: Also werden die wirklich schwierigen Probleme erst noch kommen?

Gall: Fraglos wird es noch große, ja vielleicht sogar schwerwiegende Konflikte geben. Das ist fast unvermeidlich, wenn sich zwei so unterschiedliche Systeme mit so unterschiedlichen materiellen Voraussetzungen zusammenfinden. Da ist die Gefahr schon groß, daß sich manche als Verlierer fühlen. Hier ist sicher sehr viel Rücksicht und Einfühlungsvermögen nötig. Man muß den Bürgern in der DDR auch das Gefühl geben, daß sie in all diesen Fragen wesentlich mitentscheiden. Deshalb ist es auch so bedeutsam, daß man sich ungeachtet des Scheiterns an 1848 erinnert.

Frage: Ist die Einheit heute leichter zu erreichen, als es die Rahmenbedingungen 1848/49 erlaubten?

Gall: Ja, ich glaube, im Grundsatz ist die Einheit heute tatsächlich einfacher zu schaffen. Heute stellt die Revolution ja nicht die Interessen der Beteiligten in Frage. Das kommunistische Regime in Ostdeutschland ist vollständig von der Bildfläche verschwunden. Und es ist auch nicht sichtbar, daß es noch Kräfte im Hintergrund gibt, die so etwas wie eine Gegenbewegung auslösen könnten, wie das 1848 der Fall gewesen ist. Damals hatte die Ge-

genrevolution in Österreich und Preußen massive Kräfte, die die Revolutionäre unterschätzten, die aber da waren. Heute ist so etwas nicht sichtbar. Aber vielleicht ist die Aufgabe der deutschen Einheit heute auch deshalb leichter, weil die Probleme dieser Einheit nicht so belastet sind, wie sie das 1848 waren, daß nämlich Interessen von Einzelstaaten auf das Einheitsinteresse prallten.

Frage: Sprechen wir einmal von den Parallelen: Damals wie heute befand sich die Welt im Umbruch. Und damals wie heute drohte die Beschreibung der Chancen einer solchen tiefgreifenden Entwicklung kaum noch die Risiken zur Kenntnis nehmen zu wollen.

Gall: Das ist wohl wahr. Natürlich gibt es Risiken. Wir haben ja in den 150 Jahren erlebt, wohin der Nationalgedanke, die Übersteigerung des nationalen einzelstaatlichen Egoismus führen können. Die Aufbruchsituation, 1848 gipfelnd, hatte ja auch diese Vorstellung, daß es einen Völkerfrühling und ein harmonisches Zusammenleben der Völker geben könne. Und dann hat sich eben herauskristallisiert, daß offenbar die Interessen und Wünsche der einzelnen Staaten und Nationen stärker waren. Das kann sich natürlich heute wiederholen. Und es gibt auch gewisse Anzeichen dafür, daß gerade im östlichen Europa die Gegensätze zwischen den einzelnen, zum Teil in Gemengelage lebenden Nationen sehr schwierig werden können. Da wiederholt sich manches. Die Frage ist also: Wird es genügend ordnende Kräfte geben, die das Machbare und das im Ausgleich Vermittelbare abheben von dem nur Wünschbaren und auch dem einzelstaatlichen Egoismus ihrer jeweiligen Staaten Grenzen setzen?

Frage: Die aktuelle Diskussion zeigt, daß diese Frage des Interessenausgleichs besonders problematisch ist. Eines der Schlagworte heißt „Ausverkauf der DDR“.

Gall: Wenn man wieder den Ausgangspunkt von 1848 nimmt, dann ist das, was heute zwischen der DDR und der Bundesrepublik geschieht, wieder sehr vergleichbar: Den politischen Routiniers und Praktikern trat auch damals ein Teil von – ich meine das positiv – Dilettanten gegenüber. Das hat auch die Probleme in der damaligen Zeit mit herbeigeführt. Auf der einen Seite hatten wir viel guten Willen, auf der anderen das Profitum. Dennoch: Ich muß gestehen, daß ich das Wort vom Ausverkauf nicht recht in der Wirklichkeit gegründet finde. Denn im Augenblick geht es doch nicht darum, etwas zu kaufen oder an sich zu bringen an Werten und an Elementen des Bewährten, sondern es geht letztlich um Wiederaufbau, um Hilfe, um nationale Solidarität. Die Formulierung vom Ausverkauf ist eine sehr problematische Formel.

Frage: Man hat gesagt, nicht Bismarck sei der eigentliche Revolutionär gewesen, sondern die industrielle Revolution habe die Welt aus den Angeln gehoben. Sind die evolutionären oder auch revolutionären Sprünge unserer Zeit nicht auch zuallerletzt Ergebnis politischer Einsicht und zielgerichteten politischen Handelns?

Gall: Was Sie zunächst sagten, daß eigentlich die großen überindividuellen Kräfte das geschichtliche Leben im 19. Jahrhundert vorangetrieben haben, das hätte Bismarck selber auch bestätigt. Er hat ja im Unterschied zu seinen Bewunderern und Kritikern immer die Grenzen des politisch Handelnden eher eng gesehen. Er hat immer von dem Strom der Geschichte geredet, auf dem er fahren, aber den er nicht leiten oder gar umleiten könne. Das gleiche gilt sicher auch für unser Jahrhundert. Und auch für die Ereignisse, die wir jetzt vor Augen haben. Niemand hatte vor einem Jahr irgend etwas dergleichen vorausgesehen. Man hat mit kleinen, mit langsamen Schritten gerechnet. Doch plötzlich fing die Entwicklung an zu rasen. Wir als Historiker und wahrscheinlich die Politiker auch sehen jetzt sehr deutlich, wie sehr man doch den Kräften unterworfen ist, die sich schwer berechnen lassen, was natürlich auch das Interessante der Geschichte ausmacht. Aber ich glaube, darin steckt auch, daß man das Machbare nicht überschätzen darf und daß Bismarck in der Tat ganz recht hatte zu sagen, die große Kunst des Politikers bestehe darin, das, was kommt, sozusagen zu kanalisieren und daraus das Mögliche zu machen und nicht zu glauben, er müsse die Geschichte machen.

Frage: Aber das, was kommt, ist doch nicht nur irrational sich entwickelndes Schicksal, sondern das Ergebnis dessen, was getan und gedacht wird.

Gall: Ganz richtig. Natürlich sind es immer die Handelnden und nicht etwa irgendwelche anonymen und damit auch dämonisierbaren Kräfte. Aber: Wenn viele Menschen handeln, gerade auf der internationalen Ebene, dann ist natürlich die Intention des einzelnen mit vielen Intentionen verbunden. Es kommt etwas heraus, was in dieser Form niemand so präzise geplant hatte.

Frage: Beispielsweise den Volksaufstand in der DDR. Dem Volk ist gelungen, woran die offizielle deutsche Politik gescheitert ist: die Einheit der Nation ins Zentrum aktuellen Handelns zu stellen.

Gall: Ich möchte das nicht ganz so scharf sagen. Es waren die Umstände, die diese Entwicklung wesentlich bedingt haben: das Scheitern des kommunistischen Wirtschaftssystems, das im ganzen Ostblock eine hochkrisenhafte Situation herbeigeführt hat. Hinzu kam fraglos, daß der derzeitige Führer der Sowjetunion diese Krise sehr früh gesehen hat und einen Liberalisierungsprozeß eingeleitet hat, der nicht ohne Folgen blieb. Wer weiß, ob im späteren Verlauf vielleicht einmal gesagt werden wird, daß Gorbatschow der Zerstörer des russischen Reiches gewesen ist. Hinzu kommt dann natürlich das revolutionäre Handeln in Prag, Budapest, Leipzig und Ost-Berlin, das die Entwicklung stürmisch vorangetrieben hat.

Ich stimme aber ganz mit Ihnen überein, daß die bundesdeutsche Politik in Richtung Einheit und Veränderung in Ostdeutschland vergleichsweise wenig getan hat. Bei vielen wurde ja bereits nur die Erwähnung der Frage der Nation und ihrer Einheit oder die Notwendigkeit einer Liberalisierung im Osten als Ausdruck einer Art „kalter Kriegsgesinnung" qualifiziert. Und es war ein sozialdemokratischer Politiker, Herr Bahr, der noch vor gut einem Jahr erklärt hat, wer die deutsche Frage aufwerfe, der betreibe politische Umweltverschmutzung. Das ist im übrigen etwas, was die Historiker dann auch einmal beschäftigen wird. Wie nämlich der Auftrag, im Sinne des freiheitlichen, demokratischen Gedankens und der Demokratie zu handeln, diskreditiert worden ist, von welcher Seite und aus welchem Interesse auch immer.

Frage: Wenn es richtig ist, daß die Reichgründung unter Bismarck eine von oben war, so läßt sich heute sagen, daß der zweite Versuch, die Einheit zu vollenden, von unten, vom Volk also, ausgegangen ist. Sollte man nicht auch darüber nachdenken, was die Souveränität des Volkes bedeutet, und vielleicht sogar in manchen Bereichen zu mehr plebiszitären Mitwirkungsrechten kommen?

Gall: Als Historiker zuckt man bei dem Wort plebiszitär immer etwas zusammen, weil sich mit Plebisziten vielfach sehr autoritäre Dinge verbunden haben. Man hatte an das Volk appelliert – um es letztlich damit zu entmündigen. Insofern können Plebiszite auch ein Preis für Demagogie werden. Auf der anderen Seite ist die Idee aber schon richtig, die dahintersteht, daß man nämlich das zurückdrängen müßte, was man heute die Mediatisierung durch die Parteien nennt. Bei uns heißt es ja, daß die Parteien zur Mitwirkung an der politischen Willensbildung berufen sind. Aber inzwischen durchdringen sie alle Bereiche des politischen und gesellschaftlichen Lebens. Und der Bürger hat gelegentlich das Gefühl, daß er kaum noch eine Rolle spielt, wenn er nicht im Parteiapparat eine Funktion einnimmt.

Dagegen anzuwirken und darüber nachzudenken, wie die allbeherrschende Rolle der Parteien relativiert werden kann, das wäre schon nötig. Ob dies auf dem Weg des Plebiszits oder in anderen Formen geschehen sollte, darüber wird man nachdenken müssen: so, wie über die ganze Verfassungsfrage.

Frage: Braucht ein geeintes Deutschland eine neue Verfassung, oder ist eine Fortschreibung des im Grundgesetz Bewährten die angemessene Antwort?

Gall: Das Grundgesetz ist insgesamt fraglos eine gelungene Verfassung, und es besteht wenig Anlaß, auf diese Grundlagen zu verzichten, ja, sie überhaupt in Frage zu stellen. Sicher aber wird es, wenn der Staat einmal konstituiert ist – beides muß man sehr genau voneinander trennen –, eine Fortschreibung des Grundgesetzes geben müssen. Bei der Gelegenheit kann man dann auch Fragen wie die nach einer stärkeren Bürgerbeteiligung ins Spiel bringen. Gerade vor dem Hintergrund von 1848 muß man aber sagen: den Einigungsprozeß mit der Verfassungsfrage zu koppeln, das ist sehr gefährlich – und schon einmal gescheitert.

Frage: Bleiben wir bei der ersten Nationalversammlung. Sind nicht gerade ihre Erfahrungen ein unmißverständliches Votum dafür, die deutsche Einheit über Artikel 23 zu vollenden?

Gall: Das glaube ich in sehr starkem Maße. Die Auseinandersetzung um Artikel 23 – die Gegner beschwören dabei den Anschlußgedanken – und Artikel 146, also Neukonstituierung über eine verfassunggebende Nationalversammlung, ist ein Scheingegensatz. Gerade die Erfahrung von 1848/49 spricht dafür, zunächst einmal die staatliche Einigung zu vollziehen, nicht zuletzt der internationalen Eventualitäten wegen. Denken Sie doch einmal daran, was geschehen würde, wenn beispielsweise Gorbatschow in Gefahr geriete. Dann kann man ja darüber nachdenken, wie soll es mit der Fortschreibung der Verfassung aussehen. Das kann auf dem Wege über eine konstituierende Nationalversammlung gehen. Es kann auch gehen auf dem normalen Wege über verfassungsändernde Mehrheiten in einem ersten gesamtdeutschen Parlament.

Für ein solches Vorgehen gibt es durchaus Vorbilder: zum Beispiel der Norddeutsche Bund. Erst kam der Zusammenschluß, und dann hat man einen konstituierenden Reichstag gewählt, der diesem neuen Staatsgebilde dann die Verfassung gab. 1848 war die große Gefahr, wenn die Verfassungsfrage nicht klappte, daß dann die Einheit nicht zustande kam.

Frage: Droht ein Scheitern vielleicht noch aus einer anderen Richtung? Wie muß der UdSSR ein Deutschland erscheinen, das fest im westlichen NATO-Bündnis – auch wenn es sich neu definieren wird – verankert bleiben will?

Gall: Das ist höchst merkwürdig. Entgegen jeder historisch sehr begründeten Erwartung verknüpft die Sowjetunion allem Anschein nach die deutsche Frage mit der Bündnisfrage nicht. Die Signale gehen vielmehr in die Richtung: Wir würden das hinnehmen. Das ist wirklich schwer zu deuten. Denn das Sicherheitsinteresse der Sowjetunion kann eigentlich nicht in die Richtung gehen, daß sich die NATO ausdehnt auf Kosten des bisherigen Sicherheitsraumes des westlichen Vorfeldes der Sowjetunion.

Ob dahinter die Erwartung eines globalen Ausgleichs mit den USA steckt, das ist noch nicht sichtbar und für den Historiker ein besonders interessanter Prozeß. Greifen vielleicht andere Kategorien des Sicherheitsdenkens Platz? Bisher sind sie ja seit Jahrhunderten territorial-strategisch und bündnispolitisch ausgerichtet. Vielleicht beginnt hier ein Umdenken in dem Sinne eines Systemausgleichs, einer Annäherung der Wertevorstellungen. Aber ich bin skeptisch, weil ich denke, daß die Interessen von Staaten und hier besonders von Weltmächten etwas sehr Konstantes sind. Gerade die Geschichte Rußlands zeigt das. Über Peter den Großen und Katharina die Große bis heute sieht man bestimmte Kontinuitätslinien russicher Interessenpolitik. Ob die plötzlich abgeschnitten, verändert werden? Jedenfalls liegen hier genügend Gefahren. Beispielsweise weiß man nicht, was in einem Jahr in der Sowjetunion sein wird.

Frage: Aber von Risiken will heute ja kaum jemand etwas wissen.

Gall: Es ist wahrscheinlich weise, im historischen Rückblick nüchtern zu bleiben und zu sagen: Es wird immer mit demselben Wasser gekocht, es sind immer die gleichen Rückschläge zu erwarten, und es kommt in der geschichtlichen wie in der moralischen Welt eigentlich nicht zu entscheidenden Durchbrüchen und Fortschritten. Richtig ist aber auch die Feststellung, daß wir Gott sei Dank aus dem Zeitalter der Ideologien heraustreten, in dem mit Blick auf die verheißenen ganz großen Veränderungen den Menschen immer Verzicht zudiktiert wurde. Gerade der Kommunismus hat im Hinblick auf die strahlende Zukunft die Gegenwart ruiniert. Natürlich: Das irdische Paradies wird nie kommen. Aber im Kampf der Systeme hat es doch zweifellos Erfolge gegeben. Einer ist die Situation in Osteuropa, wo die Menschen sagen: Wir wollen nicht das große Glück für unsere Enkel, sondern wir wollen jetzt ein normales Leben führen. Insofern ist diese Auseinandersetzung doch zugunsten eines zwar skeptischen, aber nicht ganz auf Fortschrittsgedanken verzichtenden Systems ausgegangen.

Frage: Wenn Sie von einem Abbau ideologischer Konfrontation reden, muß dies doch gleichzeitig auch eine Zunahme des politischen Spielraums in Europa bedeuten.

Gall: Wir haben uns gelegentlich darüber Illusionen gemacht. Aber natürlich war das so: Die einen waren die Klienten der sowjetischen Weltmacht, die anderen der amerikanischen Weltmacht. Vielleicht ist das jetzt schon anders. Und vielleicht kann es sein, daß die neue Lage zu einer Stunde Europas wird, daß Europa auch als ein föderalistisches System weltpolitisch sehr viel handlungsfähiger wird.

Frage: Unsere Nachbarn fragen: Entsteht da nicht auch ein Deutschland, das Europa politisch dominieren will?

Gall: Auch da kann man sagen: Der Rückblick auf die Zeit nach 1871 ist sehr lehrreich. Bis 1890 ging es nämlich einigermaßen gut. Die deutsche Politik sagte damals: Was wir machtpolitisch und territorial sind in Europa, das wollen wir bleiben. Und dann kam dieser Drang, eine Rolle spielen zu wollen im Weltstaatensystem. Man wollte über die bisherige Stellung hinaus. Da begann die „deutsche Gefahr". Insofern wird sich heute zeigen müssen, wie sich die Deutschen in ihrer Begrenzung auf das, was mit der DDR und der Bundesrepublik jetzt überhaupt noch zur Debatte steht, ihren Nachbarn darstellen werden. Die Deutschen sind dabei aufgrund ihrer Geschichte zu besonderer Zurückhaltung aufgefordert, was aber nicht heißt, daß sie sich in allem und jedem falten müssen. Natürlich werden sich die Sorgen und Befürchtungen auf diesen stärksten deutschen Staat konzentrieren. Und da ist Wehleidigkeit überhaupt nicht am Platze. Und auch nicht dieses: Wir sind ja brav, ordentlich und haben uns bewährt; warum mißtraut ihr uns?

Es gehört auch zum europäischen System, daß man der stärksten Macht, die potentiell Hegemonialmacht ist, mißtraut und auf die Finger schaut. Darüber kann man sich nicht beklagen, wenn man ein Staat von 74 Millionen Menschen ist. Im Gegenteil: Dem muß man durch eine entsprechende Politik Rechnung tragen. Das ist eine ganz deutliche Lehre unserer Geschichte. Der deutsche Staat muß nicht nur sehr dezidiert und definitiv sagen, wo seine

Grenzen sind, sondern auch: Wir lassen uns in ein europäisches System einbinden, das natürlich auch nicht fahnenschwingend Europa heißt, sondern das das Europa der Staaten, Nationen und Mächte ist, die sich gegenseitig beschränken.

Frage: An welche geschichtliche Kontinuität knüpfen wir da an?

Gall: Es ist die, die zu 1848 geführt hat, zum Aufbruch in eine freiheitliche Ordnung. In dieser Kontinuität stehen auch die europäischen Völker, die sich 1989/90 erhoben haben.

Frage: Ist das auch der Grund dafür, daß sie den Vorschlag Walter Wallmanns unterstützen und für Frankfurt als Hauptstadt eines geeinten Deutschland votieren?

Gall: Ein bewußtes Anknüpfen an Traditionen sollte meiner Meinung nach nicht nur verbal erfolgen, sondern man sollte dafür auch symbolische Akte setzen. Frankfurt würde vor aller Welt symbolisieren: Wir wollen dezidiert einen anderen Weg beschreiten.

Frage: Eben nicht als Fortsetzung jenes Weges, den Haffner als Buchtitel gewählt hat: Von Bismarck zu Hitler.

Gall: Genauso ist es. Im übrigen entspricht es auch unserer historischen Entwicklung, daß wir viele Zentren haben. Im Gegensatz zu unseren Nachbarn hatten wir über ein Jahrtausend keine Hauptstadt. An diese föderalistische Struktur würde Frankfurt anknüpfen können.

Um nicht mißverstanden zu werden: Ich plädiere nicht für eine Metropole, sondern dafür, daß ein neues, geeintes Deutschland viele Zentren hat. Die positivsten Traditionen der deutschen Geschichte bestanden nämlich immer in der Vielgestaltigkeit der Einheit. Meine Sorge ist, daß Berlin als Hauptstadt eine Sogwirkung entfalten und alles an sich ziehen wird, womit wieder jener Zentralisierungsprozeß begünstigt werden könnte, der uns ja nicht so gut bekommen ist.

Unabhängig von der Hauptstadtfrage möchte ich sagen: Wir stehen derzeit vor einem der seltenen Augenblicke der Geschichte, wo Schicksalsfragen entschieden werden. Wir sollten uns deshalb nicht vom Tag treiben lassen. Wir sind heute aufgefordert, uns wirklich intensiv mit unserer Geschichte zu beschäftigen, um damit auch einen Blick in die Zukunft zu tun und einen Neuanfang zu wagen.

Christian Meier

Die deutsche Einheit als Herausforderung

Beide Seiten könnten und sollten voneinander lernen

(Aus: „Frankfurter Allgemeine Zeitung“ vom 24. 4. 1990)

Was spricht eigentlich gegen die neuerliche Herstellung eines deutschen Nationalstaates? Ist vielleicht gar mehr dafür vorzubringen?

Der im letzten Herbst in der DDR in Gang gekommene Prozeß mußte, wiewohl es zu Anfang kaum einer ahnte, mit Notwendigkeit auf die Forderung nach der deutschen Einheit zusteuern. Denn die „Revolution“ in der DDR hat erst gesiegt, wenn die Einheit hergestellt ist (FAZ vom 13. Februar 1990). Das ergibt sich zunächst aus dem Ausmaß der Zerstörungen, die der real existierende Sozialismus in mehr als 40 Jahren angerichtet hat, von der wirtschaftlichen und ökologischen Katastrophe über den Elitenverlust bis zu den vielfachen politischen, psychologischen, ja gesundheitlichen Auswirkungen der Unterdrückung, Bevormundung, Bespitzelung und bis zu der Korruption, die ja auch auf manche von denen übergriff, die potentiell eine alternative Führungsschicht hätten bilden können. Es ergibt sich sodann daraus, daß überall in den Positionen noch die mehrfach ausgesiebten und nachbearbeiteten Vertreter des alten Regimes sitzen und so leicht nicht abgelöst werden können; daß mannigfache Pressionen auf sie ausgeübt werden, wie von ihnen ausgehen können; es gibt noch unendlich viele größere und kleinere Hebel, die alte Kader zu betätigen in der Lage sind, und es ist damit zu rechnen, daß der formal aufgelöste Stasi in seinem harten Kern unter dem Mantel anderer Organisationen, etwa von KGB oder NVA, weiterwirkt. Die Frage, ob der Stasi mehr von den neuen Politikern weiß als diese von ihm, bleibt aktuell. Das schafft Angst. Volkskammer und Regierung bewegen sich auf dünnem Eis. Schließlich und vor allem müssen Mißtrauen und Unsicherheit in einem Gemeinwesen außerordentlich groß sein, in dem man selbst bei nahen Freunden nicht wissen kann, ob sie Spitzel waren (und sind).

Angesichts der mangelnden Verbindung zwischen Intelligenz und Arbeiterschaft, des mangelnden Aufbaus einer Gesellschaft gegen den Staat ist die DDR mehr als die meisten ihrer „Bruderländer" einer besonders tief greifenden Vertrauenskrise ausgesetzt. Nur in Rumänien ist es vergleichbar. Was dort werden wird, weiß keiner. Für die DDR dagegen bietet sich die Verbindung mit der Bundesrepublik als Lösung an; es ist die einzige, die sich erreichen läßt, und mitnichten bloß aus wirtschaftlichen Gründen. Da ihre „sozialistische Identität", soweit sie bestand, zusammenbrach, haben auch die Rettungsversuche der ursprünglichen Opposition den Boden verloren, auf dem sie allenfalls denkbar gewesen wären. Sofern es in der „Revolution" um Rechtssicherheit, Freiheit, Demokratie, Menschenwürde ging, kann ihr Ziel folglich auf keine andere Weise als in der Vereinigung mit der Bundesrepublik erreicht werden. Wenn aber die deutsche Einheit sich realiter aufdrängt, so ist damit die Frage nach ihrer Rechtfertigung noch nicht erledigt. Realitäten braucht man ja nicht zu begrüßen. Was also, um es zu wiederholen, spricht dagegen?

I. Argumente dagegen:

Man könnte meinen, der Nationalstaat habe sich überlebt. Aber er findet sich noch überall auf der Welt, in alten Völkern wie in den Nationen, die sich – etwa auf Kolonialboden in Lateinamerika und Afrika – aus Zuwanderern verschiedener Herkunft oder auch aus ganz verschiedenen Stämmen sekundär gebildet haben. Nationaler Zusammenhalt ist sogar in den letzten Jahren sehr viel wichtiger geworden als zuvor, nicht nur in den Ostblockstaaten, sondern vor allem in der Sowjetunion, dem letzten, freilich kontinentalen Kolonialreich, um vom speziellen Problem autonomistischer Bewegungen im Westen abzusehen. Offenbar werden mit der Schwächung der ideologischen Blöcke nationale Gemeinsamkeiten dort besonders stark, wo man irgendwelche Formen der Solidarität braucht, um großer Not beizukommen. Die Auswüchse solcher Nationalismen, speziell die Bedrängung von Minderheiten, sind zu beklagen, doch ihre Bedeutung überhaupt, ihre Funktion sollte man nicht verkennen. Kosmopolitische Erwartungen, vor allem daraus resultierende Verständnislosigkeiten wären ihnen gegenüber nur arrogant.

Doch dieser Nationalismus kann nicht unser Problem sein. Im Raum der Europäischen Gemeinschaft tritt das Nationale ja nur mehr gemäßigt auf. So könnte man sich fragen, ob der Nationalstaat nicht wenigstens hier überholt sei. Doch scheint auch das nicht der Fall zu sein, denn überall ist er noch der Rahmen, in dem Recht und Verfassung gewährleistet werden, ist er vor allem die wichtigste Form, vermittels derer auch innerhalb Europas der politische Wille sich bildet, anknüpfend an die Interessen der verschiedenen Völker, anknüpfend aber auch an bestimmte Eigenarten, die ihre Wertschätzungen bestimmen. Vereinigte Staaten von Europa sind noch lange nicht in Sicht; die Problematik zwischen Groß- und Kleineuropa könnte beachtliche zusätzliche Schwierigkeiten mit sich bringen, und selbst die geistigen Diskurse verlaufen im heutigen Europa ja noch vielfach ungleichzeitig, von den Sprachproblemen ganz zu schweigen. Auch hier also werden die Staaten noch lange gebraucht, das heißt in der Regel die Nationalstaaten.

Folglich müßten für die Deutschen besondere Bedingungen gelten, falls ihnen der Nationalstaat versagt bleiben soll. Und das wird ja vielfach auch angenommen. Die wichtigste Begründung dafür wird in der Geschichte des Deutschen Reiches zwischen 1871 und 1945 gesucht. Doch dagegen ist erstens zu fragen, ob die Deutschen nicht inzwischen doch sehr viel gelernt haben. Zweitens und vor allem aber sind die Voraussetzungen für die in vielem unglückliche, zuweilen schlimme, zuletzt in hohem Maße verbrecherische Politik dieses Reiches in allem Wesentlichen geschwunden. Der Nationalismus ist in West- und Mitteleuropa erledigt, die Großmachtrivalität, durch die allein er zu so starker Auswirkung kommen konnte, ebenso; und es fehlt ja glücklicherweise auch an der Möglichkeit zu Kriegen, um von den außerordentlich großen, weitreichenden und fundamentalen Interessen zu schweigen, die zu einer europäischen Zusammenarbeit nötigen. Der reaktive Charakter deutschen Nationalgefühls, das mit den Franzosen zugleich deren universalistische Ideen abzulehnen versucht war, gehört endgültig der Geschichte an. Nur wenn man mit fortgesetzter politischer Unmündigkeit der Deutschen rechnet, also mit ihrer Unfähigkeit, mit einem großen Staat umzugehen, kann man zu dem Schluß kommen, ein deutscher Nationalstaat sei schädlich.

Jürgen Habermas hat noch ein zusätzliches Argument, indem er behauptet, die Bundesrepublik sei glücklicherweise ein postnationaler Staat geworden, darum gelte es, sie zu bewahren. „Bloß vorpolitische Gegebenheiten [. . .] des Volkes als historischer Schicksalsgemeinschaft, der Nation als Sprach- und Kulturgemeinschaft" seien für sie nicht mehr wichtig, im Gegenteil, sie sei auf dem Weg zu einer multikulturellen Gesellschaft. Doch auch das vermag schwerlich zu überzeugen. Wohl hat die Bundesrepublik, wie man weiß, mit ihrer Nationalität große Schwierigkeiten gehabt, und sie hat sie noch. Sie resultierten nicht aus der Teilung des Landes. Denn wir haben uns doch immer als „die Deutschen" gefühlt, ob nun zugleich stellvertretend für die anderen oder nicht. Ansonsten hätte gerade die Teilung die Besinnung auf das Gemeinsame, die Geschichte, die Kultur, die Eigenarten der Deutschen verstärken müssen, was sie offensichtlich nicht getan hat. Nein, die Schwierigkeiten mit der Nation resultierten aus den namenlosen Untaten der Deutschen während des Zweiten Weltkriegs. Daher in den fünfziger Jahren der Versuch, unsere nationale Identität an der Garderobe Europas abzugeben (wozu die anderen Nationen gar nicht neigten, was den meisten noch heute unverständlich ist), daher die starke Konzentration auf wirtschaftliche Leistungen. Die Nationalität ist uns also zur Verlegenheit geraten, wir haben sie ein Stück weit zurückgedrängt, aber keineswegs überwunden. Wir tun uns schwer mit dem Nationalstolz, aber im übrigen ist das Nationale uns, und zum Teil quälend, präsent. Nach wie vor sind wir Deutsche und werden von den anderen dafür gehalten. Wir sind also gar nicht postnational, sondern nur von latenter Nationalität.

Und wenn, wie Habermas betont, unsere Demokratie sich inzwischen als Staatsbürgernation versteht, so meint das doch nicht, daß wir deswegen unsere „vorpolitischen Gegebenheiten" schon los wären. Alle westlichen Nationen, die sich so verstehen, setzen entweder die historisch gewachsene nationale Gemeinschaft als selbstverständlich voraus oder suchen ein Äquivalent dafür zu schaffen. Vor allem ist in Europa keine Nation, soweit ich sehe, wirklich bereit, zu einer multikulturellen Gesellschaft zu werden. Ja, angesichts der demnächst doch wohl drohenden neuen Völkerwanderung wird vermutlich ein europäisches Äquivalent zu exklusivem Nationalismus sich herausbilden. Sie wird liberales Denken und Handeln in einer noch kaum ahnbaren Weise auf die Probe stellen.

Weitere Argumente, die gegen einen deutschen Nationalstaat sprächen, sehe ich nicht. Dann aber bleibt nur ein Motiv für die zum Teil bittere, zum Teil empörte Ablehnung der Vereinigung der beiden deutschen Staaten: die Angst, aus dem gewohnten, gehegten Garten der Bundesrepublik herausgerissen zu werden, nachdem wir einerseits unter dem Schirm zumal der Vereinigten Staaten, andererseits im Schatten der Mauer bei beschränkter Souveränität, mithin beschränkter politischer Verantwortung relativ gut in ihr gelebt haben; bis hin zur Berechenbarkeit eingespielter intellektueller Debatten. Es ist die Angst, ins Freie zu geraten. Man kann sie hinter allerhand Formeln verstecken, kann gar, wie Habermas es tut, befürchten, daß ein DM-Nationalismus den militärischen mit anderen Mitteln fortsetze. Aber das besagt zur Sache nichts. Und wenn Habermas meint, daß die von ihm behauptete wirtschaftliche Machtentfaltung zwar nicht so schlimm wie die „Sprache der Stukas", aber doch allemal obszön sei, so zeugt das wohl nicht nur vom Mangel an ökonomischen Kentnissen, sondern auch von einer Verkennung der Bedürfnisse und Wünsche vieler Millionen. Denn im Unterschied zu den Stukas ist die D-Mark nur allzu erwünscht. Über die Modalitäten freilich wäre zu streiten.

II. Argumente dafür:

Für die Herstellung eines deutschen Nationalstaates spricht zunächst das offensichtlich nach wie vor bestehende Gefühl der Zusammengehörigkeit. Es wird durch die Tatsache, daß sich die Menschen in den beiden Staaten 40 Jahre lang auseinandergelebt haben, zusätzlich bestätigt. Denn eben darin zeigt sich ja, daß selbst so viel Trennendes gegen diese Gemeinsamkeit nicht aufkam. Man mag gegen Worte wie Schicksalsgemeinschaft aus sprachlichen Gründen einiges einwenden, aber unleugbar handelt es sich doch um eine Gemeinsamkeit der Deutschen aus der Geschichte, und zwar nicht nur aufgrund gemeinsamer Erfahrungen, gemeinsamer Lebensformen, einer im wesentlichen gemeinsamen Sprache, sondern auch aufgrund der Gemeinsamkeit des Namens, der historischen Verantwortung, der Herkunft.

Wenn das bisher zu wenig bewußt war, so erklärt sich das eben aus den Schwierigkeiten mit dieser Geschichte. In relativ geschichtslosen Gemeinwesen wie den beiden deutschen Teilstaaten drängte sich diese Gemeinsamkeit auch nicht so auf – obwohl in den letzten 10 bis 15 Jahren in beiden Staaten eine deutliche Belebung des Interesses an der deutschen Geschichte als der eigenen Geschichte zu beobachten ist, eine Belebung auch der Frage nach der nationalen Identität. Dabei handelt es sich zwar um Imponderabilien, aber ihr Gewicht wurde immer deutlicher, so sehr, daß man zuletzt von einer „Aufdringlichkeit der Geschichte" sprechen konnte.

Angesichts dieser Gemeinsamkeit aber gibt es ein Gebot nicht nur zu vielerlei Hilfsleistungen, sondern auch zu einer nationalen Solidarität. Gewiß besteht kein Anlaß, andere Verpflichtungen, die wir haben, zu vernachlässigen; im Gegenteil! Aber ebensowenig gibt es einen Grund, über den Übernächsten die Nächsten zu vernachlässigen. Täten wir es, so würden wir uns aus unserer eigenen Geschichte davonschleichen. Denn schließlich haben die DDR-Bürger nicht nur den allergrößten Teil der Kriegsfolgelasten zu tragen gehabt, sondern noch 40 Jahre Sozialismus obendrein. Außerdem können wir die DDR nicht gegen den Willen ihrer Bevölkerung bestehen lassen. Man geniert sich, das noch näher zu begründen.

Darüber hinaus möchte ich behaupten, daß eine Vereinigung

mit dem anderen Teil Deutschlands auch uns sehr gut tut. So achtbar, erfolgreich und gelegentlich auch liebenswert die Bundesrepublik war, so war sie doch zugleich recht eng, in vielem gar zu abstrakt in ihrem öffentlichen Denken und nicht zuletzt wohl auch verkrampft. Wenn ich nicht irre, hat sie eine eigenartige, paradoxe Mischung zwischen Weltoffenheit und Provinzialität aufgewiesen. Einerseits ist ihr nicht nur der volle Anschluß an die westliche Kultur, sondern eine bemerkenswerte kulturelle und intellektuelle Offenheit eigen gewesen. Andererseits hat sie aber auch vieles ausgeblendet und abgeblockt. Es hat ihr gewiß an Sinn für viele Imponderabilien, für den Reichtum der Geschichte (auch der eigenen) sowie für Irrationales gefehlt. Sie war bemüht, sich anzupassen, fixiert darauf, möglichst wenig deutsch zu sein.

Mit all dem sei keineswegs gesagt, daß das Deutsche eine Konstante ist (oder gar sein muß), auch nicht, daß wir nicht in weit höherem Maße als andere Nationen Anlaß gehabt haben, uns zu verändern. Es geht vielmehr allein darum, daß diese Veränderung, die ja in der Tat geschah, vermutlich zu sehr „aufgesetzt" war, zu sehr im Abwenden oder im Anpassen bestand – und zu wenig in der Auseinandersetzung, in der Aufnahme des Überkommenen und seiner Fortführung unter neuen Vorzeichen angesichts schrecklicher Erfahrungen. Hier ist, scheint mir, die Bundesrepublik an eine Grenze gestoßen. Und manche Befürchtungen vor einer Vereinigung der beiden deutschen Staaten mögen letztlich darin ihren Grund haben, daß bei uns deswegen noch Leichen im Keller liegen. Aber gerade das spräche ja dafür, das ganze Haus wieder in Benutzung zu nehmen.

Die Aufhebung der Grenze, die Bildung eines Nationalstaates müßte zusammen mit der wachsenden Verantwortung, mit zahlreichen notwendig werdenden Auseinandersetzungen, sowohl mit der deutschen Geschichte wie mit der Gegenwart, mit den erhöhten Verpflichtungen eines größeren Deutschlands gegenüber der übrigen Welt neue Erfahrungen, ein offeneres Denken, eine reichere Vorstellungswelt und eben auch eine Entfaltung anderer, spezifisch deutscher Möglichkeiten eröffnen.

Angesichts der ungeheuren Herausforderungen, die eine deutsche Vereinigung nach 40 Jahren mit sich brächte, könnte es durchaus sein, daß sich auch zwischen Politik, Wirtschaft, Wissenschaft und Kunst künftig eine lebhaftere, aufgeschlossenere, breitere Öffentlichkeit bildet, die dann in einer Hauptstadt Berlin auch wieder ein Zentrum hätte. Es könnte auch wieder ein aktuelles, stark auf die Wirklichkeit bezogenes politisches Denken entstehen, statt der vorherrschenden Alternative zwischen rein pragmatischen politischen Vollzügen einerseits und einer recht akademischen Debatte andererseits. Herausforderungen setzen in der Regel Kräfte frei, warum nicht auch in diesem Fall?

Zum erstenmal wären es die Kräfte einer gesamtdeutschen Demokratie. Sie könnten ansetzen in einiger zeitlicher Distanz von der Katastrophe des Zweiten Weltkriegs, im Bewußtsein von 40 Jahren einer uns ursprünglich zwar geschenkten, dann aber doch durch Praxis erworbenen, verwurzelten Demokratie sowie in einem ersten wirklich gelungenen demokratischen Umsturz, wie ihn die DDR vollzogen hat und wie er dann doch wohl auch ursächlich wurde für denjenigen in der CSFR und für die Veränderung in Rumänien. Man träfe zusammen in der gleichen Sprache, nach einer lange entbehrten Gemeinsamkeit, bei großer Ungleichzeitigkeit der beiden Gesellschaften; unsere etwas abgehobene Modernität träfe sich mit manch Sperrigem, manch Widerständigem, jedenfalls einem recht anderen Deutschland jenseits der ehemaligen Grenze. Wie sollte das nicht große Chancen eröffnen? Aber es wird nicht leicht.

III. Schwierigkeiten und erste Aufgaben:

Die intellektuellen und mentalen Probleme des Zusammenwachsens stellen sich unabhängig davon, ob man die deutsche Einheit will. Sie lassen sich aber sehr viel besser lösen, wenn man sich nicht, wie Habermas und andere, in einem heftigen Kampf mit Gespenstern aufhält, sondern sich ihnen in breiter Öffentlichkeit alsbald stellt.

Eine erste Herausforderung ergibt sich mit den ungeheuren Schwierigkeiten der Verständigung zwischen den Deutschen Ost und den Deutschen West. Wir können sie nicht annehmen, wenn wir nicht den gehörigen Respekt gegenüber den anderen entwickeln. Zumindest sollten wir uns vor vorschnellen Urteilen über sie hüten; sollten zum Beispiel das Ausmaß ihrer Not nicht verkennen und nicht geringschätzen. Und wir sollten ihnen nicht aus unserem satten Marialismus – oder gar „Postmaterialismus“ – allzu idealistische Motive ansinnen. Otto Schilys Benutzung der Banane als Schlüssel zu ihrem Wahlverhalten war infam. Denn erstens ist es billig, sich darüber zu mokieren, und zweitens bedeutet dieses Geld doch auch Freiheit, Gerechtigkeit (indem Arbeit angemessenen Lohn erbringt) und Menschenwürde, das Ende unendlich vieler Demütigungen.

Eine zweite Herausforderung zielte darauf zu bedenken, woran die DDR-Bürger eigentlich sind. Wie ist 16 Millionen Menschen zumute, die dabei sind, mit ihrem Staat ein ganzes Stück Boden unter den Füßen zu verlieren, gleichgültig wie sie zu ihm gestanden haben? Vorstellungen, Hoffnungen, Widerstände, nicht zuletzt alle möglichen, besserer Einsicht zum Trotz aufrechterhaltenen Ausreden, die zum Überleben notwendig waren, verlieren ihren Grund. Es entsteht ein großer Orientierungsbedarf, und es sind noch nicht einmal die Probleme klar, um die es geht. Um einige Fragen zu nennen: Wie können sie miteinander leben, Opfer mit Tätern, Bespitzelte mit Spitzeln, Betrogene mit Betrügern, wobei nicht einmal klar sein muß, wer was ist? Wie vertragen sich die Forderungen nach Gerechtigkeit, vielleicht gar nach Wiedergutmachung mit der Notwendigkeit, den Frieden innerhalb der Gesellschaft aufrechtzuerhalten? Wie können Staat, Rechtsprechung, Schule, Universität, Wirtschaft funktionieren, wo so viele alte Kader noch auf ihren Stellen sitzen? Es werden alle aus der Zeit nach 1945 bekannten Ausreden wiederaufkommen, von der Unmöglichkeit, Anordnungen nicht zu befolgen, von der Unkenntnis über vieles, vom kleinen Rädchen und vom Wunsch, Schlimmeres zu verhüten. Und wer weiß, ob es jeweils falsch ist?

Drittens aber sollten wir auch nach uns selber fragen. Wie können sie mit uns zurechtkommen? Wissen wir überhaupt schon, was sich da abspielt und was von uns gefordert ist? Ist es nicht notwendig, daß wir neben den wirtschaftlichen auch geistige Investitionen in der DDR machen; nicht – oder nur zum geringsten Teil – in Form von Touristik, sondern durch dauernde Präsenz von vielen von uns? Es wird sicher mehr darum gehen, zuzuhören als Vorträge zu halten, vor allem aber darum, sich gegenseitig auszuloten.

Wissen wir überhaupt schon, wie wir auf die DDR-Bürger wirken und bestenfalls wirken können? Wie leicht wir als übermächtig, demütigend, erdrückend erscheinen, und sei es nur, weil wir so ungeduldig sind? Wir können es nicht ändern, daß wir weithin die Reichen, die Erfahrenen, vielfach auch die Belehrenden, also die Überlegenen sind. Aber sie dürfen nicht das Gefühl haben, vereinnahmt zu werden. Ja, wir dürfen sie auch in Wirklichkeit nicht vereinnahmen. Deswegen müssen wir uns mit ihnen zu treffen suchen in einem komplizierten, schwierigen Diskurs. Welch ungeheures Ausmaß an Takt wird erforderlich sein! Welche Quellen von Mißverständnissen, von Enttäuschungen werden sich auftun! Was können wir tun, um ihr Selbstgefühl zu stärken? Hier ist jedenfalls für eine sehr nachhaltige Debatte sowohl aller Anlaß wie eine gute Chance.

Und wie soll aus uns und ihnen am Ende eine Nation zusammenwachsen? Wie werden wir zum Beispiel mit der Vorstellung fertig, daß, von Honecker angefangen, künftig große und kleine Funktionäre von Staatsapparat und Staatssicherheit unsere Mitbürger sein werden und zum Teil noch in ihren alten Funktionen? Was können wir tun, damit uns nicht unser Unverständnis gegenüber den Verstrickungen in einem totalitären System den Zugang zu den DDR-Bürgern verengt? Wie werden wir uns zwischen den Gegnern des Regimes und seinen Anhängern (mit denen viele von uns zu tun gehabt haben) stellen? Und wie werden wir verhindern, daß Ausgrenzungen stattfinden, sowohl dort wie hier?

Was ist mit unserer Geschichte, die aktuell werden könnte, und das in einem Staat, dessen Antifaschismus seine Bewohner mit der historischen Verantwortung für Auschwitz und mit manchen anderen Problemen nicht konfrontiert hat, mit denen wir zwar auch nicht fertig geworden sind, die wir aber immerhin – und zu unserem Vorteil – angepackt haben? Ich bin überzeugt, daß diese und ähnliche Fragen nur die nächstliegenden sind, die sich hier stellen. Mit ihnen könnte ein neues Denken seinen Anfang nehmen, ein großes Stück moderner Weltkenntnis sich uns erschließen, aber auch künstlerische Fruchtbarkeit.

Ich möchte behaupten, daß aus den vielen, erst mal nur hier und da ansetzenden, oft unsicheren, tastenden und vielfach einem zunächst noch vorherrschenden Schweigen, einer Ratlosigkeit abgerungenen Ansätzen, aus oft splitterhaften Beobachtungen und Befürchtungen der DDR-Bürger sich mit der Zeit eine höchst fruchtbare nationale Debatte ergeben kann. Das wird aber um so eher der Fall sein, je eher wir uns klar werden, daß wir in allen hier einschlägigen Fragen im Grunde selber noch nicht Bescheid wissen. Daß wir so leicht nur daherreden, weil wir noch gar nicht wissen, was auf der Tagesordnung steht.

Wenn es nur darum ginge, die Situation einer Gesellschaft abzuschätzen, die gerade einem 40 Jahre alten Unrechtssystem – das sie natürlich selbst getragen hat – entronnen ist, ist es schon schwierig genug. Aber es geht ja auch darum zu ermessen, daß dort nicht, wie bei uns nach 1945, fremde Mächte den beginnenden Prozeß der Veränderung garantieren und daß sie dort nicht, wie wir damals, an vieles anschließen können, das nur 12 Jahre zurückliegt. Und es handelt sich zugleich und vor allem darum, daß diese Gesellschaft von dem fürchterlichen Verdacht beschlichen wird, daß 40 Jahre ihres Lebens fast für nichts waren. Wenn der sich bewahrheiten sollte, ist kaum auszumalen, was das auch für ein geeintes Deutschland bedeuten kann.

Aber vielleicht ist es ja nicht ganz wahr. Vielleicht ist wenn nicht eine Wirklichkeit, so doch eine Herausforderung und eine Potenz aus diesen 40 Jahren erwachsen. Vielleicht sind wir nur nicht hellhörig genug, um es schon wahrzunehmen – und wissen sie es auch selbst noch nicht? Sie könnten ja etwa, sofern sie nach dem Positiven suchen, allzusehr einerseits auf Einzelheiten wie Kinderkrippen und Schulspeisung zurückfallen, andererseits auf die verlorene, in Wirklichkeit aber doch verhunzte und nie lebensfähige Utopie; also der positiven Möglichkeiten noch gar nicht gewahr sein.

Eben das – und dazu die Gestalt eines künftigen Deutschlands – gilt es herauszufinden und zu diskutieren. Anstatt uns überlegen zu düngen, sollten wir dabei auch einen Blick in den Spiegel riskieren, den die anderen Deutschen uns vorhalten. Wenn sie uns häßlich vorkommen, so werden wir uns auch nicht immer in freundlichem Licht erscheinen – mindestens nicht in der Begegnung mit ihnen, angesichts unserer Verpflichtungen und unserer Ohnmacht.

Doch das kann auch verbinden, es kann der Ausgangspunkt einer intellektuellen Solidarität sein, die – so ist dringend zu wünschen – nicht nur die Solidarität von Intellektuellen sein sollte, nicht abgehoben, nicht theoretisch, sondern praktisch.

Wenn wir dann über diese Debatte die übrige Welt nicht vergessen, sie vielleicht sogar gerade und mit neuen Augen zu sehen vermögen, dann könnte damit nicht nur die intellektuelle, die mentale Seite des so schwierigen Einigungsprozesses in Angriff genommen sein, sondern auch eine erste Probe dafür gegeben werden, wie befreiend und erschließend ein deutscher Nationalstaat heute sein kann.

Jürgen Kocka

Umbrüche – aber ohne neue utopische Ideen

Die Sogkraft des Nationalen und der Beitrag der Bundesrepublik zur Revolution in der DDR

(Aus: „Frankfurter Rundschau" vom 11. 7. 1990)

Auf der Linken setzt sich die melancholische Deutung durch, daß die radikaldemokratische Kraft der DDR-Revolution durch deren nationale Wende seit November 1989 verschüttet worden sei. Weil sich die DDR so schnell der Bundesrepublik in die Arme warf oder – schlimmer noch – weil sie so schnell von der Bundesrepublik umarmt und gelenkt wurde, kam die sich abzeichnende demokratische Erneuerung des Sozialismus ins Stocken. An die Stelle revolutionärer Erneuerung der DDR aus eigener Kraft trat die Politik der Integration der DDR in das durchaus unrevolutionäre System der Bundesrepublik. Nicht nur eine Revolution fand statt, sondern auch ihr Abbruch, und dazu trugen das nationale Einigungsverlangen und die darauf gestützte „Anschlußpolitik" Bonns entscheidend bei.

Die Erfahrungen derer, die die Revolution im Oktober [1989] anführten, beglaubigen diese Sicht. Nach dem Triumph der Massendemonstrationen am 4. November erlebten sie den Mauerbruch des 9. November oft schon ambivalent: nicht nur als Zuwachs an Freiheit, sondern auch als Anfang des Endes der DDR, die die meisten von ihnen ändern, aber weder verlassen noch auflösen wollten. Und am 18. März fanden sie sich als Minderheit am Rande, ganz anders als in Warschau und Prag, wo die Revolutionäre – bisher – auch die Nachrevolution gewannen.

Diese Deutung greift jedoch zu kurz und ist in Gefahr, zur Legende zu werden. Nation und Revolution standen 1989/90 nicht nur im Gegensatz zueinander. Ihr Verhältnis war vielmehr äußerst verwickelt.

Zweifellos war die Revolution in der DDR ein Teil des mittel- und osteuropäischen Revolutionsprozesses, der 1989 zu einem großen Jahr des Fortschritts in der Geschichte von Freiheit und Demokratie gemacht hat. Sie hing von den vorausgehenden Umbrüchen in der Sowjetunion, Polen und Ungarn ab, wie sie umgekehrt die Entwicklungen in der Tschechoslowakei beschleunigte. Die Regimes fielen wie die Steine im Dominospiel.

Zweifellos ähnelten sich die Umbrüche in den verschiedenen Ländern. Nirgendwo folgten sie neuen utopischen Ideen, noch brachten sie solche hervor. Theorien eines dritten Weges zwischen östlichem Staatssozialismus und westlicher, sozialdemokratisch zivilisierter Marktwirtschaft, zwischen diskreditierter Diktatur und parlamentarischer Demokratie wurden gesucht, aber nicht gefunden. Die Revolutionen von 1989 wurden von demokratischen und freiheitlichen Ideen geleitet, die auf die Durchsetzung der Grundprinzipien der bürgerlichen Gesellschaft (civil society) und repräsentativer, pluralistischer, rechts- und verfassungsstaatlicher Regierungsformen zielen und Teil der Tradition westlichen politischen Denkens zumindest seit der Aufklärung sind. In diesem Sinne waren die Revolutionen von 1989 Aufhol-Revolutionen. In diesem Sinn hat das Jahr 1989 wirklich gezeigt, daß die Französische Revolution die Zukunft der Russischen war und nicht umgekehrt (so Furet).

Wie überall, außer in Rumänien, verlief die Revolution auch in der DDR bemerkenswert gewaltfrei und zum großen Teil sogar ohne Rechtsbrüche. Überwiegend wurde der Systemwechsel zwar durch Druck von Massen außerhalb der Parlamente und Parteiführungen erzwungen, aber dann doch unter Respektierung gesetzlicher und innerparteilicher Verfahren vollzogen, die das alte System bereithielt. Die großen Revolutionen in Frankreich und Rußland brachen das Recht des vorausgehenden Ancien regime und brachten sein Führungspersonal um. Die nationalsozialistische Diktatur ging nur gewaltsam unter, in einem von ihr angezettelten Krieg und einer von ihr zu verwantwortenden Katastrophe. Ähnlich wie die post-faschistischen Diktaturen in Spanien und Portugal verfügten dagegen die post-stalinistischen Diktaturen Mittel- und Osteuropas 1989 über ein rechtlich-politisches System, das sich nach Wegfall der außenpolitischen Abstützung durch die Sowjetunion und unter dem Druck der Volksbewegungen als flexibel genug erwies, schnellsten Wandel ohne Gewalt und ohne viel Rechtsbrüche zu ermöglichen.

Der Preis: Unterhalb der obersten Führungsebene änderte sich zunächst einmal wenig, von den bürokratischen Apparaten blieb strukturell und personell viel intakt, die Revolution war in hohem Maß Überbauphänomen, die Basis muß sich noch ändern. Der Umbruch ist noch längst nicht vorbei, und er verläuft in den verschiedenen Ländern sehr unterschiedlich.

Schließlich ähnelten sich die Revolutionen von 1989 in ihren Ursachen. Vieles, sehr vieles kam da zusammen. Aber entscheidend war doch: die tiefe Schwächung der Sowjetunion, der letzten großen supranationalen Hegemonialmacht in Europa, in engster Verbindung mit der sich herausstellenden Niederlage des Staatssozialismus im Wettbewerb mit dem Westen. Das Versagen in der Systemkonkurrenz ermöglichte erst den Aufstieg eines Gorbatschow, der die Breschnew-Doktrin zurücknahm und damit den osteuropäischen Regierungen die entscheidende Grundlage ihrer im Innern nicht genug legitimierten Macht entzog.

Was sich da in der Sowjetunion Mitte der 80er Jahre aus welchen Gründen im einzelnen abgespielt hat, ist schwer zu erkennen. Sicherlich spielte die vergebliche Überspannung der sowjetischen Kräfte in Afghanistan ihre Rolle, vielleicht auch das Gemisch aus Entspannungsangeboten und Hochrüstungspolitik, das der Sowjetunion aus dem Westen entgegentrat. Vielleicht sah sich die Führung zunehmend mit Legitimationsschwierigkeiten konfrontiert, vielleicht antizipierte sie Unruhen.

Letztlich dürfte aber eine im Kern ökonomische, sich langfristig aufbauende Effizienzschwäche zugrundegelegen haben, die in der Konfrontation und im Wettbewerb mit dem nicht-sozialistischen Westen zur Existenzgefährdung wurde und die in klassisch-marxistischer Weise zu erklären ist: als Widerspruch zwischen den Entwicklungsimperativen einer sich rapide verändernden, zunehmend auf Information und ihrer optimalen Verwertung fußenden, dezentrale Steuerung verlangenden Produktionsweise unter Bedingungen der dritten industriellen Revolution einerseits, der Unbeweglichkeit und Starre von Produktionsverhältnissen andererseits, die zu nicht-offenen Gesellschaften mit zentralem, letztlich diktatorischem Steuerungsmonopol wesentlich hinzugehören. Anders ausgedrückt: Wenn es um den Bau von Eisenbahnen, Hochöfen und Textilfabriken geht, mögen Industrialisierung, Zentralverwaltungswirtschaft und diktatorisch gegängelte Gesellschaftsordnung ein Stück weit vereinbar sein. Wenn es um Mikroprozessoren und EDV-basierte Informationssysteme, um die Fähigkeit zu exponential beschleunigtem Wandel und Anpassung an nichtvorausgesagte Änderungen geht, vermutlich nicht.

Die DDR-Revolution hat sich dennoch von den Revolutionen der anderen ehemals sozialistischen Länder grundsätzlich unterschieden, weil die nationale Lage der DDR einmalig war: konfrontiert mit der Existenz eines anderen Staats gleicher Nation, der letztlich mit der Existenz zweier deutscher Staaten nie seinen Frieden gemacht hat.

In der DDR fehlte es an Entsprechungen zur tschechoslowakischen Charta 77, zur polnischen „Solidarität" und zum kräftigen Reformkommunismus Ungarns. Sicher hat die Revolution auch in der DDR ihre Vorgeschichte: vom Einmarsch in Prag 1968 über die zahlreichen Ausbürgerungen, die Friedensgebete in den Kirchen und die Ansätze zur ökologischen Bewegung bis hin zum Verbot der sowjetischen Zeitschrift „Sputnik" im Herbst 1988, den illegalen Demonstrationen und Verhaftungen am Rand offizieller Feierparaden und der Fälschung der Kommunalwahl im Mai 1989.

Aber im Ganzen blieb die innere Opposition in der DDR sehr viel schwächer als in den genannten Ländern. Das lag an der größeren Absorptionskraft der SED – verglichen mit den kommunistischen Staatsparteien der anderen Länder – und überhaupt an der größeren Leistungsfähigkeit der DDR im Vergleich zu ihren östlichen Nachbarn. Das hing auch mit dem teils erzwungenen, teils freiwilligen Abstrom wirklicher und möglicher Dissidenten in die aufnahmebereite Bundesrepublik zusammen. Umgekehrt zeigten sich die ostdeutschen Kommunisten bis zuletzt besonders reformfeindlich, weil sie anders als ihre Kollegen in Moskau, Warschau und Budapest fürchten mußten, daß jede Abmilderung des scharfen Systemunterschieds zwischen DDR und Bundesrepublik rasch an die Existenzgrundlage ihres Staates rühren würde, der nur als sozialistischer, nicht aber als deutscher seine gesonderte Daseinsberechtigung besaß.

Aus ähnlichen Gründen standen der Revolution in der DDR zunächst nationale Argumente und Symbole als Mittel der Mobilisierung nicht zur Verfügung. Anders als der Umbruch in Warschau, Budapest und Prag fand die Revolution in Leipzig, Ost-Berlin und anderen DDR-Städten vom Beginn der großen Demonstrationen in der zweiten Hälfte September bis zum Fall der Mauer am 9. November 1989 ohne nationale Töne statt. Den Sprecherinnen und Sprechern des „Neuen Forum" und anderen Exponenten der Revolution ging es um die demokratische Veränderung ihres Staates, nicht aber um die Infragestellung seiner Selbständigkeit. Bis Mitte November spielten auch auf den großen Straßendemonstrationen Wiedervereinigungsforderungen keine Rolle, sie scheinen geradezu tabu gewesen zu sein. Entsprechend wurde das Thema von der westdeutschen Politik gemieden. Die entscheidenden Durchbrüche der Revolution in der DDR wurden ohne die Dampfkraft nationaler Parolen erreicht.

Indirekt jedoch hat die Tatsache, daß die DDR nur einer von zwei deutschen Staaten war und der andere die Zweistaatlichkeit nie wirklich akzeptierte, ganz erheblich zur ostdeutschen Revolution beigetragen, und zwar von Anfang an. Denn ohne die Existenz einer attraktiven, aufnahmefähigen und aufnahmebereiten Bundesrepublik, deren einheitliches, die Zweistaatlichkeit unterlaufendes Staatsbürgerschaftsgesetz die sofortige Aufnahme der Deutschen aus der DDR als Bürger mit allen Rechten zwingend vorschrieb und faktisch als Einladung wirkte, wäre es nicht zu jenem Massenexodus von Ost nach West gekommen, der mit der Durchlöcherung der ungarischen und polnischen Grenzen im Sommer 1989 einsetzte. Diese Abwanderung wiederum war es, die die mangelnde Attraktivität des ostdeutschen Systems eindrucksvoll vorführte, es zusätzlich delegitimierte, die Schwäche der Ost-Berliner Regierung enthüllte, seit September im Innern der DDR massive Reformforderungen auslöste und die Straßendemonstrationen mit ihrem Höhepunkt am 9. Oktober in Leipzig auf die Beine zu bringen half. Die destabilisierende Wirkung des nationalen Zusammenhangs mit der Bundesrepublik kompensierte die herkömmliche Schwäche der DDR-internen Opposition.

Während in der Regel, um Albert Hirschman zu zitieren, Abwanderung und Widerspruch – „exit" und „voice" – alternative Problemlösungsstrategien darstellen, verstärkten sie sich in diesem Fall wechselseitig: Wie der Exodus die innere Opposition in Bewegung setzte, so wirkte sich deren Erfolg – der Abbau der Freizügigkeitshemmnisse bis hin zum Fall der Mauer – zunächst einmal als Erleichterung der Abwanderung aus. Dieser Mechanismus, der die Revolution antrieb und selbst aus dem nationalen Zusammenhang gespeist wurde, blieb auch in der Folge von entscheidender Wichtigkeit: der Beitrag der Bundesrepublik zur Revolution in der DDR.

Die zweite Phase dieser Revolution reichte von der Öffnung der Mauer am 9. 11. 1989 bis zur gewaltsamen Besetzung der Stasi-Zentrale am 15. 1. 1990. Neben tiefgreifenden Wandlungen brachte sie ernsthafte Versuche der alten Kräfte, ihre Macht unter veränderten Bedingungen neu zu stabilisieren. Im Zentrum einer dritten Phase von Mitte Januar bis zu den Wahlen am 18. März 1990 stand der rapide Verfall des DDR-Machtsystems. In diesen beiden Phasen avancierte die nationale Frage zum beherrschenden Thema der Revolution. Sie wurde im Sinne schneller und voller staatlicher Vereinigung entschieden.

Primär war das sich seit Mitte November formulierende Wiedervereinigungsverlangen in wachsenden Teilen der DDR-Bevölkerung. Es erfuhr bald vorsichtige Unterstützung seitens der großen Parteien und der Regierung in Bonn: Willy Brandt war schon am 10. November öffentlich davon überzeugt, daß jetzt zusammenwachsen werde, was zusammengehört. Helmut Kohl verkündete seinen Zehn-Punkte-Plan am 28. November. Doch so wichtig solche Initiativen „von oben" waren – auch für den komplizierten Prozeß des Auslotens und Ausweitens der außenpolitischen Möglichkeiten –, die Politik der Parteien und Regierungen lief der Vereinigungsdynamik hinterher, wie die sich in Demonstrationen und Gegendemonstrationen auf den Straßen Leipzigs, Ost-Berlins und anderer DDR-Städte entfaltete und in zahllosen, grenzüberschreitenden, deutsch-deutschen Alltagskontakten – zwischen Personen und Familien, Firmen und Schulen, Parteigliederungen, Kommunen und Vereinen – „von unten" her festigte.

Es war ein ungesteuerter, sich selbst beschleunigender Prozeß, den die westdeutschen Politiker nur mit sehr harten Schnitten – Abschnürung des Zustroms – und eindeutigen Verweigerungsaussagen hätten stoppen können, wenn überhaupt. Dazu war die politische Klasse der Bundesrepublik jedoch in ihrer überwiegenden Mehrheit aus Überzeugung nicht bereit, dahin wurde sie auch nicht von kräftigen Strömungen der westdeutschen Öffentlichkeit gedrängt, dazu wäre sie wohl auch aufgrund von Vorgaben des Grundgesetzes und im Licht vielfältiger Festlegungen der vorangehenden Jahrzehnte kaum in der Lage gewesen. Im Gegenteil, spätestens seit Januar 1990 erwiesen sich die Rhetorik und die Versprechen der konkurrierenden Parteiführer als mächtige Faktoren, die den Vereinigungsprozeß selbständig anheizten.

Die nationale Wende der Revolution geriet mit dem Kampf für Demokratisierung und Liberalisierung nicht in Konflikt. Im Gegenteil, in der deutschen Konstellation von 1989/90 konnte man die Unterstützung für nationale Ziele und Einsatz für Menschen- und Bürgerrechte, parlamentarische Demokratie und freiheitlichen Verfassungsstaat unschwer miteinander verbinden. So geschah es auch, in fast allen Parteien. Der entstehende Konsensus war breit. Nationale und liberal-demokratische Forderungen standen 1989/90 in engster Allianz, ähnlich wie 1848, aber im Gegensatz zum wilhelminischen Reich, zu Weimar und zur NS-Diktatur: die bemerkenswerte Revision eines alten Musters.

Die nationale Wende der Revolution erschwerte jedoch ihre Fortsetzung mit radikal-demokratischen Mitteln. Die bundesrepublikanischen Regeln wurden rasch maßgebend, die Regeln der parlamentarischen Partei-Demokratie. Aber wie weit wäre denn die radikal-demokratische Erneuerung der DDR – von der Bundesrepublik alleingelassen – gekommen, nachdem die Mauer gefallen war? Welche Massen standen denn auf Dauer hinter den radikalen Demokraten des Neuen Forums? Sicherlich nicht die Mehrheit der „Werktätigen", nicht einmal die meisten Studenten, die in der Revolution viel zu verlieren hatten. Und wo blieben zum Beispiel die Historiker? Sie verhielten sich bemerkenswert still. Die Anpassung war weit gegangen. Sechs Jahrzehnte Diktatur gehen an einer politischen Kultur nicht spurlos vorbei. Es ist nicht leicht, sie von innen heraus umzugestalten. Zu viele waren absorbiert.

Eine radikal-demokratische Erneuerung aus eigener Kraft hätte vermutlich sehr wenig Chancen gehabt. Wie man in Rumänien sieht und aus der Geschichte weiß, kann eine Revolution auch Rückschritte erleiden. Besonders, wenn sie so friedlich war und die Apparate nicht wirklich umgestaltete wie in diesem Fall. Man kann deshalb argumentieren, daß die Vereinigung mit der Bundesrepublik und ihrem eingespielten parlamentarisch-demokratischen System für die Bevölkerung der DDR der am ehesten begehbare Weg war und ist, die zerstörerische Bürde von vielen Jahrzehnten Diktatur zu überwinden und wichtige demokratisch-liberale Errungengeschaften ihrer Revolution zu sichern.

Insofern ist es konsequent und richtig, die Vereinigung als Integration der DDR in die Bundesrepublik und nicht als „Zusammenwachsen" auf mittlerem Grund oder als Kompromiß zwischen West und Ost zu vollziehen. Daß allerdings das tragfähige System der Bundesrepublik in seiner konservativsten Form nach Osten hin ausgedehnt wird und überdies vorwiegend als „Reform von oben" statt als Produkt partizipatorischer Prozesse, folgt daraus nicht und ist durchaus bedauerlich.

Mit ihrer nationalen Wende geriet die Revolution in scharfen Gegensatz zu jedwedem Sozialismus. Während ihre erste Phase mit der Idee einer selbständig bleibenden und weiterhin sozialistischen, wenn auch radikal demokratisierten und liberalisierten DDR verknüpft oder doch vereinbar gewesen war, implizierte die Hinwendung zur Bundesrepublik in der zweiten und dritten Phase nicht nur den Verzicht auf die Selbständigkeit der DDR, sondern auch die Absage an jedwedes „Experiment" mit einem zugleich demokratisch-freiheitlichen und effizienten Sozialismus. Diejenigen, die die Revolution in ihrer ersten Phase geführt hatten – mit hohem Risiko, unkonventionellen Ideen und bewundernswertem Mut –, gerieten nicht zuletzt deshalb so schnell ins Abseits.

Doch sollte man keine Legenden bilden. Die Entwicklung eines demokratischen und leistungsfähigen Sozialismus in der DDR ist nicht etwa deshalb gescheitert, weil sich die DDR so schnell der Bundesrepublik in die Arme warf oder weil sie so schnell von der Bundesrepublik umarmt und gelenkt wurde. Es war eher umgekehrt: Gerade weil es in dieser historischen Situation an einem einigermaßen genauen, theoretisch durchdachten und praktikablen Modell des demokratischen Sozialismus als leistungsfähiger Alternative zum diskreditieren diktatorischen Staatssozialismus des Ostens einerseits, zur westlichen, sozialstaatlich überwölbten Marktwirtschaft (einschließlich ihrer sozialdemokratischen Fortentwicklungsmöglichkeiten) andererseits fehlte, ließ es sich so schwer für die Fortexistenz eines selbständigen ostdeutschen Staates argumentieren. Gerade weil der Sozialismus so tief diskreditiert war, wandten sich so viele in der DDR der sich anbietenden bundesrepublikanischen Alternative zu.

Zwischen November 1989 und März 1990 bezog die Forderung nach nationalstaatlicher Einigung ihre Stoßkraft vor allem aus der DDR. Sie resultierte aus dem Zusammenbruch der Selbstanerkennung des DDR-Staatsvolkes, aus einem Kollaps, hinter dem die Unterlegenheit des diktatorischen Staatssozialismus stand. Ein Vakuum an kollektiver Identität war die Folge, das sich zur Auffüllung durch national-deutsche Angebote eignete, die bis dahin eher untergründig weitergelebt hatten und durch die offizielle Nationalrhetorik aus der Bundesrepublik immer neu bestätigt worden waren.

Vor allem aber verbarg sich in dem anschwellenden Ruf der Ostdeutschen nach nationaler Einheit das Verlangen, das ausgeprägte Gefälle an Lebensqualität schnell zu reduzieren, das sie von den bessergestellten Westdeutschen trennte. Daß man unter einem gemeinsamen staatlichen Dach und auf dem Boden einer gemeinsamen Verfassung den Vorsprung der Westdeutschen schneller und sicherer aufholen würde als wenn man auf zwei Staaten verteilt blieb, das stand und steht für eine erdrückende Mehrheit von DDR-Bürgern eindeutig fest. Im Grundsatz haben sie recht.

Im nationalen Interpretationsrahmen wurde offensichtliche Ungleichheit als ungerechte Benachteiligung definiert. Mit Verweis auf die nationale Zugehörigkeit forderte man ihren Abbau. Auf diesem Hintergrund gewann die Vereinigungsforderung ihre elementare Kraft. Ohne die Tolerierung, Legitimierung und Ermutigung seitens der westdeutschen Politik und der westdeutschen Gesellschaft wäre diese nationale Mobilisierung der Ostdeutschen allerdings kaum möglich gewesen.

An nationaler Begeisterung fehlt es zum Glück in der Bundesrepublik. Die Konsequenzen der Vereinigung für die einzelnen werden nur allmählich klar. Besorgnis und Skepsis sind weit verbreitet. Aber im Ganzen verweist die bisherige Haltung der Westdeutschen wie die der Ostdeutschen – abgesehen von derzeit nur kleinen Minderheiten auf beiden Seiten – auf die weiterhin große Wirksamkeit des nationalen Zusammengehörigkeitsbewußtseins, durch das Politik legitimiert werden kann, selbst wenn sie auf eine gewisse Umverteilung von Rechten und Pflichten abzielt.

Der Selbstverständlichkeit, mit der die Ostdeutschen „have-not's" nach einigem Zögern ihr Verlangen nach ökonomischer und sonstiger Gleichstellung als Recht aufgrund ihrer Zugehörigkeit zur gleichen Nation wie die Westdeutschen „have's" formulierten, entspricht – trotz allmählich stärker werdender Gegentendenzen – die Selbstverständlichkeit, mit der die große Mehrheit der Westdeutschen bisher darauf verzichtet hat, diese Umverteilungszumutung als unbillig zurückzuweisen. Was die

Ostdeutschen von den Engländern oder selbst den Österreichern nie zu erbitten wagen würden, von den Westdeutschen erwarten sie es. Was die Westdeutschen den Polen vermutlich verweigern würden, den Ostdeutschen gewähren sie es. Gerecht ist das nicht, aber national.

Diese nationale Solidarität ist sicher zerbrechlich, leicht zu überfordern und weder natürlich noch ewig. Sie hat nicht viel mit Chauvinismus zu tun. Sie drängt andere, konkurrierende, überschneidende Loyalitäten nicht notwendig in den Hintergrund. Sie steht der europäischen Einigung nicht im Wege. Sie ist in der Bevölkerung ungleich verteilt, die Jüngeren stehen ihr ferner als die Älteren.

Aber die letzten Monate haben gezeigt, daß auch in Deutschland nationale Identitäten überlebt haben, politisch tragfähig sind und politisch abgerufen werden können, keineswegs nur auf der Rechten des politischen Spektrums. Gleich anderen Glaubenssystemen bedürfen sie kaum der ausdrücklichen Legitimation. Falls doch, wurde in den Diskussionen der letzten Monate gern auf die gemeinsame Geschichte der Deutschen verwiesen, die gerade aufgrund ihrer dunklen Perioden – Nationalsozialismus, Weltkrieg, Niederlage – gemeinsame Pflichten und Verantwortungen begründe. Dies ist interessant. Die unübersehbare Aufwertung nationaler Zugehörigkeit und Identität führt nicht notwendig zur Verdrängung oder „Entsorgung" geschichtlicher Erinnerung. Nationale Selbstbesinnung und ein wahrheitsgemäßes Verhältnis zur gemeinsamen Geschichte – gerade auch zu ihren Brüchen und Katastrophen – können geradezu aufeinander angewiesen sein.

Die letzten Monate waren voll von bewegenden Momenten. Nie seit 1945 hat sich historischer Wandel so beschleunigt. Zum Teil erlebte man ihn. Das läßt sich erzählen. Kaum einer hat prognostiziert, was geschah. Aber aus der Unvoraussagbarkeit historischen Wandels folgt nicht seine Unerklärbarkeit. Will man erklären, um sich zu orientieren, muß zur erzählenden Rekonstruktion der Erfahrungen die Analyse der langfristigen und kurzfristigen Bedingungen treten. Die Analyse entwertet die erzählten Erfahrungen nicht, aber sie bettet sie ein, rückt sie in Perspektive und geht über sie hinaus. Sie hat noch kaum begonnen. Wie sie ausgeht und wie sie unser Bild von der jüngeren deutschen Geschichte ändern wird, zeichnet sich bisher nur in Ansätzen ab.

Thomas Nipperdey

Die Deutschen wollen und dürfen eine Nation sein

Wider die Arroganz der Post-Nationalen

(Aus: „Frankfurter Allgemeine Zeitung" vom 13. 7. 1990)

Wir sind das Volk" – das war im letzten Herbst die erste Parole des großen Aufbruchs hier. Und dann kam sehr bald die zweite Parole, für westdeutsch-bundesrepublikanische Ohren fremd im Klang: „Deutschland einig Vaterland." Nicht alle, die die erste Parole skandierten, haben auch die zweite mitgerufen, gewiß, aber alle, die die zweite Parole trugen, haben die erste mitgetragen und sich von ihr bewegen lassen. Das gefällt manchen nicht, hüben und drüben, aber diesen Zusammenhang, den Zusammenhang also von „Volk" und „Vaterland", sollten wir uns durch keine Miesepeter verdunkeln oder wegreden lassen. Das Demokratische und das Nationale gehören in dieser Geschichte zusammen.

Darum treffen wir, Studenten und Professoren, Deutsche uns unter und auf der Wartburg, stellen uns in eine gedamtdeutsche Tradition, die des Wartburgfestes, das vor knapp 173 Jahren, am 18. Oktober 1817, zum ersten Male Studenten und ein paar Professoren aus vielen Teilen Deutschlands vereinte.

Ein paar Worte über das erste Wartburgfest sind nötig, weil es viel Unkenntnis und viel verfälschende Mythen darüber gibt.

1. Das Wartburgfest 1817 war ein demokratisch-nationales Fest. Menschen aus unterschiedlichen Staaten Deutschlands trafen sich gegen den Willen der Obrigkeiten und Autoritäten, um ihren Willen zu einer freiheitlichen Verfassung und einem gemeinsamen deutschen Staat gegen die Willkür der damals Herrschenden und deren partikulare Trennungsideologie, gegen ihre

Polizei und gegen ihre Grenzpfähle zu bekunden. Nation sind die, die Nation sein wollen, so hat der französische Liberale Ernest Renan später im Geiste der Revolution von 1789 definiert. Das gilt auch für diese Studenten, sie wollten eine Nation sein, und sie wurden Nation, weil sie Nation sein wollten. Schon der Name war ein Programm. Burschenschaft nannten sie sich, denn „Bursch" war einfach gleich Student, und Studentenschaft, weil sie nicht wie bisher Landsmannschaften, traditionalistische Regionalisten mehr sein, sondern ihre Zusammengehörigkeit betonen wollten. Viele haben dieses Sicheinsetzen für die national-demokratische Sache mit Studienverbot und Haft büßen müssen.

2. Mit der Zusammenkunft auf der Wartburg trat etwas Neues in die deutsche Geschichte, das politische Fest, die eigene Artikulation des politischen Willens von vielen anstelle der Ämter und Autoritäten und ihres Aktionsmonopols, der Anspruch des Volkes auf politisches Handeln. Das Wartburgfest von 1817 ist die Geburtsstunde der politischen Demonstration, es war die erste „Demo" in Deutschland. Wir müssen das betonen, weil Demonstration seither in so vielfacher Form auf vielen Seiten mißbraucht worden ist, chaotisch oder befohlen, oder zur Alltäglichkeit abgestumpft ist. Hier, in dieser Ursprungsstunde war das noch etwas ganz Echtes und Ursprüngliches, die Bereitschaft, für seine Sache einzustehen und sein Risiko zu tragen. Das Fest hat die Teilnehmer mit Gemeingeist und Energie erfüllt, den Gegnern galt es als Anmaßung und Provokation.

3. Das Fest war ein Fest der Studenten, nicht weil die Studenten etwas Besonderes und Besseres, Exklusiveres und Elitäres sein wollten, sondern weil sie durch ihre Lebens- wie Bildungsumstände offener und freier, weniger eingebunden in Traditionen und Konventionen, Zwänge und Meinungsdruck etwa, waren, experimentierfreudiger auch und mobiler, und damals mehr als andere über die gemeinsame Sprache verfügten. Sie empfanden sich als Teil des Volkes und als seine Vorreiter zugleich.

4. Das Fest war die Folge eines großen Aufbruchs und Ausdruck einer anhebenden großen Enttäuschung und Verzweiflung zugleich. Da war der Aufbruch von 1813 gewesen, der nationale

Befreiungskampf gegen die Fremdherrschaft Napoleons, gewiß, aber zugleich und für viele, und zumal für die Studenten, ein Freiheitskampf gegen fürstlich-feudalen Despotismus, Polizeigeist, Untertänigkeit, Meinungsmonopole, und untrennbar darein gefügt: der Kampf für nationale Einheit, auf Freiheit gegründet. Und da war die Enttäuschung über das, was aus der deutschen Freiheit und Einheit geworden war, der Deutsche Bund, eine „Konföderation" ohne Lebenskraft, die reaktionäre Blockade der Reformen und der Freiheitsbewegungen zugleich. Noch schien nicht alles verloren. Die Karlsbader Beschlüsse, die Siege der Reaktion, das System Metternich waren erst 1819 perfekt, noch konnte man sich sammeln.

5. Bis hierher sind das schöne Erinnerungen. Nun wird es für uns schwieriger. Der Kampf um die Freiheit war auch ein Kampf um die Befreiung gewesen, gegen die Unterdrückung und die Ausbeutung durch die imperiale Despotie Napoleons, und daß die Herrschaft Napoleons das war, daran kann auch der fortschrittliche Anstoß, den er den deutschen Verhältnissen gegeben hat, nichts ändern. Das Fest sollte, im Oktober, auch ein Siegesfest zum Gedenken an die Schlacht von Leipzig, die Völkerschlacht, sein. Daß zur Geschichte von Menschen und von menschlichen Gruppen und natürlich auch einer Nation Erinnerung und festliches Begehen solcher Erinnerung gehörte, ist ja gemeinmenschlich; daß uns Deutschen der Geschmack an Siegen vergangen ist, zum Glück, uns Europäern und auch uns Menschen des Atomzeitalters, ist ebenso wahr. Wir können historisch verstehen, warum die ersten Wartburgfeierer einen Sieg feiern wollten. Wir sollten uns deshalb nicht über sie erheben. Unsere Sache freilich kann das nicht mehr sein, zumal wenn man bemerkt, wie leicht sich der Sieg über den verbrecherischen Welttyrannen mit der Krankheit des nun beginnenden Jahrhunderts, dem Nationalhaß, und im Falle der Deutschen mit dem Franzosenhaß verband, das Identitätsbewußtsein mit dem Pochen auf etwas, was man damals „teutsch" nannte und was seither und für uns den fatalen Klang des Superdeutschen angenommen hat. Und auch die heute so aktuelle Frage, wie denn der Pluralismus einer

Streitkultur und Vernunft sich zur Wahrheitsgewißheit des Überzeugten und zu ihrem Bekenntnis zur Einheit der Nation verhalten, war damals virulent. Für Pluralismus hatten die Demokraten noch nicht übermäßig viel Sinn. Daß da Probleme stecken, war freilich damals auch den feiernden Studenten deutlich. Der Hauptredner, der Student Riemann aus Jena, hat ganz gleichgewichtig die von ihm so genannten „vaterländischen" Tugenden und die gemeinmenschlichen Tugenden nebeneinander als Ziele gestellt. Wir würden heute sagen: das Deutsche und das Europäisch-Weltbürgerliche.

Dann gab es auch eine andere Erinnerung, die das Datum bestimmte, das war der dreihundertjährige Gedenktag der Reformation und die Wartburg, auf der Luther die Bibel übersetzt, also das Grundbuch der neueren deutschen Sprache geschaffen hatte. Das ist uns merkwürdig, ja befremdlich: ein nationaler und demokratischer, ein gemeindeutscher Tag, der die Tradition einer Teilgruppe gegen eine andere Teilgruppe aufnimmt, der Protestanten gegen die Katholiken. Auch das ist unwiederholbar. Man kann es dennoch verstehen und daraus für uns Schlüsse ziehen. Luther war den Studenten nicht der Vater des Protestantismus allein, sondern der Begründer der Moderne, der Geistesfreiheit, wie man seit der Aufklärung und im deutschen Idealismus gerne sagte, und so haben alle europäischen Liberalen noch lange gedacht. Damals haben die Studenten aus Würzburg, in großer Mehrheit katholisch, an diesem Gedanken keinen Anstoß genommen, sie gehörten zu den Teilnehmern dieses Wartburgfestes. Und wir, soweit wir wie die Mehrheit Agnostiker sind, können uns doch klarmachen, daß Luther zu den Gründern der weltgeschichtlichen Modernität und der Freiheit und zu den Gründern einer spezifischen Aus- und Umprägung der deutschen Nationalität gehört, man braucht hier ja nur an die Feiern der ehemaligen Regierung der bisherigen DDR im Jahre 1983 zu erinnern. 1817 jedenfalls war freiheitliche Identität und Identitätsvergewisserung in solcher Erinnerung die Hauptsache, nicht Ab- und Ausgrenzung von anderen.

Schließlich – noch einmal schwierig –, am Abend des 1. Festtages, kam es zu der berühmt-berüchtigten Bücherverbrennung, zum Beispiel des Polizeirechtes, bestimmter Standardwerke der Reaktion und einer deutschen Geschichte des russisch-zaristischen Agenten Kotzebue; auch ein Zopf und ein Korporalstock wurden verbrannt: Das war eine spontane Handlung radikaler Anhänger des Turnvaters Jahn, damals von Humboldt und auch Goethes Großherzog in Weimar, der den Studenten die Burg zur Verfügung gestellt hatte, mehr als Dummerjungenstreich heruntergespielt, von Metternich und den Berliner Anführern der Reaktion als Ausgeburt des intoleranten Terrorismus hochstilisiert. Daß ein Jahr später jener Kotzebue dann von einem Studenten, der in Jena studiert hatte, ermordet wurde, schien diese Terrorismusthese zu bestätigen. Durch Hitlers und Goebbels' Wiederaufnahme dieses Akts im Frühjahr 1933 ist „Bücherverbrennung" gräßlich ins Gedächtnis der Deutschen und der Welt eingegraben. Wieder: Das ist nicht zu verteidigen, es ist ist aber zu verstehen, und es stellt uns in die bedrängenden Fragen vom Umgang mit dem Ungeist. Symbolkrieg ist in Revolutionen und in revolutionsähnlichen Zeiten gang und gäbe, Denkmäler umstürzen, Straßen umbenennen und so weiter. Wie wollen wir es denn mit der SED- und der Stasi-Vergangenheit und den Produkten der Marxismus-Leninismus-Ideologie halten, wo sind die Grenzen zwischen Abkehr und Verurteilung, Distanz und Verwerfung? Wie immer wir das heute beantworten, die Studenten von 1817, auch die vom Festabend, waren nicht Vorgänger der Studenten von 1933, und wir können uns heute, 1990, besser vorstellen, warum sie so handelten.

Noch einmal, wir berühren die dunkleren Züge des schönen Festes, die uns, in fast zwei Jahrhunderten klüger geworden, durch die Exzesse von Späteren fatal geworden sind. Aber eine Vergangenheit kann man sich nicht aussuchen, sie ist wie so vieles Menschliche gemischt. Große Aufbrüche sind oft mit Schlacken und Ideologiestücken, mit Dunkelheiten und Verworrenheiten enthusiastischer Sturm- und Drang-Gefühle versetzt, die sie beflügeln und die uns mißfallen.

Das führt uns nun sogleich in die heutigen Hauptfragen: Wie

wollen wir es mit der Nation, auch der demokratisch verfaßten und legitimierten Nation, heute halten, wie mit den Schatten und dem Mißbrauch, der mit der Sache und Idee Nation getrieben worden ist? Der exzessive Nationalismus gerade der Deutschen hat in unserem Jahrhundert in Weltkatastrophen und schier beispiellose Verbrechen geführt – darum tun wir Deutschen nach Hitler, nach 1945, schuldverstrickt und teilungsgeschädigt, uns schwer mit der Nation, schwerer noch als all unsere Nachbarn, die doch auch in einer jedenfalls postnationalistischen Epoche leben.

Daß die Bürger der bisherigen DDR die Vereinigung der beiden Deutschland wollen, ist gewiß noch einmal die Hauptsache, aber mit dem großen und großartigen Satz von Willy Brandt, „Jetzt wächst zusammen, was zusammengehört", ist die Frage nach dem Sinn der deutschen Nation und der nationalen Einheit heute noch nicht beantwortet. Jeder kennt ja die vielen Zweifel, der Intellektuellen und Schriftsteller etwa, hüben und drüben, die das Volk und einig Vaterland trennen wollen: die zwei Staaten, wenn auch nicht die alten, lieber hätten oder, neueste Wendehälse anderer Art, vor ein paar Monaten doch noch lieber gehabt hätten. Das sind gegenwärtig nicht die Mehreren, aber sie haben gewichtige Stimmen, und wenn es ökonomisch und sozial mit dem Teilen und Verteilen schwierig wird, und irgendwann wird es schwierig, wird man es mit ihnen zu tun haben.

Die erste Frage ist, ob wir überhaupt eine Nation brauchen. Ist nicht das Individuum sich selbst genug mit den Wohlstandsidealen der Selbstverwirklichung und Selbsterfüllung und ihrer narzißtischen Auslegung im Westen? Oder gibt es nicht, wenn denn Gemeinsames gefragt ist, anderes: Sozalismus, Avantgarde, Postmoderne, Konsumkritik, Feminismus? Oder wenn das zu partikular ist: Sollten wir uns nicht an Europa und an einer Welt und Menschheit, auf Friede und Vernunft, Menschenrechte und Schutz der Umwelt gegründet, orientieren oder, wenn denn das Nahe und Sicht- und Fühlbare, das Nicht-Verkopfte nötig ist, an Heimat und Region? Oder an dem Staat, in dem wir leben, wenn er denn eine gute Verfassung hat, wie uns Jürgen Habermas belehren will? Sind also die Verfassungspatrioten bessere Menschen als die Einig-Vaterland-Patrioten?

Mir scheint, all das sind Intellektuellen-Erwägungen. All das mag die Orientierung an einem Vaterland, einer Nation einschränken und relativieren, ersetzen kann es sie nicht. Wir werden gar nicht gefragt, ob wir eine Nation sein wollen, ob Sie und ich Deutsche sein wollen, ob uns das wichtig ist oder gleichgültig, wir werden so gesehen. Die Welt ist die Welt der Vereinten Nationen, Europa ist ein Europa der Vaterländer.

Weil alle Nationen sind, sind wir für die anderen eine Nation, ob wir wollen oder nicht, wir sind mit unserem Heimatland und unserer Herkunft identisch. Dafür hat sich in den letzten zehn Jahren das Wort von der Identität eingebürgert. Zu unserer individuellen Identität mit uns selbst gehören kollektive Identitäten, solche, in denen wir uns vorfinden und die wir dann akzeptieren können, kollektive Identitäten, die ausmachen, daß ich und andere uns als ein Wir verstehen und wir von wieder anderen so verstanden werden, die es ausmachen, daß wir so, wie wir sind, anders sind als andere, und zwar aus dem Zufälligen unserer Herkunft und unseres geschichtlichen Lebenslaufes.

Dazu gehört nun in der Welt seit mindestens 200 Jahren die Nation. Wir haben die Nation nicht gemacht, wir müssen sie nicht lieben, wie es ja so oft mit der Liebe zum Vater eine Sache ist, aber wir können die Nation nicht einfach abwählen, und noch die Möchtegern-Abwähler bleiben ihr verquer und verklemmt verhaftet. Der Deutsche, der sagt, es sei ihm gleichgültig, daß er Deutscher sei, gilt deshalb in aller Welt als besonders deutsch. Wer nationale Identität nicht sozusagen selbstverständlich hat, hat ein Identitätsproblem, leidet an einem Identitätsverlust oder einer Störung. Darum nämlich hat der Versuch, die deutsche Teilung zu verinnerlichen und auf Dauer zu stellen, in beiden Teilen des ehemaligen Landes wie selbstverständlich dazu geführt, daß Machthaber oder Rechthaber versucht haben, neue Identitäten zu schaffen, eine sozialistische DDR-Identität, eine verfassungspatriotische Bundesrepublik-Identität, künstlich, wie man weiß, und einstweilen ohne Erfolg, denn anders als in Österreich hat sich in den beiden deutschen Teilstaaten kein neues und eigenes Nationalbewußtsein gebildet.

Das Fehlen einer gegründeten alten oder neuen vaterländischen Identität hat im Westen wie im Osten bei uns zu Ausfallerscheinungen geführt, zum Fehlen einer Nationaltradition, auf die man jenseits des Kommunismus wie Polen, Ungarn, Tschechen und Slowaken zurückgreifen kann. Auch zu Labilität und Krisen-, ja Trendanfälligkeit in Westdeutschland, die jedem Nicht-Deutschen so auffällt, auch zu jener neurotischen Selbstbezogenheit und öffentlichen Miesepetrigkeit einer Gesellschaft, der es eigentlich gutgeht, der Rabiatheit und Negativkritik, die nicht mehr die Wacht am Rhein hält, sondern die Wacht am Nein (wie Otto Marquard bemerkt hat), auch zu Mangel an Ruhe und Gelassenheit, an Normalität, wie sie andere haben, die in allen Krisen und Konflikten doch auf ein gemeinsames Erbe, die Französische oder Amerikanische Revolution, die englische Lebensform und so weiter zurückgreifen können.

Man kann nicht übersehen, daß die Absage an die Nation etwas spezifisch Deutsches ist und die fatale Neigung enthält, die anderen, ach so Rückständigen mit unserem Nicht-Nationalbewußtsein zu belehren. Am fortschrittlichsten und besseren, am postnationalen Wesen soll offenbar wieder einmal die Welt genesen, und man spürt die Arroganz der scheinbar so edlen Absagen an das Nationale. Wir sollten uns nicht erheben.

Wir können uns da an unsere Nachbarn halten, Opfer gewiß, aber auch Mittäter der Exzesse des Nationalismus. Sie haben aus ihrer Geschichte Lehren gezogen, mindestens in der Theorie, das nationale Prinzip zu relativieren, der alten Absolutsetzung der Nation, und gar der eigenen, abzusagen. Alle vernünftigen Europäer sind sich einig, daß der Nationalismus zwischen Französischer Revolution und Zweitem Weltkrieg der Vergangenheit angehört und angehören muß. Aber das ändert gar nichts daran, daß Nation und nationale Identität Normaltatbestände sind, aufgehoben in Europa und der Welt und darin eben auch aufbewahrt. Das gilt für die anderen wie für uns.

Neben die allgemeinen Zweifel an so etwas wie Nation treten

meistens moralische Sonderansprüche: Wie immer es mit den Nationen überhaupt steht, wir Deutschen hätten kein Recht mehr, eine Nation in einem geeinten Staatswesen zu sein. Günter Grass und Jürgen Habermas im Westen stehen für solche Tendenzen. Die Untaten Hitlers und die Verwicklung der Deutschen in diese Untaten hätten die Möglichkeit, Nation zu sein, für alle Zeiten verwirkt, Nation-sein-Wollen sei Abkehr von Auschwitz, von ewiger Schuld und gerechter Strafe. Das ist freilich eine subjektive Weltgerichtsmythologie, für die es vernünftige Argumente nicht gibt. Wichtig bleibt: Die Feststellung, die Deutschen wollen eine Nation sein und sie dürfen eine Nation sein, mindert nicht im geringsten unsere geschichtliche Verantwortung für das Gewesene. Das wissen wir, das sollen auch unsere Nachbarn wissen, das soll auch die Welt wissen. Aber das Weltgericht sollte man dem lieben Gott überlassen.

Oder man sagt, noch einmal Günter Grass, die Gründung des Deutschen Reiches von 1871, Bismarck und all das, ist der Sündenfall, die Vorbereitung von Auschwitz. Der deutsche Nationalstaat habe in eineinhalb Jahrtausenden der Geschichte der Deutschen doch nur kurze Zeit, zwischen 1871 und 1945, bestanden, sei Unglück und Übel gewesen durch und durch, kein Anlaß, ihm nachzutrauern oder nach etwas Ähnlichem zu streben. Es gibt auch konservativ westdeutsche, preußenfresserische Positionen, aus denen so argumentiert wird.

Aber da muß der Historiker nun sagen: Alle, die bürgerlichen Deutschen, die Liberalen und Demokraten, auch die Sozialisten, von Lassalle wie Marx herkommend, die Nord- und Süd-, die Ost- und Westdeutschen, die Protestanten, die Katholiken und die Juden, alle wollten im vorigen Jahrhundert einen Nationalstaat. Und wenn sie auch einen anderen lieber gesehen hätten, haben sie sich alle doch mit dem von 1871 eingerichtet. Die Besiegten von 1866/71, Linksliberale, Katholiken, Sozialdemokraten, sind 1919 die Bewahrer des nationalstaatlichen Deutschen Reiches geworden. Weimar war eine nationale Demokratie, die Republikaner waren nationale Patrioten. Es ist Beckmesserei, dasjenige, was man an Bismarck nicht leiden mag, zu Geburtsfehlern, Todeskeimen und Erbsünde hochzustilisieren. Der 8. Mai 1945 oder der 30. Januar 1933 war nicht die Folge des 18. Januar 1871. Historische Erscheinungen sind wie alle menschlichen Taten und Gebilde fehlerhaft, widersprüchlich und unvollkommen, von Spannungen bewegt, von Untergängen und Sprengkräften bedroht, manche mehr, manche weniger. Normalität ist immer Problematik, Problematik immer Normalität. Die deutsche Frage war im vorigen Jahrhundert besonders schwierig, die gefundene Lösung war von Schatten, Neurosen und von obrigkeitlichen Überhängen, von Polarisierung, von Machtsucht belastet. Aber man darf nicht übersehen, daß die Nationalbewegung aus revolutionären und progressiven Ursprüngen kam, daß es keine wirkliche Alternative gab, daß die föderative Integration eine der großen fortwirkenden Leistungen jenes Deutschen Reiches gewesen ist und daß die europäischen Nationalgeschichten zuerst und in der Hauptsache einmal ganz ungeheuer ähnlich gewesen sind und nicht anders als die deutsche.

Darum ist Hitler nicht der Vollender des deutschen Nationalstaates, sondern sein Verderber und seine Perversion. Es war der Attentäter Stauffenberg, der mit dem uns fremd, ja archaisch anmutenden Rufe starb: „Es lebe das heilige Deutschland." Daß Perversionen nicht vom Himmel fallen, nicht Zufallsprodukte sind, sondern Möglichkeiten der Dinge selbst, ist gewiß wahr und ist doch trivial zugleich. Möglichkeiten sind nicht die Wirklichkeit, Perversionen stellen nicht Legitimitäten in Frage. Ein deutscher Nationalstaat war eine legitime Möglichkeit der Geschichte und ist es heute, europäisch eingehegt und endlich demokratisch, wieder. Daß es ihn nach Hitler nicht mehr geben darf, das ist wieder die schlechte Theologie eines selbsterfundenen Gottesurteils.

Kurz, auch der deutsche Nationalstaat stand und steht mitnichten außerhalb der Normalität Europas. Die Hypertrophie des Nationalismus und die Perversion des Nationalsozialismus bleiben ein Menetekel und schärfen uns die Grenzen ein, in denen das Nationale noch seinen Platz haben kann und mag. Aber diesen Platz darf und muß es da auch haben. Der Rückzug in die unpolitische

Kulturnation, von dem manche geschwärmt haben, ist uns versagt. Das entspricht nicht der Wirklichkeit, nicht unserer ökonomischen Lage, nicht dem Willen des Volkes in der DDR.

Neben den Postnationalen und neben den Geschichtstheologen stehen die ideologisch-sozialistischen Utopisten, die ihre Emotionen und Hoffnungen in die Zwei-Staaten- und Zwei-Nationen-Welt investiert haben. Sie sehen in ihrer maßlosen Kritik an der Bundesrepublik in einem vereinten Deutschland nur ein Land von Hamburgern und Coca-Cola, von kapitalistischer Raffgier und Konsumterror, von D-Mark-Nationalismus und Kolonisierung der DDR. Sie verklären die Nöte der DDR in heimelige Altertümlichkeit, Gemeinschaftlichkeit und Solidarität gegen moralverzehrende Kälte, Entfremdung und Vereinsamung im Westen – nostalgische Träume, über die die Wirklichkeit schnell hinweggeht. Die DDR-Bürger bleiben in beiden Hinsichten Realisten.

Oder man möchte den Traum vom menschlichen Sozialismus nun in einem neuen Experimentierstaat DDR ausprobieren. Da sind dann Einheit und Nation eine Gefahr. Die DDR-Bürger wehren sich – Monika Maron hat es ausgesprochen – mit Recht gegen diese Rolle der Versuchskaninchen, nachdem sie schon 45 Jahre mehr Lasten vom gemeindeutschen Schicksal getragen haben als wir im Westen.

Wir können hoffen, daß die Spekulation mit sozialen Ängsten hüben und drüben nicht die Gemüter auf Dauer verwirrt und daß ihnen hier die Machtspiele unserer Politik nicht den Blick für die Grundgegebenheiten verstellen.

Dreierlei, von dem manchmal irreführend geredet wird, wird das einig Vaterland der Deutschen nicht sein: Zuerst: Es ist kein Großdeutschland und ist kein anderes und neues Deutsches Reich. Ein Blick auf die Grenzen von 1938 wie von 1919 schon macht das klar. Die historischen Kerngebiete des alten Preußen im Osten gehören nicht mehr dazu, können nicht mehr und werden nie mehr dazugehören und damit auch Traditionen, die im Gewebe der deutschen Verhängnisse und Fehlentwicklungen und in den Ängsten unserer Nachbarn eine solche Rolle gespielt haben. Die Neuvereinigung der Restgebiete ist keine Wiedervereinigung. Sodann: Das einig Vaterland ist nicht mehr ein souveräner Nationalstaat. Es ist eingebettet in das Netz eines geeinten und sich weiter einigenden Europa und seine Sicherheit, eingebettet auch in eine tragfähige Ost-West-Entspannung. Ein deutscher Nationalstaat, das spricht sich auch bei den anderen herum, ist ein Stück Konsolidierung, nicht ein neuer Unruheherd. Dazu haben wir das Unsere zu tun.

Und endlich: Die neue Vereinigung ist kein Anschluß (auch wenn sie nach Artikel 23 erfolgt) und keine Vereinnahmung. Das sind Kritikerwörter aus Zorn, die das Ganze verteufeln sollen. In eine künftige Vereinigung bringt jeder der Partner Neues und Eigenes ein. Schwieriges auch – Erfahrungen aus Jahrzehnten, die Selbstverständlichkeiten, die Erfolge, die Labilitäten und Anfälligkeiten der westlichen Wohlstandsgesellschaft und die Geschichte der DDR, zum Beispiel die Entbehrungen, die Unfreiheiten und darum die Freude an der Freiheit, die Zertrümmerung von Träumen und auch die Trümmer solcher Träume. Daraus wird etwas Neues entstehen. Darum ist das einig Vaterland für alle eine Hoffnung. Wir bleiben als Hälften, im Inneren unserer Seelen, pathologisch versehrt hüben wie drüben. Auch das, nicht nur die ökonomische Misere hier, macht, daß zusammenwächst, was zusammengehört. Das neue einig Vaterland entspricht der historischen und der moralischen, der politischen und praktischen Vernunft. Was uns hier auf der Wartburg zusammenführt, hält uns, hoffentlich, in Zukunft zusammen.

(Vortrag vor Studenten und Professoren beim „Wartburgtreffen 1990“).

Exkurs: Das Protokoll des Deutschland-Seminars von Chequers und seine Interpretationen

Protokoll eines von Premierministerin Margaret Thatcher einberufenen Deutschland-Seminars am 24. März 1990

(Aus: „Der Spiegel“ vom 16. 7. 1990)

Die Premierministerin erklärte, für Europa sei das Ende der Nachkriegszeit gekommen. Bedeutende Entscheidungen über die Zukunft des Kontinents stünden bevor. Sie selbst habe in den kommenden Wochen mehrere entscheidende Treffen vor sich, und zwar mit Präsident Bush, Präsident Gorbatschow und Kanzler Kohl.

Bei all diesen Gesprächen werde die Frage der deutschen Wiedervereinigung das zentrale Thema sein. Wir müßten zu einer Bewertung kommen, wie ein vereinigtes Deutschland aussehen würde.

Wer sind die Deutschen?

Wie andere Völker haben sie gewisse Merkmale, die man aus der Vergangenheit ablesen kann und wohl auch in der Zukunft wieder registrieren könne.

Die Teilnehmer meinten, es sei einfacher und dieser Diskussion angemessener, an die weniger angenehmen Merkmale zu denken: an die mangelnde Sensibilität der Deutschen den Gefühlen anderer gegenüber (am deutlichsten in ihrem Verhalten in der Grenzfrage gegenüber Polen), ihre Selbstbezogenheit, einen starken Hang zu Selbstmitleid und das Verlangen, geliebt zu werden. Noch weniger schmeichelhafte Attribute wurden als typischer Teil des deutschen Charakters erwähnt: Angst, Aggressivität, Überheblichkeit, Rücksichtslosigkeit, Selbstgefälligkeit, Minderwertigkeitskomplex, Sentimentalität.

Zwei weitere Aspekte des deutschen Charakters wurden als Gründe dafür angeführt, daß man sich um die Zukunft zu sorgen habe. Zum einen die Neigung der Deutschen, Dinge zu übertreiben, über die Stränge zu schlagen. Zum anderen ihre Neigung, ihre Fähigkeiten und die eigene Stärke zu überschätzen.

Ein Beispiel dafür sei die Überzeugung der Deutschen, ihr Sieg über Frankreich 1871 sei das Ergebnis tiefer moralischer und kultureller Überlegenheit gewesen und nicht – wie tatsächlich – die Folge eines geringen Vorsprungs in der Militärtechnologie.

Haben die Deutschen sich geändert?

Mehrere Anwesende vertraten mit Nachdruck die Meinung, daß die heutigen Deutschen sich von ihren Vorgängern sehr deutlich unterschieden. Trotzdem orientiere sich unsere grundsätzliche Meinung über die Deutschen noch immer an der deutschen Geschichte von Bismarck bis 1945.

Das war die Zeit des Deutschen Reiches, die geprägt war durch den neurotischen Drang zur Selbstbehauptung, eine hohe Geburtenrate, ein geschlossenes Wirtschaftssysten, eine chauvinistische Kultur.

Die Niederlage von 1918, die in Deutschland als ungerecht empfunden wurde, hatte kaum eine verändernde Wirkung. Die deutsche Haltung dazu war auch nach 1918 unverändert, ebenso das Gefühl einer historischen Mission Deutschlands (aus diesem Grunde unterstützte der deutsche Adel Hitler, obwohl er in ihm nur einen Proleten sah).

1945 aber war völlig anders. Es war eine Wasserscheide. Da gab es kein Gefühl einer historischen Mission mehr, keine Lust auf Eroberungen, keinen Militarismus. Erziehung und Geschichtsschreibung hatten sich gewandelt. Die neue Generation der Deutschen stand ihrer Vergangenheit sozusagen unschuldig gegenüber. Sie sollten kein Grund zu ernsthafter Sorge sein.

Diese Ansicht wurde freilich nicht von allen geteilt. Man müsse doch fragen, wie ein Kulturvolk es habe zulassen können, sich durch Gehirnwäsche in Barbarei stürzen zu lassen. Wenn das einmal passiert sei – könnte es nicht wieder geschehen? Vorbehalte gegen Deutschland bezögen sich nicht allein auf die Nazizeit, sondern auf die gesamte Ära nach Bismarck, und hätten notwendigerweise zu einem tiefen Mißtrauen geführt. Die Art, wie die Deutschen gegenwärtig ihre Ellenbogen gebrauchten und ihr Gewicht in der Europäischen Gemeinschaft zum Tragen brächten, lasse vermuten, daß sich noch nicht allzuviel geändert habe.

Während wir alle die Deutschen für das, was sie in den letzten 45 Jahren geschaffen haben, bewunderten, ja sogar beneideten, bleibe doch die Tatsache bestehen, daß ihr Staat bislang noch nicht durch ernsthafte Probleme, wie etwa einen größeren Wirtschaftseinbruch, auf die Probe gestellt worden sei. Wir könnten nicht beurteilen, wie die Deutschen unter solchen Umständen reagieren würden. Kurzum: Niemand hatte ernsthafte Bedenken gegen die derzeitige politische Führung in Deutschland. Aber wie sieht es in 10, 15 oder 20 Jahren aus? Könnten einige der unseligen Charakterzüge der Vergangenheit wiederaufleben – womöglich mit ebenso verheerenden Konsequenzen?

Welche Konsequenzen ergeben sich aus der Wiedervereinigung?

Selbst die Optimisten unter uns konnten gewisse Befürchtungen hinsichtlich der Auswirkungen der Vereinigung auf das Verhalten der Deutschen in Europa nicht unterdrücken. Wir könnten nicht erwarten, daß ein vereintes Deutschland genauso denken und handeln würde wie die Bundesrepublik, die wir sei 45 Jahren kennen. Und das gelte, obgleich ein vereintes Deutschland mit großer Wahrscheinlichkeit die Institutionen der BRD übernähme.

Schon jetzt sei eine Art von Siegestaumel im deutschen Denken spürbar, die für alle andern ungemütlich sei. Es wurde auch auf die Bemerkung von Günter Grass verwiesen, am Ende werde die Wiedervereinigung alle gegen Deutschland aufbringen.

Wir könnten nicht annehmen, daß ein vereintes Deutschland sich so reibungslos in Westeuropa einfügen würde wie die BRD. Es werde die Neigung wachsen, das Konzept „Mitteleuropa" wiederzubeleben, in dem Deutschland die Rolle des Maklers zwischen Ost und West zufiele. Es sei bemerkenswert, daß Kanzler Kohl bereits von Deutschlands Partnern in Ost und West spreche.

Diese Tendenz könnte sich verstärken durch die Auswirkungen der Wiedervereinigung auf Deutschlands Parteiensystem. Das Votum für die konservative Allianz in Ostdeutschland könnte eher als ein Votum für rasche Vereinigung denn als Votum für die Werte und Politik der westdeutschen CDU angesehen werden.

Wird ein vereintes Deutschland danach streben, Osteuropa zu dominieren?

Diese Frage führte folgerichtig zu einer Debatte über Deutschlands wahrscheinliche Rolle und seine Ambitionen in Osteuropa. Wir stimmten weitgehend darin überein, daß Kanzler Kohls Verhalten in der Frage der polnischen Grenze, besonders sein Hinweis auf die Notwendigkeit, die deutsche Minderheit in Schlesien zu schützen, die falschen Signale gesetzt hat. Historische Ängste vor Deutschlands „Mission“ in Ost- und Mitteleuropa seien dadurch wiederbelebt worden.

Aber die Tatsachen seien ermutigender. Die deutschen Minderheiten in Osteuropa seien stark reduziert worden, die meisten hätten es vorgezogen, sich innerhalb Deutschlands niederzulassen als darauf zu warten, daß Deutschland wieder zu ihnen kommen würde.

Die Deutschen selbst hätten ein Interesse daran, ihre Minderheiten da zu belassen, wo sie seien, statt sie zur Rückkehr zu ermutigen. Das sei für sie auch der Grund, Osteuropa großzügig mit Finanzhilfe zu versorgen. Es gebe, zumindest für die absehbare Zukunft, keinen Grund zu der Annahme, daß Deutschland irgendwelche Gebietsansprüche geltend machen würde.

Es sei wahrscheinlich, daß Deutschland Ost- und Mitteleuropa in wirtschaftlicher Hinsicht beherrschen würde. Aber das müsse nicht gleich Unterjochung bedeuten. Es müsse auch nicht unbedingt heißen, daß ein vereinigtes Deutschland nun mit wirtschaftlichen Mitteln erreichen würde, was Hitler mit militärischen Mitteln nicht geschafft habe.

Gewiß gebe es einige, die davon überzeugt seien, daß Deutschland einen „zivilisatorischen Auftrag“ im Osten habe. Tatsache aber sei, daß der Wunsch nach ökonomischer deutscher Präsenz mindestens ebensosehr von den Osteuropäern komme wie von den Deutschen selbst. Sie wollten und bräuchten deutsche Hilfe und deutsche Investitionen. Und dies sei wohl tatsächlich auch die einzige Möglichkeit, Osteuropa wieder mit Leben zu erfüllen („Es gibt nur eine Sache, die schlimmer ist als ausgebeutet zu werden: nicht ausgebeutet zu werden.“).

Es ist vielleicht eine Ironie der Geschichte, daß Osteuropa sich nach 1945 aufgemacht hat, nie wieder von Deutschland abhängig zu sein, aber nach 45 Jahren Kommunismus abhängiger ist als je zuvor. Mag sein, daß die Osteuropäer sich lieber an Briten oder Franzosen halten würden. Aber keiner von beiden sei bereit, die nötigen Mittel bereitzustellen.

Bei den Deutschen erkenne man eine Tendenz, sich die Lorbeeren für die Vereinigung selbst ans Revers zu stecken. Dabei gebühre Dank eher den Osteuropäern und Gorbatschow. Sie hätten für den Rahmen gesorgt, in dem die Vereinigung sich vollziehen könne.

Deshalb müßten wir bei allen unseren Problemlösungen, wie immer sie aussähen, die Interessen der Osteuropäer und vor allem die Position Gorbatschows berücksichtigen. Das betreffe besonders die Sicherheitsvorkehrungen für das Territorium der ehemaligen DDR in einem vereinigten Deutschland. Man könne die russischen Truppen ja nicht einfach rauswerfen.

In einem bestimmten Ausmaß seien sowjetische und osteuropäische Interessen mit denen Westeuropas identisch.

Wir wollten, daß Deutschland in einen Sicherheitsrahmen eingebunden werde, um das Wiederaufleben des deutschen Militarismus zu unterbinden. Wir wollten den Fortbestand der amerikanischen Präsenz als Gegengewicht zur deutschen Militärmacht. Wir würden gern eine Begrenzung der deutschen Streitkräfte sehen, die sich die Deutschen nach Möglichkeit selbst auferlegen sollten. Wir hätten gern eine erneute Verzichterklärung Deutschlands auf atomare und chemische Waffen. Wir würden gern die Sowjetunion an Diskussionen über Europas künftiges Sicherheitssystem im Rahmen der KSZE institutionell beteiligen. Nicht zuletzt, weil auf lange Sicht (unter der Voraussetzung ihrer fortgesetzten Demokratisierung) die Sowjetunion als einzige Macht in Europa in der Lage sei, ein Gegengewicht zu Deutschland zu bilden.

Das lege den allgemeinen Konsens darüber nahe, das vereinigte Deutschland in die NATO zu übernehmen; und zwar mit einer Übergangslösung, die es der Sowjetunion gestatte, weiterhin Truppen in Ostdeutschland zu stationieren. Die Idee, das vereinigte Deutschland könne gleichzeitig Mitglied der NATO und im Warschauer Pakt werden, wurde schnell verworfen.

Man war sich auch klar über die Möglichkeit, daß Gorbatschow durch eine weniger gemäßigte Führung ersetzt würde. Wegen dieses Risikos sei es so wichtig, die gegenwärtigen NATO-Strukturen zu erhalten. Die Tatsache, daß sich im vergangenen Jahr alles so günstig für den Westen entwickelt habe, entbinde uns nicht von der Verpflichtung, uns weiterhin vor Schlimmerem zu schützen.

Eine andere Gefahr bestehe darin, daß die Sowjetunion die Diskussion in der „Zwei plus vier"-Runde über die NATO-Mitgliedschaft eines vereinigten Deutschland und über die Stationierung von Atomwaffen in Deutschland für sich ausbeuten werde, so daß sie zu tragenden Themen im nächsten deutschen Wahlkampf würden. Die öffentliche Meinung in Deutschland sei in beiden Punkten sehr sensibel, ganz besonders in der Frage der Atomwaffen.

Die schlimmsten Befürchtungen richteten sich auf die Gefahr, daß die NATO in den deutschen Wahlkampf hineingezogen werden könnte. Aus etwas positiverer Perspektive gesehen, lasse sich daraus auch erkennen, wie wichtig es sei, die Frage der Mitgliedschaft Gesamtdeutschlands in der NATO so schnell und präzise wie möglich zu klären.

Erstaunlicherweise wurde die Europäische Gemeinschaft nur am Rande erwähnt. Das deutsche Verhalten – „wir zahlen, also wollen wir auch bestimmen" – wurde von einigen Teilnehmern als Vorbote der deutschen Wirtschaftshegemonie in Westeuropa bewertet. Es gab unterschiedliche Ansichten darüber, wie ernst es die Deutschen mit ihren Beteuerungen meinten, sie wollten parallel zur deutschen Vereinigung ein politisch geschlossenes Europa – ob es nur Taktik sei, um die anderen zu beruhigen, oder der echte Wunsch, das latente nationalistische Potential eines vereinigten Deutschland in eine größere Sache zu integrieren.

Schlußfolgerungen.

Wir haben keine formellen Schlüsse gezogen. Das Gewicht der Beweise und Argumente gab vor allem denen recht, die hinsichtlich eines Zusammenlebens mit einem vereinigten Deutschland optimistisch waren. Wir wurden daran erinnert, daß es 1945 unser Ziel war, ein vereinigtes Deutschland mit einer demokratischen und nichtkommunistischen Regierung ohne seine Ostprovinzen zu bilden. Die Staaten Osteuropas sollten die Freiheit haben, ihre eigenen Regierungen frei zu wählen. Das haben wir 1945 nicht erreicht, aber jetzt haben wir beides bekommen. Wir sollten uns darüber freuen, ohne gleich überschwenglich zu werden.

Wir wurden auch daran erinnert, daß deutsch-britische Querelen seit dem Fall Bismarcks schädlich für Europa gewesen seien und daß sie nicht wiedererstehen dürften. Die Deutschen hätten reichlich Fehler und Charakterschwächen, aber sie seien heute eher bereit, das auch anzuerkennen.

Die tragende Botschaft war unmißverständlich: Wir sollten nett zu den Deutschen sein. Doch selbst die Optimisten waren nicht frei von Unbehagen. Sie sorgten sich nicht um die Gegenwart oder die unmittelbare Zukunft, sondern um eine fernere Wegstrecke, die sich unserer heutigen Einsicht entzieht.

Timothy Garton Ash

Wie es eigentlich war

Ein Teilnehmer der Thatcher-Runde äußert sich

(Aus: „Frankfurter Allgemeine Zeitung" vom 18. 7. 1990)

Ver-bloody-batim" („Verdammt wörtlich"): So soll ein britischer Minister das vertrauliche Protokoll des Seminars in Chequers beschrieben haben. Aber verdammt wörtlich ist es gerade nicht. Es ist eher ein Bericht aus der Feder von Charles Powell, Frau Thatchers Chefberater für Außenpolitik. Der Bericht schreibt einzelnen Teilnehmern keine spezifischen Ansichten zu, aber einige Ansichten allen. Und wie alle guten Berichterstatter in White Hall vollbringt Powell das Kunststück, diese reiche Cremesuppe mit ein wenig eigenem Salz zu würzen.

Ein Satz ist besonders würzig: „Noch weniger schmeichelhafte Attribute wurden als typischer Teil des deutschen Charakters erwähnt: Angst, Aggressivität, Überheblichkeit, Rücksichtslosigkeit, Selbstgefälligkeit, Minderwertigkeitskomplex, Sentimentalität." Nun, vielleicht wurden im Lauf einer langen Diskussion diese Attribute von einigen Teilnehmern erwähnt, zusammen mit vielen positiveren. Aber gewiß wurden sie nie in dieser Form aufgelistet, und es gab nichts, das einer kollektiven Sicht des „deutschen Charakters" nahegekommen wäre, wenn so etwas überhaupt existiert.

Wie ist es eigentlich gewesen? Frau Thatcher lud sechs unabhängige Deutschlandexperten ein, die alle als Historiker ausgebildet oder tätig sind, ihre Ansichten zu äußern. Eine ideologische Clique war das nicht. Die Gäste hatten unterschiedliche Ansichten zu Deutschland und unterschiedliche Ansichten zu Europa. Kenner werden wissen, daß die beiden führenden amerikanischen Fachleute Fritz Stern und Gordon Craig keineswegs identische

Auffassungen haben. Leser meiner Arbeiten werden wissen, daß meine Ansichten zur Europäischen Gemeinschaft sich scharf von denen der antieuropäischen „Bruges Group" unterscheiden, der Norman Stone, ein anderer Teilnehmer, angehört. Jeder sprach für sich selbst. Fritz Stern sagte nichts, das er nicht anderswo gesagt hätte, das er nicht schon in seinen bekannten Veröffentlichungen gesagt hat. Ich sagte nichts, das ich nicht anderswo gesagt hätte, das ich nicht schon geschrieben habe.

Doch am bemerkenswertesten an dieser so heterogenen Gruppe war der Grad an Übereinstimmung, den die Beantwortung der zentralen Fragen ergab. Hat Deutschland sich gewandelt? Wie sieht dieser Wandel aus? Was können wir vom neuen, vereinigten Deutschland erwarten? Wie der Hauptteil von Powells Protokoll durchaus zeigt, neigten sich die Waagschalen eindeutig zur positiven Seite. Es wurde erklärt, warum 1945 eine große Zäsur in der deutschen Geschichte war: wie mit Selbstbewußtsein und wachsendem Selbstvertrauen das demokratische Westdeutschland sich von seinen Vorgängern abhob. Übereinstimmend wurde festgestellt, die Vereinigung Deutschlands zu einem einzigen, demokratischen Staat, der an osteuropäische Staaten grenzt, die nun ebenfalls ihre eigenen Regierungen wählen, sei eine Entwicklung, die man von Herzen begrüßen müsse.

Natürlich kamen auch Sorgen gegenüber diesem neuen Deutschland zur Sprache. Historiker werden immer sowohl Kontinuitäten als auch Diskontinuitäten finden. Aber fast jeder Zweifel, fast jede Frage, die von den Gästen am Tisch in Chequers aufgeworden wurden, kann man auch in Bonn von bedeutenden deutschen Historikern, Journalisten und sogar von führenden Politikern hören. Denn wie mehrere Teilnehmer herausstellten, war eine der entscheidenden Stärken der Bundesrepublik ihre Fähigkeit zur ständigen, schonungslosen, manchmal fast masochistischen Selbstbefragung und Selbstkritik, die auf einer starken freien Presse und einer beispielhaft kritischen Geschichtswissenschaft basierten. So denke ich, ist es fair, wenn man sagt: Hätte Bundeskanzler Kohl selbst an dieser Besprechung teilgenommen, hätte er neunzig Prozent von dem, was gesagt wurde, zugestimmt oder doch als fairen Kommentar akzeptiert.

Für ein privates Treffen, bei dem einfach laut gedacht wurde, ist das kein schlechter Prozentsatz. Schließlich spricht jeder, wirklich jeder, ein bißchen anders über seine Nachbarn als zu ihnen. W. H. Auden bemerkt an einer Stelle: Wüßten Männer, was Frauen heimlich über sie sagen, würde die menschliche Rasse zu bestehen aufhören. Dasselbe könnte man fast über die Nationen Europas und die Europäische Gemeinschaft sagen. Hätten wir einen vollkommen freien Bericht zum Beispiel über die Diskussionen Präsident Mitterands mit französischen Intellektuellen über Deutschland, wäre der Prozentsatz, dem Kohl zustimmen könnte, auch nur annähernd so hoch? Oder was wäre mit einer vergleichbar freien Diskussion zwischen Kanzler Kohl und einigen deutschen Spezialisten über Großbritannien?

Die verbleibenden zehn Prozent sind ebenso sehr eine Sache des Stils wie des Inhalts, des Tones eher als der Analyse. Dies gilt natürlich erst recht für die Bemerkungen Nicholas Ridleys, wie der „Spectator" sie präsentierte. Wie es so geht, war Ridleys Analyse falsch. Aber auch wenn er recht gehabt hätte, hätte er falsch gelegen wegen der Form, in der er sie vortrug. Ich habe oft nachgedacht über diesen besonderen britischen Ton und Stil, wenn man über Deutschland und Europa diskutiert, einen Ton und Stil, den Ridleys Bemerkungen auf eklatante Weise spiegeln, ebenso wie die Präsentation im „Spectator" (die Karikatur von Kohl mit Hitler-Schnurrbart, der fast leichtfertige Ton des Interviews). Aber auch die persönliche Würze von Powells Protokoll spiegelt diesen Stil, wenn auch in einem viel geringeren Grad und in viel verständlicherer Weise.

Man sagt mir, dies sei eine Frage des Alters und der persönlichen Erfahrung. Und ohne Zweifel ist es leichter für jemanden meiner Generation, der ich nach dem Krieg geboren bin, das heutige Deutschland lieben und bewundern zu lernen und Freundschaften zu schließen, die die Vergangenheit nicht mehr belastet. Aber das allein erklärt noch nicht diesen besonderen britischen Ton, eine einzigartige Mischung von Ressentiment und Frivolität. Zum Teil mag man ihn aus der Geographie und der Geschichte erklären. Amerika ist weit genug weg und immer noch groß und mächtig genug, um dem Wiedererstehen Deutschlands als einer Großmacht in Mitteleuropa gelassen entgegenzusehen. Frankreich und erst recht Polen sind zu klein und relativ gesehen zu schwach, als daß sie es anders als todernst nehmen könnten. Aber Großbritannien ist irgendwo in der Mitte, nahe genug, um sich Sorgen zu machen, schwach genug, um gekränkt zu sein („Wer hat eigentlich den Krieg gewonnen?"), aber auch weit genug weg und immer noch selbstbewußt genug, um frei und beleidigend zu reden.

Diese leicht beleidigte Unbekümmertheit ist, wie so viele nationale Schwächen, die Kehrseite einer Stärke. Trotz einiger bemerkenswerter Ausnahmen sind die meisten deutschen politischen Reden und Kommentare immer noch so ernsthaft, gebildet, skrupulös und verantwortungsbewußt, daß sie besser sind als jede Schlaftablette. Britische politische Reden und Kommentare sind dagegen oft in großzügigem Maße amüsant, originell und ungehemmt. Aber diese Großzügigkeit ist im vorliegenden Fall fatal.

Es ist nicht nur eine schwere Beleidung der Spitzen und des Volkes eines demokratischen Deutschlands, Hitler an die Wand zu malen (oder auf die Überbleibsel der Mauer). Es ist auch in höchstem Maße kontraproduktiv. Solche Sauce macht das Fleisch substantieller Kritik nicht interessanter. Denn das ganze Menü wird dann gar nicht mehr gegessen. Keineswegs hört man aufmerksamer auf Großbritanniens Stimme in Europa. Im Gegenteil, man hört gar nicht mehr hin.

In gewissem Sinne ist die Krise dieses Juli nur ein weiteres Kapitel einer viel längeren Geschichte: der Geschichte, wie zahlreiche Gestalter der britischen Politik, unter ihnen mehrere Außenminister, außerordentlich hart daran gearbeitet haben, einen positiven, doch immer noch individuellen Beitrag zur Entwicklung Europas zu leisten, und wie diese Arbeit immer und immer wieder zunichte gemacht worden ist. Für dieses Ergebnis gibt es viele Gründe, in der Europäischen Gemeinschaft selbst, in dem Erbe vergangener Fehler, in der Labour Party ebenso wie in der Konservativen Partei, aber einiges an Verantwortung trägt ganz eindeutig Frau Thatcher. Bei ihr liegt der Schwarze Peter. Gerade ihr Problem sind jene zehn Prozent im Bereich von Ton und Stil, im Versagen bei der Suche nach einer eigenen Sprache für Großbritannien in Europa, einer Sprache, in der Kritik nicht automatisch zur Anklage wird und Lob nicht wie Tadel klingt.

Gerade die Tatsache, daß Frau Thatcher sechs unabhängige Experten für ein ganztägiges Seminar einlud und ihnen zuhörte, zeigt, daß sie ehrlich zu einem ernstzunehmenden, fundierten Urteil über diese außerordentlichen Entwicklungen in der Mitte Europas kommen und eine angemessene Antwort darauf finden möchte. Es gibt Leute, auch in Bonn, die sagen, daß ihre Interventionen in diesen Fragen im zweiten Quartal dieses Jahres gemäßigter, kenntnisreicher und hilfreicher gewesen sind als im ersten Quartal.

Aber jetzt geht es schon wieder darum, Schaden zu begrenzen.

Norman Stone

Recht geredet

Was Frau Thatcher fragen mußte

(Aus: „Frankfurter Allgemeine Zeitung" vom 19. 7. 1990)

Hegel hatte einen lichten Moment, als er von der schlechten Unendlichkeit des Partikularen sprach. Dies war unvermeidlicherweise der Satz, der einem am 24. März dieses Jahres in den Sinn kam, als ein britischer Premierminister sich Gedanken über die Folgen der deutschen Einigung machen mußte. Frau Thatcher ist eine bemerkenswerte Dame. Zuerst einmal ist sie eine Frau. Sie ist die erste Frau, die eine britische Regierung in der Hand hat, in einem Land, das traditionellerweise die Frauen auf die Regierung am häuslichen Herd beschränkt hat. Das ist eine sehr schwierige Rolle, und Kommentatoren haben das nicht immer bedacht. Frau Thatcher hat die Waffen der Frau stets mit einigem Geschick geführt. Erstens beginnt sie mit einer großen Wahrheit, vielleicht sogar mit einer unaussprechlichen. Zweitens weiß sie, daß unaussprechliche Wahrheiten nur beschränkt anwendbar sind, darum fragt sie die Experten.

Im Fall der deutschen Einigung gibt es in der angelsächsischen Welt zwei herausragende Experten. Da ist Gordon Craig, geboren in Schottland, ausgewandert nach Kanada und dann Professor in den Vereinigten Staaten, der sich mit Deutschland jenseits der Nordsee wie mit einem Vetter verbunden fühlt. Ich teile sein Gefühl. Er ist bestimmt der meistgelobte Historiker des modernen Deutschland und hat dieses Lob auch verdient. Denn er versteht die beiden Dinge, die an diesem Deutschland wichtig sind. Die Macht der Armee einerseits (er hat über Königgrätz geschrieben) und die Macht der Kultur andererseits (er kennt seinen Kleist, hat aber auch über jenen seltsamen Augenblick der Geschichte der

Universität Straßburg geschrieben, als sie so etwas war wie ein Goethe-Institut in Soldatenstiefeln, ein wenig zivilisiert durch Max Weber).

Und dann ist da Fritz Stern. Er ist eine sehr deutsche Figur. Ein skrupulöser Gelehrter, den man bei keinem Fehler ertappt und der sehr, sehr viel liest. Wegen seiner jüdischen Herkunft wurde er gezwungen, Deutschland zu verlassen und in die Vereinigten Staaten überzusiedeln, und daher versteht er, daß mit der Zivilisation, die Gordon Craig beschreibt, etwas nicht in Ordnung ist. Aber er ist ein Mann von hoher Intelligenz und von irenischem Temperament. Er trifft auf verwandte Geister im heutigen Deutschland, hält Reden vor dem Bundestag, die eher kritisch mit der deutschen Vergangenheit umgehen, aber er setzt Hoffnungen auf die Zukunft.

Es ist richtig, absolut richtig, daß ein britischer Premierminister, wenn er nicht recht weiß, was er tun soll, diese Experten fragen sollte. Ein oder zwei andere waren auch noch dabei. Ich selbst war da, zusammen mit Lord Dacre (Hugh Trevor-Roper), obwohl ich nicht glaube, daß meine eigene Rolle die Aufmerksamkeit verdient hätte, die natürlich Craig und Stern zuteil wurde. Denn, um es zu betonen, sie sind die beiden Männer, die Deutschland am besten verstehen.

Und nun entsteht aus all diesem common sense und all dieser allgemeinen Aufklärung öffentlicher Ärger. Um es noch einmal zu betonen: Hier ist ein britischer Premierminister, der alles versucht, um das Richtige zu tun. Frau Thatcher lädt Experten für das moderne Deutschland ein, um sie verschiedene Sachen zu fragen, bei einem angenehmen Lunch auf ihrem Landsitz Chequers. Das ist das England der guten alten Zeit: eine häusliche, heimelige Atmosphäre von vollständigem Vertrauen, vollständiger Vertraulichkeit, in etwas pompöser Umgebung. Man hat der Dame gesagt, daß sie nicht das Richtige tat, als die Mauer fiel. Jetzt sagt ihr jeder der Anwesenden, wie sie hätte reagieren sollen. Westdeutschland ist ein wundersames Geschöpf, an dessen Erschaffung die Briten ihren Anteil haben. Es ist in vieler Hinsicht das Modell von einem Land. Es kann uns, den Briten, viel beibringen, nicht zum wenigsten deswegen, weil Briten als Besatzer nach Nordwestdeutschland Tugenden exportierten, die zu Hause nichts galten, insbesondere gegenüber Gewerkschaften. Als die Mauer fiel, war von Frau Thatcher nur ein mürrisches Brummen zu hören. Wir alle sagten ihr, daß das nicht richtig war. Sie fragte uns, warum.

Und wir erklärten es ihr. Wir mußten ihr dies im Zusammenhang dessen erklären, was sie unter dem Begriff „der deutsche Nationalcharakter" verstand. Nun, ich, ein Historiker, verzeihe ihr das. Wie soll man die Geschichte sehen? Ist sie, wie eine von Prousts Figuren irgendwo bemerkt, nur „die Eierschale, die das Huhn betrachtet, wenn es ausgebrütet wird"? Soll man mit Balzac sagen, daß die Umstände alles sind und der Charakter nichts? Oder soll man sagen, was, wie ich denke, jeder ernsthafte Historiker behaupten würde, daß ein nationaler Charakter sich niemals wirklich ändert? Und was ist der deutsche Nationalcharakter? Und wie wird er die Zukunft beeinflussen?

Ich selbst halte sehr viel von historischen Kontinuitäten. Was England angeht, glaube ich, daß man etwas „Englisches" schon sehr früh erkennen kann, und für Schottland, wo ich herkomme, gilt das gleiche. Man kann das nationale Gesicht sogar im sechzehnten Jahrhundert sehen, als es zum ersten Mal repräsentativ gemalt wurde: Ich erkenne darin mein eigenes Gesicht. Es hat seinen Sinn, daß eine Frau, die dreiundsechzig Jahre alt ist, in England, einem Land, das für die meiste Zeit des zwanzigsten Jahrhunderts im Kampf mit dem deutschen Nationalcharakter gelegen hat, Historiker fragt, ob dieser Charakter böse ist und ob er die Dinge weiterhin vergiften wird. Genau das fragte sie. Man muß ihr zugute halten, daß sie die bekanntesten Historiker Deutschlands aus der angelsächsischen Welt fragte. Das Gespräch sollte vertraulich sein, blieb es aber nicht. Die Frage ist trotzdem eine gute Frage, gestellt von einer Frau aus dem praktischen Leben, die in der Wissenschaft und im Recht ausgebildet ist. Sie nimmt ihre Zeugen ins Kreuzverhör, sie stellt ernsthafte Fragen und tut damit genau das Richtige. Sie kann das mit einem gewissen Vertrauen darauf tun, daß England nach Thatcher ein Land sein wird, das man ernster nimmt als das England vor Thatcher. In ihrer Umgebung gibt es Verräter, die diese Frage Zeitungen zugespielt haben, die entweder feindlich gesinnt sind oder neutral. Mir tut es sehr leid. Nicht ihretwegen: Sie ist ein Kämpfer, ein Spezialist in der Operation, die ich am meisten bewundere, der Gegenoffensive. Aber mir tut es leid für eine Tradition von Herrschaft aus Vertrauen und in Vertraulichkeit, eine Tradition, für die die Briten einmal eine Ader hatten.

Und all das macht jetzt Schlagzeilen in Deutschland und England. Frau Thatcher steht als schlechte Europäerin da, und die Kommentare von Nicholas Ridley bestätigen das. Wir wollen eine Insel vor der Küste bleiben, sind an Europa nicht interessiert. Wir scheinen den Deutschen ihre künftige Großmachtstellung nicht zu gönnen.

Nun, keine Silbe davon ist richtig. Nicholas Ridley, Minister für Handel und Industrie, wird sich geärgert haben über die Tag für Tag einlaufenden Beweise, daß die deutsche Industrie besser arbeitet als unsere. Dann weinte er bitterlich. In diesem Land wird niemand unter sechzig und fast niemand über sechzig etwas anderes gesagt haben als: gut für die Deutschen. Frau Thatcher selbst, die verständlicherweise in der Falle eines Deutschlandbildes sitzt, das vom zwanzigsten Jahrhundert geprägt ist, hat sich gefragt, was man nun tun soll. Sie hat angefangen, indem sie eine Frage stellte, die die Propaganda zweier Weltkriege uns beigebracht hat: Warum ging es in Deutschland schief? Das ist eine gute Frage. Sie hat Deutsche des rechten Lagers beschäftigt: Michael Stürmer, der heute der Kopf von Bundeskanzler Kohls „thinktank“ ist, oder auch Joachim Fest, Herausgeber dieser Zeitung, und jeden angesehenen Historiker. Ich bin der Meinung, und nach hartnäckigem Streit überzeugten wir auch Frau Thatcher davon, daß alles in Ordnung ist. Deutschland ist ein Teil von Europa, und es tut seine Arbeit. Wir haben alle Anzeichen dafür. Jeder einzelne der Anwesenden stimmte zu: Deutschland ist jetzt ein sehr gutes Land, das dem Rest der Welt eine Menge beibringen kann. Warum es in den zwanziger Jahren und vielleicht schon in den neunziger Jahren nach Bismarck schiefgegangen ist, ist eine gute Frage. Ich wünschte, ich wüßte die Antwort. Und ich bin froh, daß ich die Arbeiten einiger ernst zu nehmender junger Historiker dieses Landes zu diesem Gegenstand gefördert habe, wie etwa die von Harold James und David Blackbourn.

Aber der Westen hat wirklich gewonnen. Es tut mir leid, daß der Sieg durch Kämpfe errungen wurde, nicht durch Argumente. Doch wir haben es Frau Thatcher beigebracht, daß Deutschland jetzt gänzlich eine Kraft im Dienste des Guten ist. Und den Deutschen sage ich: Sie, die Sie jetzt mit der ostdeutschen Umweltverschmutzung, der Arbeitslosigkeit und all den anderen Problemen aufräumen müssen, die Ihnen die Einigung einträgt, werden vielleicht ein wenig englische Sympathie gebrauchen können. Wenn alles stimmt, was wir Frau Thatcher erklärt haben, werden Sie die Sympathie bekommen. Es ist die schlechte Unendlichkeit des Partikularen. Und das Partikulare kostet Geld.

Fritz Stern

Die zweite Chance

Die Wege der Deutschen

(Aus: „Frankfurter Allgemeine Zeitung" vom 26. 7. 1990)

Charles Powells Bericht über Frau Thatchers „Deutschland-Seminar" hat großen Wirbel ausgelöst – und genau das Gegenteil von dem erreicht, was die beteiligten Historiker erhofft hatten: einen Beitrag zum besseren Verständnis einer welthistorisch neuen Situation zu leisten. Es liegt ja auf der Hand, daß die Zusammenfassung eines mehrstündigen Gespräches eher den Auffassungen ihres Autors entspricht und daß die Verkürzungen unwillkürlich Entstellungen erzeugen.

Gordon Craig und ich waren als amerikanische Historiker, die sich seit Jahrzehnten mit deutsch-europäischer Geschichte beschäftigen, eingeladen. Gerade als amerikanische Historiker haben wir den politischen Teil der Diskussion mit einer gewissen Distanz verfolgt, wenn auch bewegt von der langgehegten amerikanischen Hoffnung auf weitestgehende europäische Integration. In Chequers habe ich betont, was ich bei vielen anderen Gelegenheiten gesagt habe: Die deutsch-englische Entfremdung, das gegenseitige Mißtrauen, das in den neunziger Jahren des letzten Jahrhunderts entstand und dann in zwei Weltkriegen zu einem großen Haß verdichtet wurde – diese verstörten Beziehungen gehören zu den gewichtigsten, ja tragischsten Entwicklungen unseres Jahrhunderts. Um so wichtiger ist es, daß alte Vorurteile durch den neuen Aufschwung Deutschlands nicht noch einmal Unheil stiften; wir haben versucht, sowohl die Relevanz als auch die Irrelevanz der deutschen Vergangenheit klarzumachen.

Mißverständnisse sind durch die Veröffentlichung des Memorandums entstanden; daher mag es nützlich sein, wenn ich meine eigenen Gedanken kurz darstelle. Ich habe in Chequers nichts anderes gesagt als auch sonst, so in München am 24. November 1989 in der Aula der Ludwig-Maximilians-Universität: „Daß wir eine friedliche Revolution erlebt haben – vielleicht die erste in der modernen Geschichte Europas –, ist unbestreitbar. Wir sind Zeugen von welthistorischen Ereignissen [. . .], die mehr Menschen mit mehr Hoffnung erfüllt haben, als in unserem Jahrhundert gewöhnlich vorgekommen ist." Gerade die Selbstbefreiung der DDR und das Verlangen nach Wiedervereinigung müssen und sollen begrüßt werden. An „diese" Wiedervereinigung hat ja wohl kein Mensch gedacht: daß die Polen und Ungarn, ermutigt durch einen Prozeß, den ein großer sowjetischer Reformer einleitete, die Bürger der DDR zu einer friedlichen Revolution beflügeln konnten – wenn das kein Grund zur Begeisterung sein soll, hätte man jeden Sinn für Freiheit verloren. Die Wiedervereinigung stand ja nicht im Zeichen eines erneuten deutschen Nationalismus, sondern die Möglichkeit entstand durch den Bankrott einer Diktatur. Im Februar habe ich vor den Deutschlandexperten der amerikanischen Regierung mit gleicher Zuversicht gesprochen.

Dabei will ich in keiner Weise meine historischen Urteile zur deutschen Vergangenheit zurücknehmen. Gerade jemand, der sich mit dem Verspielen deutscher Größe und dem Versagen deutscher Eliten beschäftigt hat, hat das Recht und sogar die Pflicht, einen neuen Anfang zu begrüßen und Amerikaner wie Europäer zu warnen, nicht die Zukunft durch Erinnerungen an eine überwundene Vergangenheit zu gefährden. Daß deutsche Politiker trotzdem mit diesen Erinnerungen zu rechnen und auf sie Rücksicht zu nehmen haben, ist häufig genug in der Bundesrepublik und von der neuen Führung der Deutschen Demokratischen Republik betont worden.

Im April 1961 und im Sommer 1962 hatte ich das Glück, in den Archiven der DDR zu arbeiten. Seit jener Zeit empfinde ich ein besonderes Interesse an den Menschen der DDR und ihren Leiden. In meiner Rede am 17. Juni 1987 sagte ich, man solle „der klaren, mutigen Stimmen aus dem anderen deutschen Staat gedenken, die Menschenwürde und Menschenrechte fordern. Diese Stimmen kommen oft aus der Kirche, einer Kirche, für die die Lehre und das Beispiel Dietrich Bonhoeffers noch sehr lebendig ist." Ich empfinde noch heute große Hochachtung für Menschen, die um ihre Freiheit gerungen haben – in Not und Ungewißheit.

Der Gang zur Einheit kam mit ungeheurer Geschwindigkeit – auch ein Teil der zahlreichen Überraschungen und Unvorstellbarkeiten, die die letzten zwölf Monate kennzeichneten. Die Gefahr des Zusammenbruchs der DDR hat den Prozeß beschleunigt, aber die Bundesregierung hat eine einmalig günstige internationale Konstellation erkannt, um zielbewußt die friedliche Wiedervereinigung im Einvernehmen mit West und Ost zu erreichen. Eine beachtliche historische Leistung!

Daß der unvermeidliche Machtgewinn Deutschlands im Ausland auch Unbehagen hervorgerufen hat, ist selbstverständlich. Das Zögern bei der Anerkennung der Oder-Neiße-Grenze hat diesem Unbehagen Vorschub geleistet. Um so wichtiger ist es zu betonen, daß es sich um ein anderes Deutschland in einem anderen Europa handelt. In einem Interview mit „L'Express" Ende Juni dieses Jahres wiederholte ich, was ich an jenem 17. Juni gesagt hatte: „Die Geschichte der Bundesrepublik ist vielleicht die erfolgreichste Periode der modernen Geschichte Deutschlands; in dieser Geschichte hat die Bekehrung zu Europa und die Versöhnung mit dem Westen eine lebenswichtige Rolle gespielt."

Und doch: Stehen jetzt nicht noch größere Aufgaben vor der Bundesrepublik? Sowohl innen- und außenpolitisch: Was wird aus der ehemaligen DDR? Wie werden die wirtschaftlichen Probleme gelöst werden? Und wichtiger noch, wie werden die schon so lange geplagten Menschen aufgenommen werden, wie wird man eine psychische Vormundschaft vermeiden, wie beweisen, daß man Respekt und Verständnis gerade auch für jene Bürger hat, die im Oktober auf die Straße gingen, friedlich und doch ihres Lebens nicht sicher, unter dem mahnenden Motto „Wir sind das Volk"?

Kaum hatte Bismarck das große Werk der Gründung des Deutschen Reiches vollendet, als er durch den Kulturkampf alten Zwist neu verschärfte. Einen solchen Konfliktstoff gibt es heute nicht, dafür aber Gefahren durch Mißverständnisse, auch durch Ängste und Ressentiments. Aber auch außenpolitisch steht die neue Bundesrepublik noch vor großen Aufgaben. Das neue Deutschland hat diese Macht nicht angestrebt; entstanden ist sie zum Teil durch den Zusammenbruch des russischen Imperiums und dank der aus innenpolitischen Gründen verminderten Macht der Vereinigten Staaten. Das jetzt freie Deutschland ist zwar weiter Mitglied der sich tiefgreifend verändernden NATO, aber es hat auch besondere, bis zum nächsten Jahr vertraglich festzulegende Beziehungen zur Sowjetunion. Es gibt heute drei Machtzentren in der Welt: Washington, Bonn, Moskau (Tokio bleibt ein isolierter Riese). Wie wird diese neue Machtposition der Bundesrepublik sich auf ihre europäische Politik auswirken? Bleibt das deutsche Engagement für die Europäische Gemeinschaft unberührt? Wird das von Gorbatschow früher so oft erwähnte „gemeinsame Haus Europa" einen deutschen Haupteingang haben?

Der Kaukasus-Besuch des Bundeskanzlers war notwendiges Vorspiel zur deutschen Einigung und ein großartiger Sieg für die Bundesrepublik und ihre westlichen Verbündeten. Und doch hat auch er Befürchtungen geweckt. Wie weit waren die Alliierten – oder zumindest die Amerikaner – vorinformiert über den Inhalt des deutsch-russischen Abkommens? Es gibt verläßliche Hinweise, daß nicht alles abgesprochen war. Sicher haben Ton und symbolisches Auftreten zu diesem Unbehagen beigetragen. War da nicht ein Hauch Bilateralismus, eine Andeutung deutscher Sonderstellung innerhalb des westlichen Bündnisses? Mußte der Kaukasus der Ort sein, an dem Bundeskanzler Kohl verkündete, daß am Tage der deutschen Einheit sämtliche Rechte der Alliierten erlöschen? Das alles ist in der Substanz einwandfrei, aber auch Stil und Ton sind wichtig. Und ein gewisses Unbehagen ist selbst in Amerika zu spüren, in allen Medien.

Das neue Deutschland hat kein „Berlin-Problem" mehr, keine Sorge mehr, daß andere die deutsch-deutschen Beziehungen belasten könnten. Es hat die Macht und den Spielraum gewonnen, sich der meisten bisherigen Beschränkungen entledigen zu können. Erst jetzt stellt sich die wirkliche staatsmännische Aufgabe: Wie wird die Bundesrepublik mit ihrer neuen Macht umgehen?

Die Selbstbefreiung Osteuropas, der Untergang des kommunistischen Systems und die erneute Anerkennung der großen Vorzüge der Marktwirtschaft haben auch vielen Amerikanern ein gewisses Triumphgefühl vermittelt. Allerdings wird dieses gedämpft durch die ernüchternde Feststellung, daß die eigene Wirtschaft und die eigenen sozialen Verhältnisse beträchtlichen Schaden gelitten haben. Hier (und noch mehr in England) bemerkt man gelegentlich, daß die Besiegten von gestern die Sieger von heute sind.

Aber sollte man nicht eher eine gewisse Zuversicht in eine gemeinsame Zukunft haben? Gewiß ist es zunächst vor allem Deutschland, dem etwas ganz Seltenes zugestoßen ist: Es hat eine zweite Chance erhalten. Dies Jahrhundert endet, wie es anfing, mit einem großen deutschen Vorsprung in Europa, gestützt auf Wirtschaft, Technik und menschliche Leistungsfähigkeit. Nun haben Deutschland und Europa die zweite Chance, ihre wahren Werte in Frieden und Freiheit zu sichern – und zwar unter sehr viel besseren Bedingungen als im Zeitalter des groben Nationalismus vor 1914. Eine für Europa mörderische Vergangenheit sollte Mahnung und Ermutigung sein, diese Chance wahrzunehmen.

Ernst Nolte

„Untergang" der Bundesrepublik?

Zur Frage der Kontinuität in der Nachkriegsgeschichte

(Aus: „Frankfurter Allgemeine Zeitung" vom 5. 9. 1990)

Niklas Luhmann hat in dieser Zeitung einen „Nachruf auf die Bundesrepublik" umrissen (Geisteswissenschaften vom 22. September 1990), da nach seiner Auffassung die Bundesrepublik mit der Wiederherstellung der Einheit Deutschlands an ihr Ende gelangt sei, nicht anders als die DDR. Auf den ersten Blick spricht wenig für diese Auffassung: Zwei Staaten gehen gemeinsam unter, wenn sie sich aus freiem Entschluß zu einem neuen Staat vereinigen. Aber die DDR war nicht mehr frei, seitdem das SED-Regime am 9. November 1989 unter dem Druck riesiger Demonstrationen die Mauer geöffnet und Reisefreiheit gewährt hatte. Jetzt trat nämlich auf anschauliche Weise die elementarste aller deutschen Grundtatsachen in den Blick: daß die DDR im Vergleich zum „Wohlstandsgebiet" der Bundesrepublik ein heruntergewirtschaftetes „Notstandsgebiet" war; wenn die Regierung Modrow an der Eigenstaatlichkeit festgehalten hätte, würde das Ausbluten der DDR sich auch nach einer Beendigung der politischen Unterdrückung fortgesetzt haben.

Die DDR glich seither einem Ertrinkenden, und ein Ertrinkender kann keine „Bedingungen" stellen; die Rettungsaktion ist keine Vereinigung zweier selbständiger Partner. Die DDR tritt daher in ihren neugebildeten Ländern der Bundesrepublik bei, und der Vorgang unterscheidet sich nicht grundsätzlich vom Beitritt des Saarlandes im Jahre 1957. Gewiß wird das Hinzukommen von nahezu siebzehn Millionen Menschen die wichtigste und folgenreichste Veränderung bedeuten, die es in der Geschichte der Bundesrepublik je gegeben hat; aber es ist ein Vorgang innerhalb der Geschichte der Bundesrepublik, und er bringt diese Geschichte mithin nicht an ihr Ende.

Gleichwohl gibt es Gesichtspunkte, die eine Überprüfung dieser einfachen und ganz gegenwartsbezogenen Feststellungen erforderlich machen, und dabei handelt es sich um historische Hauptperspektiven, die nur durch Abstandnahme vom Bild der unmittelbaren Gegenwart zu gewinnen sind.

Die erste dieser Perspektiven läßt die Behauptung gerechtfertigt erscheinen, daß die DDR nur deshalb zu einem Notstandsgebiet wurde, weil die Amerikaner bei der Potsdamer Konferenz im Gegenzug zu der von ihnen „provisorisch“ anerkannten Abtrennung Ostdeutschlands durch die Sowjetunion und zum Schutz der westlichen Besatzungszonen die Bestimmung durchsetzten, daß das Gebiet der späteren DDR zur „Reparationsprovinz“ für die durch den Krieg besonders schwer getroffene Sowjetunion wurde. Jene „Rettungsaktion“ hätte also in Wahrheit wenig Ähnlichkeit mit der Hilfe für einen Ertrinkenden; sie wäre nichts anderes als die Erfüllung des Wiedergutmachungsanspruchs der benachteiligten Deutschen gegenüber den zufällig Bevorzugten, da der Zweite Weltkrieg doch von allen gemeinsam verloren worden war. Die Bundesrepublik mag wirtschaftlich so prosperierend sein wie nur möglich; sie unterscheidet sich als einer der Nachfolgestaaten des Dritten Reiches nur dem oberflächlichen Anschein nach von der DDR; in dem Augenblick, wo die Sowjetunion sich zurückzieht, werden die beiden Staaten wieder gleichranging, und ihre Vereinigung schafft etwas Neues, indem sie etwas Altes wiederherstellt.

Diese Perspektive indessen ist nicht die einzige, und sie ist nicht die entscheidende. Die DDR war auch ein „sozialistischer Staat“, und ihr Wirtschaftssystem hat offenbar ganz wesentlich dazu beigetragen, daß sie ein Notstandsgebiet wurde. Der Sozialmus war ihr jedoch nicht bloß von außen auferlegt. Alle deutschen Parteien, auch die CDU der Westzonen, verurteilten 1945 und 1946 „das kapitalistische Wirtschaftssystem“, und die meisten suchten die Rettung im Sozialismus. Sozialismus aber ist (und Niklas Luhmann weist mit Recht darauf hin) das „Jahrhundertexperiment einer ethischen Steuerung der Wirtschaft" – geschlagene Gegner sollte man nicht beschimpfen und herabsetzen, wie jede Kriegspropaganda es tut, sondern man sollte gerade die starken Seiten herausstellen und zu verstehen suchen.

„Sozialismus" war nach dem Kriege die Hoffnung von vielen Millionen Menschen, nicht nur in Deutschland. Zwar erstrebte man überwiegend einen „freiheitlichen Sozialismus" und einen „deutschen Weg zum Sozialismus", und man wollte keinesfalls in die Unterdrückung einer Staats- und Kriegswirtschaft zurück. Aber in einem Punkte waren sich nahezu alle Versionen der sozialistischen Idee seit dem frühen neunzehnten Jahrhundert einig gewesen: daß es darauf ankomme, „das Privateigentum (an Produktionsmitteln) abzuschaffen" und in einer Planwirtschaft die Befreiung von den Ungleichheiten und Zufälligkeiten der „anarchischen" Marktwirtschaft zu suchen. Der sowjetische (und später der chinesische, nordkoreanische, kubanische) Sozialismus war also nicht eine „Deformation", sondern die unter den gegebenen Verhältnissen konsequente Verwirklichung der Idee.

Wenn die Deutschen in der späteren Bundesrepublik diesen Weg nicht gingen, so war das nur zu einem kleinen Teil auf die Vorkämpfer der „Sozialen Marktwirtschaft" zurückzuführen, sondern in erster Linie auf den Willen der Amerikaner, und sogar in deren Reihen gab es nicht ganz wenige Antikapitalisten und Sowjetfreunde. Wenn die Bundesrepublik heute so viel besser dasteht als die DDR, so liegt der Grund nicht ausschließlich darin, daß ihr Lasten erspart blieben, welche die DDR zu tragen hatte, sondern wichtiger ist die Tatsache, daß sie das weitaus effizientere, freilich auch „ungerechtere" Wirtschaftssystem besitzt – sofern man Gerechtigkeit als Gleichheit versteht. In dieser Perspektive ist die Vereinigung der beiden Staaten nichts anderes als ein Anschluß der DDR an die Bundesrepublik. Aber die Stärke, die diesen Anschluß möglich macht, ist nicht in erster Linie den Bewohnern der Bundesrepublik als Verdienst zuzurechnen. Sie entwickelte sich als Teil eines weltweiten Geschehens, das – nicht ganz zu Recht, wie nur in ausführlichen Darlegungen zu zeigen wäre – als Triumph der Vereinigten Staaten bezeichnet werden könnte.

Erst in einer dritten Perspektive wird die wirkliche Unterschiedenheit und Eigenart der Bundesepublik sichtbar. Die Abtrennung von nahezu einem Viertel des ehemaligen Reichsgebiets und die Austreibung der Bevölkerung haben einen Tatbestand geschaffen, den man als die „Westverschiebung Deutschlands" (genauer: die Westverschiebung innerhalb Deutschlands) kennzeichnen kann. Zum ersten Mal seit dem späten Mittelalter liegt der Schwerpunkt Deutschlands nach Bevölkerungszahl und ökonomischer sowie politischer Potenz wieder im Westen und Süden. Dieser Tatbestand ist fundamental, und eine Änderung könnte nur durch eine neue „Ostkolonisation" erfolgen; sie ist also nicht nur faktisch unmöglich, sondern nicht einmal wünschbar. Das bedeutet aber nichts anderes, als daß die Bundesrepublik auch dann der deutsche „Kernstaat" wäre, wenn die politische und intellektuelle Öffentlichkeit einhellig diesen Begriff aufgegeben hätte, so daß die Vereinigung ausschließlich aus ökonomischen Gründen zustande gekommen wäre. Das war indessen nicht der Fall, und unter diesem ausschließlich deutschen Gesichtspunkt ist die Bundesrepublik tatsächlich der Kernstaat, dessen Geschichte in ungebrochener Kontinuität weitergeht, nachdem er den abgesprengten, amputierten und auf einen falschen Weg geratenen Randstaat wieder an sich gezogen hat.

Jede der drei Perspektiven führt zu einem anderen Resultat: Untergang auch der Bundesrepublik in einer neuartigen Synthese; uneingeschränkter Sieg eines der zwei antagonistischen Weltwirtschaftssysteme in einem Deutschland, das sich schon in naher Zukunft von dem „kapitalistischen" Osteuropa kaum noch stärker unterscheiden würde als von den Vereinigten Staaten und von Westeuropa; Beitritt der DDR zu dem durch die „Westverschiebung" grundlegend veränderten Deutschland der Bundesrepublik. Luhmann sieht diese Bundesrepublik nicht nur durch ihre Wirtschaftsordnung, sondern auch durch „die Gewohnheit zu protestieren" charakterisiert. Aber wichtiger als die Proteste war die Tatsache, daß es immer Kräfte gab, die sich, sei es auch vielleicht auf allzu „flexible" Weise, gegen die Proteste zu behaupten und durchzusetzen verstanden, so zuletzt in der Frage der „Nachrüstung", deren Entscheidung vermutlich eine der wichtigsten Ursachen für die sowjetische „Perestrojka" war. In der DDR brach die Regierungsgewalt zusammen, als sie nach jahrzehntelanger totaler Herrschaft nicht mehr in der Lage war, Proteste vollständig zu verhindern; in der Bundesrepublik dagegen führten Proteste und Regierungsgewalt – auf dem geistigen Felde Linksintellektuelle und Rechtsintellektuelle – eine Art „Doppelstrategie" und förderten dadurch, wenngleich teilweise sehr wider Willen, die Vereinigung. Die einen machten die DDR-Propaganda gegen den „kriegslüsternen und neofaschistischen" Staat unglaubwürdig, und die anderen verhinderten die Haltlosigkeit, die aus einem vollständigen Sieg der Protestierenden hervorgegangen wäre; auch darin artikulierte sich eine Identität der Bundesrepublik, die sich auf die DDR ausdehnen wird.

Der faktische Verlauf ist in seinen Grundzügen und Alternativen leicht vorauszusehen: Das Notstandsgebiet wird durch gewaltige Subventionen innerhalb weniger Jahre zum Blühen gebracht werden, falls kein Konjunktureinbruch erfolgt; der „Kapitalismus" wird wie ein Sturmwind über die DDR hinweggehen, wird die Gesellschaft ökonomisch entnivellieren und über kurz oder lang wohl auch jene „Ernsthaftigkeit" zerstören, die das beste Erbe der DDR-Einwohner aus den vier Jahrzehnten separater Geschichte ist. Selbst wenn es denjenigen politischen Kräften in der Bundesrepublik, die aus der Hoffnung auf einen „besseren Sozialismus" heraus bis vor kurzem der Zweistaatlichkeit anhingen, gelingen sollte, auf Umwegen oder durch einfache Mehrheiten wesentliche Verfassungsänderungen durchzusetzen, wird das künftige Deutschland sehr viel mehr der Bundesrepublik ähnlich sein als der ehemaligen DDR. Deshalb ist dem dritten und am ehesten politischen Gesichtspunkt die größere Wichtigkeit zuzuschreiben, und das Ergebnis müßte lauten, daß die Bundesrepublik nicht untergeht, sondern in Gesamtdeutschland ihre Fortsetzung findet.

Aber faktische Wahrscheinlichkeiten, ja Notwendigkeiten können im politischen und historischen Bereich nicht das letzte Wort darstellen. Eine Realität, die kein angemessenes Selbstverständnis entwickelt und dafür kein Symbol zu finden vermag, ist keine politische und historische Realität. Die Hilfe für ein innerstaatliches Notstandsgebiet bedarf keines Symbols; sie sollte eine Selbstverständlichkeit sein. Der Triumph des liberaldemokratisch-kapitalistischen Systems im Sinne Fukuyamas wäre von vornherein über jede Symbolisierung hinaus, wenn er auch schwerlich ohne Gegentendenzen bleiben würde. Die „Westverschiebung Deutschlands“ dagegen muß einen symbolischen Ausdruck finden, sofern Deutschland ein Staat sein will, obgleich kein vollständig souveräner und ungebundener Staat. Und hier kommt die Hauptstadtfrage ins Spiel.

Diese Frage kann nicht schon durch frühere Bundestagsbeschlüsse entschieden sein, denn es ist mit Recht darauf hingewiesen worden, daß vergleichbare Resolutionen auch hinsichtlich der Gebiete jenseits von Oder und Neiße gefaßt worden sind und daß sie allesamt in ihrem Kontext gesehen werden müssen, demjenigen des Kalten Krieges.

Wenn Bonn als Hauptstadt und Regierungssitz bestimmt würde, so wäre das die denkbar stärkste Symbolisierung jenes fundamentalen Tatbestandes der „Westverschiebung Deutschlands“. Hauptstadtansprüche sind keine Ewigkeitsansprüche. Als die kleindeutsche Einigung durch Bismarck kurz vor dem Vollzug stand, machte in Südbaden, dem ehemaligen Vorderösterreich, der folgende Vers die Runde: „Herr Bismarck, Herr Bismarck, wir gehn nicht nach Berlin. Es gibt nur eine Kaiserstadt, und die heißt Wien.“ Ein solches Empfinden könnte heute für Bonn sprechen, obwohl natürlich Frankfurt in weit stärkerem Maße so etwas wie eine „altdeutsche“, westdeutsche, an das späte Mittelalter und wohl auch an das „Dritte Deutschland“ der Nicht-Österreicher und Nicht-Preußen anknüpfende Tradition verkörpert. Aber als Widerstreben gegen das Aufgeben eines Gewohnten kann dieses nostalgische Empfinden auch zugunsten von Berlin wirken.

Bonn wäre jedoch vermutlich ein allzu sichtbarer „Abschied“ von der bisherigen und in Zuneigung oder Abneigung noch lebendig vorhandenen deutschen Geschichte, soweit sie nicht Geschichte der Bundesrepublik ist – von der Geschichte des Bismarck-Reiches, der Weimarer Republik und des „Dritten Reiches". Nicht einmal die ernsteste aller Befürchtungen wird vermutlich durchschlagend sein: daß Berlin in seiner vorauszusehenden Entwicklung zur Fünf- oder Sechsmillionenstadt auf die Dauer ebensowenig die Hauptstadt einer genuinen Föderation sein kann, wie es in der Bismarckzeit, während der Weimarer Republik und unter der nationalsozialistischen Diktatur der Fall war; auch unter Bismarck und Otto Braun war Berlin vor allem die Hauptstadt des Einheitsstaates Preußen, der zwei Drittel des Reichsgebiets umfaßte.

Berlin als Hauptstadt und Bonn als Regierungssitz wären wohl die angemessenste Symbolisierung für einen neu-alten Staat, der sich zwischen der Metropole an der Ostgrenze und einem kleinstädtischen „Den Haag" an der Westgrenze erstrecken würde. Eine Gefährdung der bundesstaatlichen Tradition wäre kaum noch vorstellbar, und die „Westorientierung" wäre keine bloße Faktizität.

Aber der Drang nach Einheitlichkeit und Konzentration ist vermutlich ein dauerhafteres Merkmal der Moderne als die Tendenz zur „Regionalisierung". Die schwächste und deshalb vielleicht am ehesten annehmbare Symbolisierung wäre der Name „Bundesrepublik Deutschland" für den neuen Staat, der eine Fortsetzung des einen der beiden früheren Staaten ist.

Wer in Distanz zu der unmittelbaren Politik lebt – sei es als Wissenschaftler oder als Künstler –, sollte Alternativen entwickeln und klären, aber nicht bestimmte Entscheidungen durchzusetzen versuchen. Zwei Zukunftsalternativen aber erscheinen mir unheilvoll, und ich möchte vor ihnen warnen. Wenn ganz auf ein Symbol für eine unaufhebbare Tatsächlichkeit verzichtet wird, wenn also die Bundesrepublik ebenso wie die DDR als „untergegangen" gelten kann, dann wird eine Auffassung an Kraft gewinnen, die auch heute schon vorhanden ist: daß die Geschichte Deutschlands von 1945 bis zur Gegenwart nichts anderes als die Geschichte einer Fremdherrschaft war und daß die Feinde von gestern und heute den Deutschen ein schlimmes Unrecht antun, indem sie sie zwingen, in einem furchtbar verstümmelten Lande zu leben. Im Gegenzug zu einer so „reaktionären“ und doch so neuartigen Tendenz könnten sich dann alle „Progressiven“ zusammenfinden, um Deutschland zu einem Lande zu machen, in dem jede wirkliche Erinnerung an die deutsche Geschichte ebenso ausgelöscht wäre wie die authentische, also nichtpropagandistische Auseinandersetzung mit ihr.

In Wahrheit aber haben die Deutschen dreimal in der vordersten Linie jenes welthistorischen Dramas mitgewirkt, das durch die stärkste und bewegendste Initiative des zwanzigsten Jahrhunderts ausgelöst wurde, durch den großen und erst sehr allmählich in seinem Scheitern allgemein erkennbar werdenden Versuch einer Verwirklichung des uralten Menschheitsgedankens, des Sozialismus, in Rußland und den von Rußland beherrschten oder beeinflußten Gebieten der Welt. In der Weimarer Republik waren sie auf einem zukunftsvollen und paradigmatischen, aber auch besonders gefährdeten Weg; im Dritten Reich spielte ihre Mehrheit die unheilvolle Rolle des nachahmenden Hauptfeindes; erst in der Bundesrepublik gelangten sie in Gemeinschaft mit den Westmächten auf eine bessere und erfolgreichere Bahn. Welches Symbol immer sie wählt: Die Bundesrepublik sollte sich selbst nicht aufgeben und ihre Geschichte nicht verleugnen. Dann wird sie im definitiven Rückblick auch der Geschichte der DDR gerecht werden können.

Hans-Peter Schwarz

Das Ende der Identitätsneurose

(Aus: „Rheinischer Merkur“ vom 7. 9. 1990)

Vor gut zehn Jahren formulierte Richard von Weizsäcker: „Die deutsche Geschichte geht weiter.“ Viele haben den Gedanken damals weitergesponnen. Nicht, weil er offenkundig Selbstverständliches ansprach – die Geschichte geht schließlich immer weiter –, sondern weil er darauf aufmerksam machte, daß das Unerwartete eintreten kann. Das ist geschehen, allerdings auf ganz andere Art und Weise, als jedermann vermutet hat. Jetzt, da der Einheitsvertrag unterzeichnet ist und der Termin des 3. Oktober festliegt, läßt sich das Unerwartete in verfassungsrechtlicher Terminologie präsizieren: Die deutsche Geschichte geht weiter als Geschichte der Bundesrepublik Deutschland.

Perfekte Kontinuität, wohin man blickt! Es bleibt das bewährte Grundgesetz, die elastische Wirtschafts- und Sozialordnung, es bleibt die Westbindung in die Europäische Gemeinschaft und die NATO. Wahrscheinlich wird sogar der Regierungssitz in Bonn bleiben.

Nach einem langen Umweg kehrt damit die Deutschlandpolitik zu ihren Ursprüngen zurück. Anfangs hatte man das ja allgemein so gesehen – die Bundesrepublik als allein legitimierter, demokratischer Verfassungsstaat. „Kernstaat“ nannte man das damals. Die Bundesrepublik Deutschland – das war vorerst das, was vom Deutschen Reich übrig geblieben war. Doch dieses amputierte Deutschland im Westen war politisch höchst anziehend, wirtschaftlich leistungsfähig, sozialpolitisch ungemein attraktiv, international respektiert, von Bevölkerungszahl und Wirtschaftskraft her ein durchaus starkes Land.

Auf der anderen Seite die „Ostzone“ – unterdrückt, ausgesogen, mit einem ebenso unpraktischen wie ungewünschten Wirtschaftssystem ausgestattet. Auch ein vergleichsweise kleines Gebiet. Bloß 17 Millionen Deutsche gegenüber 52 Millionen im Westen. Eine typische Irredenta also. Mußte der große Kernstaat nicht nach allen Gesetzen der politischen Physik die geplagten Landsleute in der DDR gleichsam magnetisch anziehen? Konrad Adenauer und Jakob Kaiser, Kurt Schumacher, Carlo Schmid und Theodor Heuss – sie und viele mit ihnen glaubten damals an diese Art von „Magnettheorie".

Der Magnetismus tat auch durchaus seine Wirkung, wie die Flucht von rund 2,2 Millionen Deutschen aus der DDR allein in den Jahren 1952 bis 1961 hinlänglich verdeutlichte. Doch dann kamen die Mauer, die zwangsläufige Resignation und die Anerkennung der Realitäten.

Bald wollte in der Bundesrepublik niemand mehr so recht glauben, daß die DDR – so der weitblickende de Gaulle – ein „künstliches" Gebilde war. Wie künstlich und wie schwach dieser Zwangsstaat tatsächlich war, zeigte sich aber sofort in dem Augenblick, als der aufgeblasene Ballon im Sommer 1989 in Ungarn, der Tschechoslowakei und Polen die ersten Löcher bekam. Schon nach wenigen Wochen war die Luft heraus, und der „erste Arbeiter- und Bauernstaat" sackte wie eine leere Hülle zusammen. Eine Serie mutiger Großdemonstrationen, ein unbewaffneter Sturmangriff auf die Berliner Mauer – und aus war es mit der Herrlichkeit. Wie ausschlaggebend bei dem allen die sowjetische Entscheidung war, an dem nie recht lebensfähigen Gebilde der DDR nicht länger festzuhalten, ist bekannt.

Mit langer historischer Verspätung hat sich somit die ursprüngliche Erwartung bestätigt, daß ein zweiter deutscher Staat mit allen seinen Handicaps von Totalitarismus und Sozialismus dem Magneten Bundesrepublik nicht zu widerstehen vermag. Als der „russische Limes" (Horst Krüger) noch nicht oder nicht mehr hielt, gab es nur zwei Alternativen: Entweder laufen die Leute weg, oder das Unternehmen muß liquidiert werden. Das war 1961 ebenso zutreffend wie 1989/90. Eine DDR mit offenen Grenzen wäre bald entvölkert gewesen. Insofern hat es seine innere Logik, daß die politischen Mehrheiten in Ost-Berlin den objektiv nicht lebensfähigen Staat liquidieren und das, was davon übrig ist, in die Bundesrepublik überführen. Eine andere Option besteht überhaupt nicht.

Man schätzt den Gesamtvorgang jedoch nicht richtig ein, wenn man ihn allein in deutscher Perspektive bewertet. In Wirklichkeit geht heute in Ostmitteleuropa, in Osteuropa und in der Sowjetunion das größte Sozialexperiment des 20. Jahrhunderts zu Ende. Der Kommunismus als Staats- und Gesellschaftsmodell hat kollabiert. Keiner außer den Nutznießern weint ihm eine Träne nach. Gottfried Benn hat seinerzeit die Dekolonisierung mit dem unvergeßlichen Vers kommentiert: „. . . und die Räuberwelten versinken von Capetown bis Shanghai." Die Räuberwelten versinken – wenigstens von Erfurt bis Wladiwostok beschreibt das kurz und knapp, was sich heute abspielt. Und jene größeren oder kleineren Völker, die sich nun inmitten dieses weltgeschichtlichen Debakels finden, wissen in ihrer Not nicht aus und ein.

So gesehen, ist die Diskussion über angeblich bewahrenswerte „Identität der DDR", um „aufrechten Gang in die Einheit" und anderes mehr ein ziemlich törichtes Gerede. Anders als alle anderen Völker des zusammengebrochenen Ostblocks haben die Deutschen in der DDR das einzigartige Glück, einem stabilen und leistungsfähigen Staat beitreten zu können. Die 45 Artikel des Einigungsvertrages führen im einzelnen auf, daß alles bereit steht zur Angleichung der Lebensverhältnisse, einschließlich der sozialen Sicherungssysteme, flexibler Übergangsbestimmungen und erheblicher finanzieller Leistungen.

Nicht eine Bewahrung von DDR-Identität kann in dieser Lage das Ziel sein. Es geht genau umgekehrt darum, die Sanierung der Politik, der Wirtschaft und der Seelen so gut und so nachhaltig durchzuführen, daß wenigstens die schlimmsten Spuren der DDR in absehbarer Zeit getilgt sind. Vergessen wird man diese zweite deutsche Diktatur im 20. Jahrhundert freilich genauso wenig wie die erste. Wie es dem Dritten Reich heute noch ergeht, wird es auch der DDR ergehen. Gottfried Keller hat dazu in einem eigenartigen Gedicht mit dem Titel „Die öffentlichen Verleumder" die dann wohl vorherrschende Stimmung einprägsam formuliert:

„Wenn einstmals die Not,
Lang wie ein Eis gebrochen,
Dann wird davon gesprochen
Wie von dem schwarzen Tod."

Schädigungen beseitigen, verdorbenes Leben zurechtbringen, seelische Wunden aus den Zeiten von Diktatur und Einschließung heilen – das ist die Aufgabe. Die DDR selbst mitsamt ihrer KZ-Identität fährt in den Orkus. Doch die materiellen und geistigen Folgen dieses Experiments, das Millionen ihr Leben gestohlen hat, können in der Tat nur in einem langen Übergangsprozeß beseitigt werden, der viel politischen Einsatz, viel Verständnis und auch viel Geld kosten wird.

Die rechtlich einklagbaren Bestimmungen des Einigungsvertrages haben dabei gewiß eine wichtige Schutzfunktion. Auch mit mehr Zeit hätte der Gesetzgeber wahrscheinlich kein besseres Ergebnis erreichen können.

Doch die Interessen der Deutschen in der ehemaligen DDR werden nicht allein durch den Einigungsvertrag geschützt. Genauso wichtig sind die im parlamentarischen System eingebauten Mechanismen. Die um die DDR erweiterte Bundesrepublik wird ein System darstellen, in dem der politische Wettbewerb im Bund und in den Ländern nie zur Ruhe kommt. Die Mehrheiten im Bundestag und im Bundesrat sind über die Jahrzehnte hinweg relativ schmal gewesen, genauso die Mehrheiten in vielen Ländern. Alle Parteien wissen deshalb, daß die DDR das Zünglein an der Waage bildet. In den Ländern der ehemaligen DDR leben genügend Wähler, die mit ihren Stimmen dem einen oder dem anderen Parteilager zur Mehrheit verhelfen können. Somit wird der Parteiegoismus eine der wichtigsten Antriebskräfte zur spürbaren Verbesserung der Lebensverhältnisse darstellen.

Das große Fragezeichen liegt jedoch darin, ob es gelingt, die Länder und Kommunen der DDR zu gestaltungsfähigen Zentren der politischen Willensbildung zu machen. Nur die neuen Länder können zusammen mit den Gemeinden jenen Neubau durchführen, der allenthalben dringlich ist. Industriepolitik, Verkehrspolitik und Umweltpolitik, Verwaltungsreform und Kommunalpolitik, Schulreform und Hochschulreform – die Dringlichkeitsliste hat kein Ende.

Der Einigungsvertrag sieht dabei zwar Hilfe und günstige Übergangsregelungen vor, auch Unterstützung durch die westdeutschen Bundesländer. Doch anders als die ehemalige DDR ist die Bundesrepublik eben ein Bundesstaat, der – unbeschadet der Zuständigkeiten des Bundes – die Länder und die mit ihnen verbundenen Gemeinden zu ihres Glückes Schmied macht.

Die Erwartung, nach dem Beitritt müßte und könnte nun nur noch der Bund für alles verantwortlich sein, was die zerbröckelnde Zentralregierung in Berlin nicht mehr zu leisten vermag, würde rasch enttäuscht. Ob sich die ehemalige DDR politisch, administrativ, doch auch wirtschaftlich zu fangen in der Lage ist, wird vorrangig in den dortigen Ländern, in den Kommunen und in den diesbezüglichen Parteiorganisationen entschieden.

Schon deshalb gehen die da und dort aufkommenden Vorstellungen von einer „Kolonisierung“ der DDR durch die Bundesrepublik so weit an der Wirklichkeit vorbei. Die Deutschen in der DDR sind ohne ihr Verschulden in die heutige Notlage gekommen. Sie haben sich in einer Sternstunde selbst befreit. Daß sie jetzt unter das schützende Dach der Bundesrepublik treten können, ist allerdings nicht ihr Verdienst, sondern das der Westdeutschen, die in 40 Jahren ihr Land zu dem gemacht haben, was es heute ist. Aber ob der innere Einigungsprozeß der kommenden Jahre gut oder weniger gut, ob er mehr oder weniger akzeptabel verläuft, entscheiden in starkem Maß die Bürger und Politiker in der ehemaligen DDR. Sie sind realistisch genug zu wissen, daß ihnen letzten Endes niemand die Sorge um sich selbst abnehmen kann.

Auch in der Bundesrepublik ist in den letzten Monaten die altvertraute Identitätsdiskussion wieder neu belebt worden. Sie ist freilich genauso fad, bequem und unproduktiv wie diejenige, die in der DDR geführt wird. Übrigens auch genauso ängstlich und kleinkariert. In Wirklichkeit hat die Geschichte der Bundesrepublik und ihren Menschen ein Geschenk gemacht, das gleichfalls unverdient ist und das man wie alle unverdienten Geschenke entsprechend wenig schätzt.

Seit langem gehört bekanntlich die bohrende Reflexion darüber, was denn eigentlich die Identität der Bundesrepublik sei, zu den verwunderlichen Phänomenen unserer Polit-Kultur. Man könnte das mit der Bemerkung abtun: Das Land hat wenig echte Probleme und beschäftigt sich deshalb mit seinem wenig aufregenden Innenleben. Doch sind die schalen Essays und Akademievorträge zur deutschen Identität, mit denen man uns seit gut einem Jahrzehnt langweilt, eben doch symptomatisch für ein ganz evidentes Defizit.

Die bundesdeutschen Intellektuellen und Bildungsbürger kamen nämlich bisher mit ihrer deutschen Identität nicht zurecht, weil das Volk und der Staat in einem Zustand kollektiver Anomalie lebten. Man brauchte nur auf die Landkarte zu blicken, um zu erkennen, woran diese nervös über ihre Identität reflektierenden Westdeutschen litten. Friedrich Sieburg hat das so formuliert: „Wie, dieses seltsam gereckte Gebilde, das schlampig um die verbogene Nord-Süd-Achse gruppiert ist, das soll alles sein, was von Deutschland geblieben ist?"

Dem Lande fehlt in der Tat so vieles, was einen normalen Staat ausmacht. Der Raum hatte keine Tiefe und keine richtige Grenze. Die Linie Lübeck-Helmstedt-Hof, von der DDR wie die Umwallung eines Riesen-KZs befestigt, durfte keine Staatsgrenze sein. Mit der deutschen Ostgrenze wiederum hatte man juristische Probleme, und nicht nur juristische.

Staat und Staatsvolk der Bundesrepublik kamen gleichfalls nicht zur Deckung. Man behalf sich also mit dem Begriff deutsche Nation, war aber sorgsam bestrebt, darin nicht die Staatsnation zu begreifen, sondern bloß eine schemenhafte Kulturnation. Doch auch die deutsche Geschichte in ihren weiten Dimensionen war vielfach vergessen oder bloß auf die Lemurenwelt von SS-Schergen des Dritten Reiches verkürzt, vor denen Europa erzitterte. Geschichtssinn lebt eben von der Anschauung. Wie aber hätte er sich ausbilden oder tradieren lassen, wenn Länder wie

Thüringen, Sachsen oder die Mark Brandenburg, ohne die deutsche Geschichte nicht denkbar ist, in greifbarer Nähe lagen, doch zugleich umständlicher erreichbar waren als England, Spanien oder Amerika?

Kollektive Neurosen, wozu der bisherige bundesdeutsche Identitätszweifel gehört, haben gewiß zumeist viele Ursachen. Daß aber die Teilung des Landes mit all ihren Absurditäten der Hauptgrund dafür war, dürfte nicht zu bestreiten sein.

Diejenigen Westdeutschen, die immer noch Identitätsdefizite verspüren, würden also gut daran tun, wenigstens einen Absatz von Artikel 4 des Einigungsvertrages einmal laut zu lesen. Er wird in die neue Präambel des Grundgesetzes eingehen: „Die Deutschen in den Ländern Baden-Württemberg, Bayern, Berlin, Brandenburg, Bremen, Hamburg, Hessen, Mecklenburg-Vorpommern, Niedersachsen, Nordrhein-Westfalen, Rheinland-Pfalz, Saarland, Sachsen, Sachsen-Anhalt, Schleswig-Holstein und Thüringen haben in freier Selbstbestimmung die Einheit und Freiheit Deutschlands vollendet. Damit gilt dieses Grundgesetz für das gesamte deutsche Volk."

Wer es nicht schon lange verspürte, dem mag dabei aufgehen, was die Bundesrepublik durch die Einigung geschenkt erhält. Thüringen, das Herzland Deutschlands, kehrt zurück. Sachsen, Brandenburg, Mecklenburg sind wieder dabei. Das geteilte, klaustrophobisch gewordene Berlin darf wieder einmal eine normale Großstadt werden. Das Land erhält wieder Raum und Weite. Der Föderalismus wird erst jetzt richtig vielgestaltig, auch ausgewogener.

Erst durch den Beitritt der DDR am 3. Oktober erhält die Bundesrepublik alles, war ihr bisher fehlte: das ganze deutsche Staatsvolk und klare Grenzen, die im Inland gleicherweise akzeptiert sind wie von den Nachbarn. Der dünnblütigen, wenn auch wohlmeinenden Professorenfiktion des Verfassungspatriotismus bedarf es nun nicht mehr. Staatsvolk, Staatsgebiet und Staatsgewalt fallen wieder zusammen. Vielleicht entdecken die Deutschen sogar erneut, was ein Staat ist. Erstmals in der neueren deutschen Geschichte können sich nun alle Schichten und alle Regionen

Deutschlands mit Staat, Geschichte, Volk und Verfassung ruhig und selbstbewußt identifizieren. Ein Land hat nach langen Irrwegen zu sich selbst gefunden.

Zugleich löst sich der äußere Druck, der seit ihrer Gründung auf der Bundesrepublik gelastet hat. Die sowjetischen Divisionen verschwinden – hommage à Gorbatschow et au Chancellier Kohl! – hinter den Bug, wo sie hingehören. Und das wiedervereinigte Deutschland sieht den Weg frei, den wiedergewonnenen Nationalstaat einerseits in den größeren Bund der Europäischen Gemeinschaft einzubringen, zugleich aber einen gutnachbarlichen Beitrag zur politischen und wirtschaftlichen Sanierung des Ostens zu leisten.

Es ist also eine vollendete, endlich normale Bundesrepublik, die der Einigungsvertrag bringt. Die Bundesbürger verlieren nicht ihre Identität, sondern allenfalls ihre kollektive Identitätsneurose. Tatsächlich finden sie erst jetzt eine Identität, nach der sie sich bewußt oder unbewußt jahrzehntelang verzehrt haben.

Daß die Einigung auch schwerste Probleme bringt, weiß jeder. Aber diese sind lösbar. Eine der vielen erstaunlichen Erfahrungen der letzten neun Monate ist doch auch darin zu sehen, daß die Bundesrepublik eigentlich in Bund und Ländern eine ganz tüchtige politische Klasse und leistungsfähige Beamte hat.

Welche Komödien sind nicht in Bonn in den Jahren vor dem Herbst 1989 über die Bretter gegangen – Tornado-Affäre und Affäre Kießling, Buschdorf und Flugbenzin, U-Boot-Affäre, und ein Dutzend anderer Problemchen! Jedes für sich vielleicht eine Frage von einigem Gewicht, aber eben doch nur von zweit- oder drittrangiger Bedeutung – Ausdruck symbolischer Politik mehr als eigentlich ein Problem. Insgesamt aber war die Summe der sterilen Aufgeregtheit ein Anzeichen dafür, daß die politische Klasse sich langweilte, weil sie keine echten Aufgaben hatte oder es verstand, solchen aus dem Weg zu gehen.

Das hat sich nun schlagartig geändert. Man erkennt viele Politiker und die Entscheidungsprozesse überhaupt nicht mehr wieder. Schon die Lernfähigkeit ist erstaunlich. Bundesweit bekannte Zweistaatler stellen sich innerhalb von Wochen und Monaten darauf ein, die deutsche Einheit im Jahr 1990 unter Dach und Fach zu bringen – zuletzt sogar noch Oskar Lafontaine.

Noch erstaunlicher aber ist, was tatsächlich geleistet wird. Bundeskanzler und Außenminister schaffen es, einen außenpolitischen Fahrplan für die Einigung zu konzipieren und ohne großes Knirschen einzuhalten. Die Parteien helfen tatkräftig mit, in den kritischen Übergangsmonaten der DDR ein wenigstens rudimentäres Parteiensystem auf die Beine zu stellen. Sie tun dies sogar – Ausnahmen bestätigen die Regel – mit der rechten Mischung von ungeduldigem Antreiben und Fingerspitzengefühl.

Ein souverän operierender Innenminister und sein ebenbürtiger Counterpart in Ost-Berlin brauchen für schwierigste Finanzverhandlungen, Verfassungsänderungen und die 1001 Detailfragen des Einigungsvertrages, für die man normalerweise Jahre vertan hätte, nur Wochen. Nach außen wirkt zwar das Tauziehen um Beitrittstermin und Einigungsvertrag wie parteipolitische Kleinkariertheit. Doch wer in den vergangenen 15 Jahren erlebt hat, um welche Kleinigkeiten man sich oft monatelang zu zanken wußte, wird selbst darin einen Beweis ganz unüblicher Vernünftigkeit sehen. Schließlich hat man sich doch geeinigt, und es ging für bisherige Bonner Verhältnisse sogar recht schnell.

So sind alle an der Einheit gewachsen und haben sie zu gestalten gewußt. Selbst die Opposition hat sich schließlich am Riemen gerissen. Die Gerechtigkeit gebietet allerdings die Feststellung, daß das bundesdeutsche Establishment nicht so instinktsicher reagiert hätte ohne den zupackenden Kanzler, der jetzt in die Geschichtsbücher eingeht, und ohne eine Koalition, die sich in der Einheitsfrage nicht groß zu wenden brauchte.

Wer allerdings die Artikel des Einigungsvertrages studiert, ermißt einmal mehr, wie viele schwierigste Probleme nur eingeklammert und dem Gesetzgeber oder dem Finanzminister der nächsten Legislaturperiode zugeschoben sind. Daß somit seit Wochen alle Überlegungen unter das Gesetz der Wahlstrategie getreten sind, ist völlig natürlich. Die Politiker aller Parteien wären ihr Geld nicht wert, würden sie anders handeln. Denn die Landtagswahlen am 14. Oktober in den fünf neuen Bundesländern und die Bundestagswahl am 2. Dezember werden wenigstens für den Ostteil des Landes ähnlich weitreichende Bedeutung haben, wie sie seinerzeit 1946 bis 1948 die Landtagswahlen in den westdeutschen Ländern und die Wahl zum ersten Deutschen Bundestag im Jahr 1949 für den Aufbau der Bundesrepublik hatten. Die Einigung läßt sich zwar nicht mehr rückgängig machen. Doch vieles könnte noch in den Sand gesetzt und die komplizierte Übergangsphase unnötig verlängert und erschwert werden.

Wenn man aber einigermaßen gerecht alles würdigt, was die vergangenen neun Monate an Energien und Talenten freigesetzt haben, dann läßt sich doch feststellen, daß die Bundesrepublik schon jetzt viel gewonnen hat. Endlich zeigt die Politik wieder jenen Schwung und jene Kühnheit, die viel zu lange eingeschlafen waren. Wer das alles beobachtet, dem kann nach dem Beitritt der schon fast verlorenen Provinzen für Deutschland nicht bange sein.

Heinrich August Winkler

Der unverhoffte Nationalstaat

Deutsche Einheit: Die Vorzeichen sind günstiger als 1871

(Aus: „Die Zeit" vom 28. 9. 1990)

Marx mag tot sein, aber die Dialektik lebt. Jedenfalls ist die Geschichte noch immer gut für überraschende Volten und schwer auflösbare Widersprüche. Jahrzehntelang haben die Deutschen sich an den Gedanken gewöhnt, daß es mit dem Ende ihres Nationalstaates seine historische Richtigkeit habe und die Lösung der deutschen Frage infolgedessen keine nationalstaatliche mehr sein könne. Fast über Nacht fällt ihnen jetzt in den Schoß, woran sie kaum mehr geglaubt, worauf sie auch nicht hingearbeitet haben: ein neuer deutscher Nationalstaat. Werden die Deutschen mit dieser unverhofften Entwicklung fertig werden?

In keinem anderen europäischen Land ist die Skepsis gegenüber dem Nationalstaat so groß wie in Deutschland. Der Grund liegt auf der Hand: Nirgendwo ist der Nationalstaat auf so furchtbare Weise gescheitert wie hier. Der deutsche Nationalstaat, das 1871 von Bismarck gegründete Reich, hat sich selbst zerstört, bevor er nach dem zweiten der von ihm ausgelösten Weltkriege von den Siegern besetzt und schließlich geteilt wurde. Dem äußeren Untergang von 1945 war zwölf Jahre zuvor der innere vorausgegangen. Mit der Übertragung der Macht an Hitler am 30. Januar 1933 endete nicht nur die kurzlebige erste deutsche Demokratie, die Republik von Weimar, sondern auch der sehr viel ältere deutsche Rechts- und Verfassungsstaat. Das Ende des deutschen Nationalstaates hätte sich nur noch aufhalten lassen, wenn es den Deutschen gelungen wäre, sich aus eigener Kraft von der Diktatur Hitlers zu befreien.

Der äußere Untergang des Deutschen Reiches war eine Folge seiner totalen militärischen Niederlage. Der innere Untergang hatte seine tieferen Ursachen in den Widersprüchen der Nationalstaatsgründung von 1871. In der Revolution von 1848/49 war der Versuch der Liberalen und Demokraten fehlgeschlagen, gleichzeitig die Einheit und Freiheit Deutschlands zu verwirklichen. Bismarcks Reichsgründung, nach seiner eigenen Meinung wie der der Zeitgenossen eine „Revolution von oben", brachte den Deutschen die ersehnte Einheit – in der „kleindeutschen" Form, also unter Ausschluß Österreichs. Diese Lösung der deutschen Frage war nicht nur mit den Interessen des übrigen Europas verträglicher als ein noch mächtigeres „Großdeutschland". Sie entsprach auch den Wünschen der Liberalen nordwärts des Mains und vor allem in Preußen: Sie waren zumeist evangelisch und sahen im katholischen Vielvölkerstaat der Habsburger ein klerikales, wirtschaftlich rückständiges, national nicht integrierbares Gebilde, kurz ein Relikt des Mittelalters.

Aber die Freiheit im Sinne eines parlamentarischen Systems und damit der politischen Vorherrschaft des liberalen Bürgertums konnte und wollte Bismarck den Deutschen nicht gewähren. Er erfüllte nach dem Sieg über Österreich im Jahre 1866 jene liberalen Forderungen, die mit den Interessen der altpreußischen Führungsschicht – Dynastie, Adel, Armee und hohes Beamtentum – vereinbar waren. Das liberale Bürgertum konnte sich in Kultur und Wirtschaft frei entfalten und der Gesetzgebung weitgehend seinen Stempel aufdrücken. Das Zentrum der staatlichen Macht jedoch, die eigentliche Regierungsgewalt, blieb ihm in Bismarcks konstitutioneller Monarchie versperrt.

Die Nationalliberalen, wie sich der kompromißwillige Flügel der liberalen Bewegung nannte, wußten sich zu trösten: „Ist denn die Einheit nicht selbst ein Stück Freiheit?" fragte einer ihrer Wortführer, Ludwig Bamberger, im Dezember 1866 in einem Aufruf an die Wähler Rheinhessens. Für die deutsche Einheit eintreten, das hieß aus der Sicht der Liberalen, aber auch der jungen Arbeiterbewegung, für Freiheit und Fortschritt, gegen die vielen Dynastien und ihren adligen Anhang sein. Die nationale Parole war bis in die Reichsgründungszeit ein Kampfruf der Liberalen und der Linken. Aber die Nationalliberalen trugen selbst dazu bei, daß nach 1870/71 der freiheitliche Glanz dieser Parole rasch verblaßte. Während des „Kulturkampfes", den sie im Bunde mit Bismarck führten, scheuten sie nicht davor zurück, die kirchentreuen Katholiken als Deutsche zweiter Klasse, ja als „Reichsfeinde" zu diffamieren. Mit demselben Begriff wurden die Sozialdemokraten bedacht, die Bismarck von 1878 bis 1890 mit Hilfe eines von den Nationalliberalen gebilligten Ausnahmegesetzes verfolgte.

Der Begriff „national" verwandelte sich seit Mitte der 1870er Jahre von einer linken in eine rechte Parole. Sie diente dem Kampf gegen die international gesinnte Sozialdemokratie und gegen die liberale Freihandelslehre, der der „Schutz der nationalen Arbeit" in Gestalt hoher Einfuhrzölle entgegengestellt wurde. Antisemitische Agitatoren machten hinter der „roten Internationale" der Arbeiter und der „goldenen Internationale" des Bankkapitals einen gemeinsamen Drahtzieher aus: das internationale Judentum. National sein hieß fortan in erster Linie antiinternational und sehr häufig auch bereits antisemitisch sein.

Der deutsche Nationalstaat hat die inneren Feinbilder seiner Entstehungsphase nie völlig überwunden. Den Sozialdemokraten half es nur wenig, daß sie im August 1914 dem Reich Kriegskredite bewilligten und wie alle Deutschen zu den Fahnen eilten. Noch in den Jahren der Weimarer Republik galten sie in den Augen „nationaler" Kreise als „vaterlandslose Gesellen". Auch gegenüber den Katholiken gab es in der ersten deutschen Demokratie fortdauernde Vorbehalte. Sie waren so stark, daß ein katholischer Politiker wie Heinrich Brüning, der Reichskanzler der Jahre 1930 bis 1932, sie nur durch einen forcierten Nationalismus glaube entkräften zu können.

Die Republik von Weimar, wie sie aus der Revolution von 1918/19 hervorging, erscheint uns rückblickend als ein Versuch, den Hauptwiderspruch des Kaiserreiches, den Gegensatz zwischen kultureller und wirtschaftlicher Modernität auf der einen und der Rückständigkeit des politischen Systems auf der anderen

Seite, zu überwinden. Gegen das Gelingen dieses Versuches stand eine doppelte Erbschaft der Monarchie: die Abneigung großer Teile der traditionellen Eliten gegen die neue Mehrheitsherrschaft und das Unvermögen vieler Demokraten, sich auf die Kompromisse einzulassen, ohne die ein Vielparteienstaat nicht parlamentarisch regiert werden konnte. Der Übergang zu einem vom Reichspräsidenten gestützten Notverordnungsregime im Jahre 1930 markiert das Ende Weimars als parlamentarische Demokratie und die Rückkehr zu einer bürokratischen Spielart des Obrigkeitsstaates.

Doch das Rad der Geschichte ließ sich nicht einfach zurückdrehen. Seit sechs Jahrzehnten waren die Deutschen an das allgemeine gleiche Wahlrecht für Männer gewöhnt, und seit 1918 bedurften die Regierungen des Vertrauens des Reichstags, mittelbar also auch der Bevölkerung. Daß die Präsidialregierungen ab 1930 den Willen der Massen auszuschalten suchten, mußte massenhaften Protest auslösen. Das wirkungsvollste Sprachrohr dieses Protests waren die Nationalsozialisten. Die Partei Hitlers appellierte gezielt an beides: den überlieferten Anspruch der Massen auf politische Teilhabe und an das verbreitete Ressentiment gegenüber dem neuen, angeblich undeutschen parlamentarischen System, das den Willen des Volkes verfälsche. Was die Nationalsozialisten der parlamentarischen Demokratie und dem Präsidialregime entgegensetzten, war ein System, das sie als Ausdruck des wahren Volkswillens ausgaben: der plebiszitär legitimierte Führerstaat.

Deutschland war das einzige hochindustrialisierte Land, das im Verlauf der Weltwirtschaftskrise sein demokratisches System aufgab und durch eine totalitäre Diktatur ersetzte. Ohne die Langlebigkeit des Obrigkeitsstaates oder, anders gewendet, die verspätete Demokratisierung Deutschlands ist dieser „Sonderweg“ nicht zu erklären. Gewiß läßt sich im historischen Vergleich nirgendwo ein „Normalweg“ zur liberalen Demokratie erkennen, und so gesehen ist alle Geschichte eine Geschichte von Sonderwegen. Aber im Hinblick auf die deutsche Entwicklung darf man hinzufügen: Einige dieser Sonderwege sind noch besonderer als die anderen.

Eine der Voraussetzungen für Hitlers Erfolg war die allgemeine Überzeugung, daß Deutschland keine größere Schuld am Ersten Weltkrieg auf sich geladen hatte als die anderen kriegführenden Mächte, der Vertrag von Versailles also schreiendes Unrecht war. Zwar belegten die seit 1919 bekannten deutschen Dokumente die kriegstreibende Rolle der Reichsleitung in der Julikrise von 1914 zur Genüge, aber das behinderte nicht die Verbreitung einer Kriegsunschuldlegende – der ebenbürtigen Schwester jener Dolchstoßlegende, wonach „marxistische" Verräter der kämpfenden Front in den Rücken gefallen seien und damit Deutschlands militärische Niederlage herbeigeführt hätten. Nach dem Zweiten Weltkrieg bestritten nur kleine Gruppen von Unbelehrbaren, daß dieser Krieg vom nationalsozialistischen Deutschland entfesselt worden war. Diese Einsicht erleichterte den moralischen Bruch mit dem Nationalsozialismus.

Der politische und gesellschaftliche Bruch mit dem untergegangenen Regime war 1945 ebenfalls ungleich tiefer als 1918. Neben der politischen Führung verschwand auch die militärische von der Bildfläche. Den ostelbischen Rittergutsbesitzern, die bei der Zerstörung der ersten Republik und der Machtübertragung an Hitler eine Schlüsselrolle gespielt hatten, wurde durch Vertreibung und Enteignung im Wortsinn der Boden entzogen. Das Land Preußen, das schon durch den Staatsstreich des „Kabinetts der Barone" vom 20. Juli 1932 seiner staatlichen Selbständigkeit beraubt und nach 1933 von den Nationalsozialisten rigoros gleichgeschaltet worden war, hörte 1947 aufgrund eines Gesetzes des Alliierten Kontrollrats auf zu bestehen.

Die Tiefe der Zäsur von 1945 erklärt zu einem guten Teil, warum Bonn nicht Weimar wurde. Aber es war nur ein Teil Deutschlands, der eine zweite Chance erhielt, sich als Demokratie zu bewähren. Die Wiedervereinigung mit dem anderen Teil wurde von den Bundesregierungen unter der Kanzlerschaft Adenauers immer wieder beschworen, aber nicht „operativ" angestrebt. Der Preis, um den die deutsche Einheit allenfalls zu haben gewesen wäre, erschien Adenauer aus guten Gründen zu hoch: Eine Neutralisierung Deutschlands hätte Europa in das Zeitalter der nationalen Rivalitäten zurückgeworfen und das Gleichgewicht der Kräfte zugunsten der Sowjetunion verschoben. Ein isoliertes Deutschland wäre, schon wegen des noch längst nicht bewältigten Verlustes der Ostgebiete, vor nationalistischen Versuchungen mitnichten gefeit gewesen. Eine solche Perspektive war nicht nur für Adenauer und viele Deutsche erschreckend, sondern erst recht für alle Nachbarn Deutschlands.

Adenauers vorrangiges Ziel war mithin nicht die Wiederherstellung eines deutschen Nationalstaates, sondern die volle Souveränität für die Bundesrepublik und deren unauflösliche Verbindung mit Westeuropa. Eine Wiedervereinigung hielt der erste Bundeskanzler nur dann für wünschenswert, wenn sichergestellt war, daß auch Gesamtdeutschland ebenso zum Westen gehören würde wie die Bundesrepublik. Da diese Art von deutscher Einheit auf absehbare Zeit nicht erreichbar war, hatten Adenauers wiederholte Bekenntnisse zur Wiedervereinigung primär eine innenpolitische Funktion: Sie dienten der Gewinnung der Mehrheiten, die er für seine Politik brauchte, die er durch eine Darlegung seiner wirklichen Prioritäten aber schwerlich gefunden hätte.

Mag sein, daß Adenauer die deutschen Ereignisse von 1990 mit dem berühmten Satz kommentiert hätte: „Die Situation ist da." Tatsächlich ist die deutsche Vereinigung, die sich jetzt vollzieht, die Lösung der deutschen Frage, die er für die einzig annehmbare hielt. Aber möglich wurde diese Lösung erst durch die Ostpolitik seiner sozialdemokratischen Nachfolger.

Die SPD, die sich während der Kanzlerschaft des überzeugten Europäers Adenauer als Wiedervereinigungspartei profiliert und damit den nationalen Part in der bundesdeutschen Politik übernommen hatte, zog nach dem Bau der Berliner Mauer im Jahre 1961 die Konsequenzen aus der Tatsache, daß die Spaltung Deutschlands im Zeichen der „Politik der Stärke" immer tiefer geworden war. Mit dem ersten Berliner Passierscheinabkommen von 1963 begann jene Neuorientierung der deutschen Politik, die in den Ostverträgen der Regierung Brandt-Scheel gipfelte. Die Anerkennung der Nachkriegsrealitäten im östlichen Mitteleuropa, einschließlich der staatlichen Existenz der DDR, hat jenen

Wandel in Gang gesetzt, dessen Höhepunkt die friedlichen Revolutionen des Jahres 1989 bilden.

Die bundesdeutschen Leitartikel und Sonntagsreden, in denen die Wiederherstellung der staatlichen Einheit Deutschlands gefordert wurde, haben die Umwälzung in der DDR nicht gefördert, sondern eher verzögert. Bis zum Herbst 1989 konnte Honeckers SED ihre Reformblockade mit der auch für Gorbatschow lange einleuchtenden Alternative begründen: „Wir oder die Wiedervereinigung." Unter diesen Umständen sprach alles dafür, statt der Abschaffung der DDR die Schaffung demokratischer Verhältnisse in der DDR, also nicht die staatliche Einheit, sondern die Freiheit für alle Deutschen zum obersten Ziel der Deutschlandpolitik zu machen.

Wer so argumentierte (ich selbst tat es zuletzt in dem Aufsatz „Die Mauer wegdenken" in der „Zeit" vom 11. August 1989), setzte seine Hoffnungen auf Reformkräfte in der DDR, die bis in die SED hineinreichten. Heute wissen wir, daß die oppositionellen Gruppen sehr viel weniger Rückhalt in der Bevölkerung hatten, als sie und wir meinten. Die schweigende Mehrheit verhielt sich abwartend. Der Ruf nach „Deutschland einig Vaterland" wurde erst laut, nachdem die SED bereits kapituliert hatte. Diese Entwicklung wäre undenkbar gewesen, hätte die Sowjetunion sich im Oktober 1989 zugunsten „brüderlicher Hilfe" entschieden. Die Nichtintervention Moskaus machte die Vereinigung der beiden deutschen Staaten möglich, der Wille der Deutschen in der DDR machte sie notwendig.

Die deutsche Einheit käme nicht zustande, wenn die Weltmächte und Europa ein neues Deutsches Reich, die Wiederherstellung eines souveränen Nationalstaates der traditionellen Art, zu gewärtigen hätten. Aber dies steht nicht auf der Tagesordnung. Das vereinigte Deutschland wird nicht weniger föderalistisch und nicht minder „multikulturell" sein als die bisherige Bundesrepublik. Außerdem ist es von vornherein eingebunden in die Europäische Gemeinschaft und in eine Atlantische Allianz, die dabei ist, ein neues, kooperatives Verständnis von europäischer Sicherheit zu entwickeln. Diese supranationale Einbindung ist, zusammen mit der von Deutschland akzeptierten Beschränkung seines militärischen Potentials und dem Verzicht auf ABC-Waffen, geradezu das politische „a priori" der Vereinigung. Der deutsche Nationalstaat hebt sich infolgedessen, indem er entsteht, teilweise auch schon wieder auf. Und das ist gut so. Denn erstens liegt es im wohlverstandenen Interesse der Deutschen selbst, daß aus der Wirtschaftskraft des bevölkerungsreichsten Landes westlich des Bug keine deutsche Vorherrschaft über Europa erwächst. Und zweitens kann nur ein bewußt europäisches Deutschland dazu beitragen, daß die Teilung des Kontinents überwunden wird und ein Rückfall in nationalstaatliche Politik nicht stattfindet.

Was sich heute in Deutschland vollzieht, kann schon deshalb keine Rückkehr zu nationalstaatlicher Normalität sein, weil es diese in Deutschland nie gegeben hat. In den Grenzen des Bismarckreiches lebten starke Minderheiten, die aus Deutschland hinausstrebten, nämlich Polen, Dänen, Elsässer und Lothringer. Nach 1918 waren die Deutschen mit dem ihnen verbliebenen Territorium nicht zufrieden; sie verlangten die Rückkehr vieler der an Polen abgetretenen Gebiete und den „Anschluß" Österreichs. Das vereinigte Deutschland von 1990 begreift sich dagegen, von einigen Vertriebenenfunktionären abgesehen, als vollständig und kennt keine ungelösten Nationalitätenprobleme.

Gleichwohl gibt es eine historische Kontinuität zwischen dem neuen Nationalstaat und dem von 1871. Die Entscheidung für die kleindeutsche Lösung wird heute nochmals bestätigt. Wer bislang lässig von „drei deutschen Staaten" sprach (und damit die Bundesrepublik, die DDR und Österreich meinte), muß umlernen: Es gab nur zwei Staaten, aus denen jetzt einer wird. Österreich ist kein deutscher Staat, weil es keiner sein will. Revisionsbedürftig sind auch andere Formeln und Theorien. Als wenig tragfähig hat sich zum Beispiel die Annahme erwiesen, die Bundesdeutschen könnten die Frage nach ihrer nationalen Identität dadurch ausreichend beantworten, daß sie ihren Staat als „postnationale Demokratie" definieren. Erst recht hat die jüngste Entwicklung denen unrecht gegeben, die zu Beginn der achtziger Jahre einen Prozeß der „Bi-Nationalisierung" beider Teile Deutschlands zu erkennen glaubten. Was so aussah, war auf der einen Seite bundesdeutsche Bequemlichkeit und auf der anderen SED-Propaganda. Ein moralisches Fundament hatte das Konstrukt von den zwei deutschen Nationen zu keiner Zeit, weshalb es denn auch in der intellektuellen Diskussion kaum Spuren hinterlassen hat.

Doch die Gefahr besteht, daß man demnächst in einem ganz anderen Sinn von „zwei Nationen" sprechen könnte – in dem Sinn, in dem Benjamin Disraeli 1845 in seinem Roman „Sybil, or the Two Nations" diese Formel eingeführt hat: als Umschreibung des Gegensatzes zwischen Arm und Reich. Zwischen den Deutschen im Westen und denen im Osten gibt es ein Wohlstandsgefälle, das durch die Währungsunion stärker als zuvor ins allgemeine Bewußtsein gerückt worden ist. Das Bild von den „two nations" könnte, so paradox es klingt, im Zeichen der Einigung einen größeren Wirklichkeitsgehalt bekommen als in den vier Jahrzehnten der Trennung. Und es geht ja nicht nur um ein materielles Gefälle. Es sind radikal unterschiedliche Erfahrungswelten, die jetzt in einem Staat aufeinanderstoßen und Spannungen hervorrufen werden.

Um die Teilung zu überwinden, müssen die Westdeutschen infolgedessen nicht nur tun, was der Bundeskanzler allzu lange bestritten hat, nämlich materielle Opfer bringen. Sie müssen, was viel schwerer ist, sich in vielerlei Hinsicht innerlich umstellen. Sie müssen ihren Verfassungspatriotismus weiterentwickeln zu einem Patriotismus der Solidarität. Dazu gehört, daß sie nicht alles und jedes belassen wie es ist, nur weil es nun einmal so ist. Das gilt für die gesamtdeutsche Verfassung, die sicherlich weitgehend mit dem Grundgesetz von 1949 übereinstimmen wird und doch, um der demokratischen Legitimation des neuen Gemeinwesens willen, zum Gegenstand einer Volksabstimmung gemacht werden sollte. Und es gilt für die Hauptstadtfrage. Das Zusammenwachsen beider Teile Deutschlands verlangt eine Hauptstadt, die diesen Vorgang als ihre ureigenste Herausforderung begreift und erlebt. Bonn mag auch künftig einen Teil der Ministerien beherbergen und eine Art Verwaltungshauptstadt bleiben. Die politische Hauptstadt Deutschlands aber kann nur Berlin sein.

Für Berlin sprechen aber nicht nur deutsche, sondern auch europäische Gründe. Das vereinte Deutschland hat gegenüber den neuen Demokratien des östlichen Mitteleuropas eine Bringschuld abzutragen: Polen war der Pionier jener friedlichen Revolutionen, in deren Verlauf schließlich auch die Deutschen in der DDR ihr diktatorisches System abschütteln konnten. Kein Land hat so viel wie Ungarn zur Öffnung der Mauer und der innerdeutschen Grenze beigetragen. Polen, Ungarn und die Tschechoslowakei sind nicht weniger europäisch als die DDR, aber sie werden sehr viel später als diese in die Europäische Gemeinschaft aufgenommen werden. Deutschland muß sich in der EG zum Anwalt der neuen Demokratien machen. Berlin als tatsächliche und nicht nur nominelle deutsche Hauptstadt kann noch mehr bewirken: Es wird das Bewußtsein schärfen, daß Europa größer ist als der Torso, der diesen Namen bisher für sich in Anspruch nahm. Die Wiedervereinigung des Westens mit der Mitte Europas bedarf der Symbole. Die deutsche Hauptstadt an der Spree wäre ein solches Symbol.

Die deutsche Vergangenheit, die so oft gegen Berlin ins Spiel gebracht wird, ist in Wahrheit ein Argument für die alte Hauptstadt. In Berlin kann man der Vergangenheit des deutschen Nationalstaates nicht ausweichen, der Zeit des Nationalsozialismus und seiner säkularen Verbrechen schon gar nicht. Berlin fordert zur Auseinandersetzung mit der jüngeren deutschen Geschichte heraus; es ist der Ort, wo die Nation mehr als in irgendeiner anderen deutschen Stadt in ihren Spiegel blicken muß. Zum Zusammenwachsen der beiden Teile Deutschlands gehört auch das gemeinsame Nachdenken über die deutsche Geschichte – die gemeinsame wie die getrennt erlebte. Eine Hauptstadt Berlin würde dies fördern – ein Grund mehr, sich in der Hauptstadtfrage nicht von Gesichtspunkten der Bequemlichkeit leiten zu lassen.

Die bundestaatliche Einheit ist die Form, in der die Freiheit auch für die Deutschen Wirklichkeit wird, die sie bis zum Herbst 1989 entbehren mußten. Anders als in der Vorgeschichte der ersten Gründung eines deutschen Nationalstaates läßt sich die Einheit diesmal nicht gegen die Freiheit ausspielen. So schwierig die

Vereinigung für die Deutschen selbst auch noch werden mag, ein neuer deutscher Sonderweg ist 1990 nicht in Sicht.

Günter Benser

Einheit – Spaltung – Einheit

Wird der Normalzustand deutscher Geschichte wieder hergestellt?

(Aus: „Neues Deutschland“ vom 3. 10. 1990)

Am heutigen Tag scheint sich – historisch gesehen – ein Kreis zu schließen. In der Sprache der Politiker: Es wächst wieder zusammen, was zusammengehört. Es vereinigt sich, was widernatürlich getrennt war. Die Deutschen haben wieder eine Währung, einen Staat, ein Parlament, eine Regierung, eine Armee, eine Gesetzgebung. Sind sie damit auch schon ein Volk – die Trabifahrer, die den Slogan vom einigen Volk der Deutschen per Aufkleber durch Europa transportierten, und die Mercedesfahrer, die vornehm auf solcherart Öffentlichkeitsbearbeitung verzichteten?

Kaum noch vorstellbar – aber es liegt erst ein Jahr zurück, da begingen die Bundesrepublik Deutschland und die Deutsche Demokratische Republik den 40. Jahrestag ihrer Staatsgründung. Die Bundesregierung hatte diesen Tag langfristig vorbereitet im Bewußtsein ökonomischer Kraft und internationaler Ausstrahlung, mit in vieler Hinsicht berechtigter, in anderer Hinsicht fragwürdiger Zufriedenheit, mit dem Anspruch, den besten aller je existierenden deutschen Staaten zu verkörpern. Unverrückbar wurde festgehalten am vielzitierten Satz in der Präambel des Grundgesetzes: „Das gesamte Deutsche Volk bleibt aufgefordert, in freier Selbstbestimmung die Einheit und Freiheit Deutschlands zu vollenden.“ Aus diesem Verfassungsauftrag und dessen historischen und juristischen Begründungen leitete der westdeutsche Staat seinen Rechtsstandpunkt ab, daß die deutsche Frage offen sei.

Aber gerade in diesem 40. Jahr der BRD meldeten sich zunehmend Zweifel, ob die Formel von der offenen deutschen Frage nicht Gefahr liefe, illusionär zu werden. Selbst Bundeskanzler Kohl sah in der Lösung dieser deutschen Frage keine Aufgabe seiner Amtsperiode. Vielmehr behandelte er im Vorwort des repräsentativen Katalogs der Ausstellung „40 Jahre Bundesrepublik“ diesen Verfassungsauftrag als eine Vision und stellte damals noch den europäischen Prozeß eindeutig über den deutschen Einheitsstaat. „Unsere Vision – die Vision der Präambel des Grundgesetzes –“, so schrieb er, „ist und bleibt eine europäische Friedensordnung, die alle Europäer in Ost und West in Freiheit zusammenführt. In dieser europäischen Perspektive wollen wir – in enger Verbundenheit mit dem Westen und in ausgleichender Zusammenarbeit mit dem Osten – die Teilung Deutschlands überwinden.“ Und es störte ihn offensichtlich nicht, daß dieser Katalog ein Farbfoto Kohl/Honecker wie selbstverständlich präsentierte.

Zu gleicher Zeit veröffentlichten namhafte bundesdeutsche Historiker und Politologen eine Sammelband unter dem Titel: „Ein ganz normaler Staat? Perspektiven nach 40 Jahren Bundesrepublik“. Sie verzichteten zwar aus verständlichen Gründen auf eine Erklärung, was unter einem normalen Staat zu verstehen ist, doch waren sie sich weitgehend darin einig, daß die Bundesrepublik ein normaler Staat sei. Sie meinten damit einen Staat heutiger westeuropäischer Prägung, nicht den bloßen Kernstaat eines unvollendeten Staatswesens. Die meisten Autoren erwarteten eher einen deutsch-deutschen Annäherungsprozeß bei Fortdauer deutscher Zweistaatlichkeit und ein Abklingen des nationalen Momentes denn eine „Wiedervereinigung“.

Der vierzigste Jahrestag der Deutschen Demokratischen Republik ist uns noch in frischer Erinnerung, führte er doch der Mehrheit der Bevölkerung dieses Staates den schreienden Gegensatz zwischen Anspruch und Wirklichkeit drastischer denn je vor Augen. In der offiziellen Interpretation verstand sich die DDR als ein dem Frieden verpflichtetes, sozialistisches Staatswesen, in dem das Wohlergehen der Werktätigen oberstes Gebot ist, so daß sich im Rahmen dieses Staates eine zweite, die sozialistische deutsche

Nation herausbildet. Von einer offenen deutschen Frage könnte mithin nicht die Rede sein, dies sei vielmehr die Losung bundesdeutscher Politiker, die die DDR vereinnahmen und die NATO an Oder und Neiße verschieben wollten.

Diese Argumentation besaß auch eine Logik und hatte international in nicht unbeträchtlichem Maße Akzeptanz gefunden. Im Ausland schritt die Gewöhnung an deutsche Zweistaatlicheit voran. Im Inneren der DDR aber wollten sich die Bürger immer weniger an ökonomische Ineffizienz, Verlust an Lebensqualität, ökologischen Verfall, Machtwillkür und Stasiimperium, Verletzung von Menschenrechten und Eingemauertsein, Entwürdigung und Ausgrenzung gewöhnen. Das bewirkte die Ausreisewelle, die Massenflucht, die Protestdemonstrationen und die alte Strukturen aufbrechenden Aktionen, den Sturz der alten Führung, die Grenzöffnung, politische Pluralität, freie Wahlen, eine politisch grundlegend veränderte Landschaft im ostdeutschen Staat.

Damit war die deutsche Frage nun tatsächlich wieder offen, für kurze Zeit sogar in verschiedene Richtungen: radikale sozialistische Erneuerung in Ostdeutschland als Alternative zum real existierenden Kapitalismus oder Vereinigung beider deutscher Staaten in einer neuen deutschen Republik mit neuer Verfassung und Verfaßtheit oder Anschluß ostdeutscher Länder an die BRD unter Verzicht auf Umgestaltungen auch in der Bundesrepublik. Über den Realitätsgehalt solcher Möglichkeiten deutscher Fortentwicklung werden wahrscheinlich noch Generationen von Historikern diskutieren. Nicht zu bestreiten ist, daß die deutsche Frage nicht mit Sonntagsreden, sondern auf den Straßen der DDR wieder offen gemacht wurde. Inwieweit bundesdeutsche Politik organisiert daran beteiligt war, werden Historiker definitiv frühestens in dreißig Jahren in Erfahrung bringen können, wenn die Sperrfristen für die entsprechenden Aktenbestände abzulaufen beginnen.

Mit der beschriebenen Offenheit der deutschen Frage war es allerdings rasch wieder vorbei, und zwar, als Ostdeutschland von bundesdeutscher Politprominenz überflutet wurde und die

D-Mark anrückte. Hatte die westdeutsche Währungsreform vom Juni 1948 schon vor der doppelten Staatsgründung die Teilung Deutschlands perfekt gemacht, so hob die Währungsunion vom 1. Juli 1990 die Teilung unumkehrbar auf. Marx und Engels finden sich mit ihrer Auffassung, daß die ökonomischen Verhältnisse das in letzter Instanz den Geschichtsverlauf Bestimmende sind, bestätigt.

Symbol der neudeutschen Einheit ist die D-Mark. In diesem Punkt steht das allgemeine Volksempfinden völlig in Einklang mit jener Grundtatsache, die das künftige Zusammenleben der Deutschen in erster Linie bestimmen wird. Es findet sich wohl in der Geschichte kein Beispiel, daß ein Volk seine nationale Existenz erneuert – und es entsteht kein Lied, das vom Volke gesungen wird, kein Gedicht, das sich einprägt, kein Werk der bildenden Kunst, in dem die Bürger ihre Gefühle ausgedrückt sehen. Allenfalls das politische Kabarett vermag den Weg in die neue Gegenwart künstlerisch zu begleiten.

Sollte es am Ende weniger um geschichtsträchtige deutsche Zusammengehörigkeit als um handgreifliche Interessen, um Lebensansprüche gehen, die ein größeres Deutschland besser befriedigen kann, weil es den Ossis den Anschluß an eine florierende Wirtschaft verspricht und den Wessis den Zugriff auf Regionen, in denen erneut die ursprüngliche Akkumulation des Kapitals stattfindet? Was dem Sachsen der Rhein und dem Bayern die Müritz bedeutet, das muß sich erst noch erweisen.

Werfen wir einen Blick in die Geschichte und auf den historischen Vorgang der deutschen Teilung. Das Volk der Deutschen hat in seiner tausendjährigen Geschichte die geringste Zeit in einem Nationalstaat gelebt. Die Deutschen waren jahrhundertelang Bewohner eines vom einzelnen direkt kaum erlebten multinationalen Heiligen Römischen Reiches deutscher Nation oder eines losen Deutschen Bundes. Sie lebten in Territorialstaaten und waren Preußen, Sachsen, Bayern und eben so zugleich Deutsche. Von unten herbeigeführte, demokratisch gestaltete Einheit vermochten sie weder nach der Befreiung vom napoleonischen Joch, noch mit der Revolution von 1848/49, noch mit der Volksbewegung der sechziger Jahre des vorigen Jahrhunderts zu verwirklichen. Der deutsche Nationalstaat in Gestalt des Deutschen Reiches kam auf dem Wege der Revolution von oben, deren Vollstrecker Bismarck hieß. Dieses Reich lud die überwiegende Schuld am Ersten Weltkrieg und die eindeutige Hauptschuld am Zweiten Weltkrieg auf sich. Es demonstrierte besonders mit der faschistischen Diktatur auf unheilvollste Weise, daß eine derartige imperiale Machtkonzentration im Zentrum Europas für diesen Kontinent und für die Welt lebensgefährlich ist. Mit Eisen und Blut geschaffen, ging das Deutsche Reich 1945 in Schutt und Asche unter.

In der unmittelbaren Nachkriegszeit war man sich in den verschiedensten Parteilagern weitgehend mit dem zum Vorsitzenden der LDPD aufrückenden Wilhelm Külz einig, der in der Zeitung „Der Morgen" schrieb: „Ein Deutsches Reich gibt es nicht mehr." Konrad Adenauer, der im Sommer 1945 das Projekt eines Rheinstaates nach Paris lancierte, begründete seinen Vorstoß mit der Auffassung, Deutschland dürfe höchstens „ein loses, dem Commonwealth entsprechendes Gebilde" sein. Man stelle sich vor, Adenauers Erben hätten den DDR-Bürgern ein Bruchteil der Autonomie zugestanden, die der Stammvater der CDU 1945 den Rheinländern verschaffen wollte.

Es war die Selbstzerstörung des Deutschen Reiches durch seine faschistischen Machthaber, die auch die Einheit des deutschen Volkes in Frage stellte, und es waren damals vorwiegend konservative Politiker, die sich mit separatistischen Plänen aus der Konkursmasse dieses Reiches wegstehlen wollten.

Die eigentlichen Pläne der Teilung Deutschlands gingen indes von den Siegermächten des Zweiten Weltkrieges aus. Vor allem in der Geschichtsschreibung der DDR sind diese immer nur als Machenschaften des Imperialismus abqualifiziert worden. In der Tat waren die Ausschaltung des Hauptrivalen der Weltpolitik und des Hauptkonkurrenten auf dem Weltmarkt leitende Motive insonderheit des US-amerikanischen Großkapitals. Dennoch war es legitim, über die Zergliederung Deutschlands als friedenssichernde Maßnahme nachzudenken. Auch die UdSSR hat ein solches Vorgehen, zumindest als mögliche Variante, mitgetragen. Es gehört zu den Geschichtslegenden, daß auf der Potsdamer Konferenz vom Juli/August 1945 westliche Teilungspläne am hartnäckigen Widerstand der sowjetischen Delegation gescheitert seien. Während sich die Verhandlungen über die sowjetischen Reparationsansprüche in die Länge zogen, hatte man sich über die politischen Grundsätze der Behandlung Deutschlands bereits am zweiten Konferenztag auf der Grundlage der von der amerikanischen Seite eingebrachten Entwürfe rasch geeinigt. Von der UdSSR kam allerdings die gravierende Ergänzung, neben den Instanzen des Alliierten Kontrollrates und den Verwaltungen der einzelnen Besatzungszonen auch deutsche Zentralverwaltungen einzurichten. Diese hätten sich durchaus zu Keimzellen einer neuen deutschen Staatlichkeit entwickeln können.

Die 1945 installierten Besatzungszonen waren nicht als vollzogene Teilung Deutschlands gedacht, aber sie wirkten in diese Richtung, je stärker die Siegermächte von Kooperation auf erneute Konfrontation umschalteten. Die deutsche Frage stellte nicht den Auslöser des Kalten Krieges dar, Konfliktherde zwischen den Großmächten gab es viele. Einmal in Gang gesetzt, mußte allerdings die Eigendynamik des Kalten Krieges Deutschland unvermeidlich zu einer der sensibelsten politischen Regionen werden lassen. Denn mit dem Zugriff auf Zentraleuropa entschied sich wesentlich das Kräfteverhältnis zwischen den beiden Lagern und späteren Militärblöcken. Hier standen sich die Hauptmächte auf engstem Raum mit riesigen Militärpotentialen gegenüber, also konnte hier der Kalte Krieg leicht in den heißen Krieg umschlagen.

Es wird mittlerweile kaum noch bestritten, daß auf diesem weltpolitischen Hintergrund über die sowjetische Besatzungspolitik, forciert durch die KPD und dann durch die SED, ein variiertes sowjetisches Gesellschaftsmodell und damit auch der heute meist als Stalinismus bezeichnete Machtmißbrauch auf einen Teil Deutschlands übertragen wurde. Ebenso klar ist, daß sich die Anpassung deutscher Politik an die Siegermächte in Ost und West mit Übereifer und in rasantem Tempo vollzogen hat. Die deutschen Politiker vermochten nicht – ja, sie haben es nicht einmal mit ernsthafter Kompromißbereitschaft versucht –, einen Konsens zu finden, der es ermöglicht hätte, gegenüber den Siegermächten so etwas wie einen deutschen Gesamtwillen – modern gesagt, den Standpunkt eines Runden Tisches – zu vertreten.

Statt dessen hatten sich alle politischen Hauptgruppierungen ihre Art „Magnettheorie" zurechtgelegt. Dies besagte im Westen: Wenn wir die Vorteile der Anlehnung an die ökonomisch starke USA und das wiedererstarkende Westeuropa nutzen und den bürgerlichen Rechtsstaat ausprägen, kommt der Osten Deutschlands unvermeidlich in unseren Sog – zumal wir das größere und entwickeltere Territorium und die höhere Einwohnerzahl repräsentieren. Im Osten besagte dies: Wenn wir gesellschaftliches Eigentum an Produktionsmitteln schaffen, Planwirtschaft organisieren und die Gesellschaft nach einem Programm zentralistisch gestalten, werden wir uns als die Überlegenen erweisen, die werktätige Mehrheit des Westens auf unsere Seite ziehen und gesellschaftliche Umbrüche in Westdeutschland bewirken, die die deutsche Einheit in unserem Sinne möglich machen. Die westdeutsche Sozialdemokratie, die sich frühzeitig für die Anlehnung an den Westen entschieden hatte, aber mit der Losung vom Sozialismus als Tagesaufgabe und mit dem bis in die Anfangsperiode der Bundesrepublik aufrechterhaltenen Verlangen nach Planwirtschaft einen dritten Weg propagierte, optierte in allen Entscheidungssituationen eher oder später doch für die durch das westliche Bündnissystem gesetzten politischen Determinanten, mögen sie Marshallplan, Wehrbeitrag, NATO-Beitritt, Europäische Gemeinschaft, Alleinvertretung oder sonstwie geheißen haben.

Man mag der SED und der Nationalen Front vorhalten, die im Verein mit der sowjetischen Siegermacht betriebenen gesellschaftsverändernden Umbrüche seien alleinige Ursache dafür gewesen, daß zwischen dem deutschen Westen und dem deutschen Osten von Anfang an ein tiefer Graben aufgerissen und später eine hohe Mauer errichtet wurde. Aber solche Pauschalurteile werden der historischen Kritik nicht standhalten. Sie gehen weit hinter Einsichten zurück, die Historiker im In- und Ausland über die

Politik der Großmächte, über die Haltungen deutscher Verwaltungen und Regierungen, Parteien und Politiker, über deren Agieren und Reagieren, über Handlungspielräume und Entscheidungszwänge, nicht zuletzt über die Vereinbarkeit antifaschistisch-demokratischer Umgestaltung in der sowjetischen Besatzungszone mit alliierter Deutschlandpolitik längst gewonnen und in einer kaum noch überschaubaren Literatur niedergelegt haben.

In den vierziger und fünfziger Jahren war auch hartgesottenen Stalinisten bewußt, daß eine eigenständige Entwicklung in Ostdeutschland und ein ostdeutscher Staat nicht von Dauer sein können und werden. Die fehlende Einheit des Landes diente geradezu als Hauptargument, um Unvollkommenheiten und Gebrechen der angestrebten neuen Gesellschaft zu erklären. Das Friedensinteresse und die Berufung auf den Auftrag zu nationaler Wiedervereinigung bildeten den Kitt, der auch bei gesellschaftlichen Konflikten und Interessengegensätzen Parteien und Organisationen, Staat und Bevölkerungsmehrheiten zu verbinden vermochte. In diesem Sinne läßt sich das, was die damalige SED als ihre nationale Politik bezeichnete, nicht einfach als Agitation oder gar als Ablenkungsmanöver abtun.

Solange die einschlägigen Archive nicht geöffnet sind, vermögen wir nicht mit Sicherheit zu sagen, wie es um Motive, Prioritäten, Kompromißbereitschaft sowjetischer Deutschlandpolitik bestellt war. Vieles spricht dafür, daß sich in der sowjetischen Führung verschiedene Vorstellungen kreuzten: En neutralisiertes einheitliches Deutschland lag gewiß im sowjetischen Sicherheitsinteresse. Ein nach sowjetischem Vorbild geformter westlicher Vorposten des „sozialistischen Weltsystems" entsprach einer aus Kominternzeiten nachwirkenden weltrevolutionären Strategie wie auch der Logik der Militärblöcke. Ein ostdeutscher Staat als Faustpfand und Verhandlungsgegenstand im Interessenausgleich zwischen den Supermächten war wohl auch immer im Kalkül.

Wer das außer acht läßt und die Generalsekretäre der SED, die Präsidenten und Staatsratsvorsitzenden, die Ministerpräsidenten und Außenminister der DDR für Politiker mit uneingeschränkten

Ermessensspielräumen hält, geht in die Irre. Doch hatten sich die Möglichkeiten mit der universellen diplomatischen Anerkennung der DDR spürbar und mit der Perestroika grundsätzlich erweitert, wovon allerdings Honecker und sein Politbüro in nationalen Belangen nicht Gebrauch zu machen wagten.

Nicht zu leugnen sind zahlreiche Angebote, die in den vierziger und fünfziger Jahren und selbst noch in den sechziger Jahren von der sogenannten Partei- und Staatsführung unterbreitet wurden. Es wird umstritten bleiben, ob sie die deutschen Dinge hätten wenden können. So, als die SED 1946 einen Volksentscheid über die deutsche Einheit vorschlug und einen Verfassungsentwurf für eine einige Deutsche Demokratische Republik vorlegte, als 1947 die Ministerpräsidenten der ostdeutschen Länder auf der Münchener Ministerpräsidentenkonferenz erschienen, ihnen aber eine Stellungnahme zum Thema deutsche Einheit verwehrt wurde, als sich die SED im gleichen Jahr mit der Bildung gesamtdeutscher Parteien einverstanden erklärte und die Idee einer Deutschen Repräsentation zur Vertretung deutscher Interessen auf der bevorstehenden Außenministerkonferenz der Siegermächte mittrug.

Oder erinnern wir uns an die Initiativen von Volkskammer, Präsidenten und Ministerpräsidenten der DDR in der ersten Hälfte der fünfziger Jahre, die immerhin bis zur erklärten Bereitschaft reichten, gesamtdeutsche Wahlen mit den Grundsätzen des Wahlrechts der Weimarer Republik durchzuführen. Verweisen ließe sich auf das Angebot einer Konföderation zwischen beiden deutschen Staaten Anfang 1957, ein Vorschlag, der in der ersten Hälfte der sechziger Jahre wiederholt wurde.

Zweifellos hatten alle diese Initiativen – vor allem unmittelbar vor und nach der 1955 erfolgten Einbindung beider deutscher Staaten in die jeweiligen Paktsysteme – starke agitatorische Akzente, zielten sie auf das Durchkreuzen westlicher Integrationsprozesse, wurden sie durch eine politische Praxis, die in den Mauerbau einmündete, stark abgewertet. Dennoch bleibt die bohrende Frage: Woraus erklärt sich das Fehlen jeglicher Risikobereitschaft westdeutscher Politik in der nationalen Frage? Wieso hat Bonn die SED und DDR nicht beim Wort genommen? Wurde der Versuch, eine auf gesellschaftlichem Eigentum und Produktionsmitteln beruhende Gesellschaft zu schaffen, als ein Bazillus empfunden, mit dem man sich damals nicht infizieren wollte? Wollte man den totalen Zerfall abwarten und jedem ostdeutschen Anspruch auf Mitgestaltung der deutschen Zustände aus dem Weg gehen? Auf alle Fälle verursachte der Gedanke an ein neutralisiertes Deutschland dem langjährigen Bundeskanzler Adenauer Alpträume. Wenn die sogenannte Stalin-Note des Jahres 1952 mit ihrem Angebot für einen deutschen Friedensvertrag und deutsche Wiedervereinigung vom Westen nicht ausgelotet wurde, so ging diese ablehnende Haltung in erster Linie auf die Intervention des Bundeskanzlers zurück.

Wer die fünf dickleibigen Bände der Akten zur Vorgeschichte der Bundesrepublik Deutschland oder die Protokolle des Parlamentarischen Rates liest, kann nur erstaunt zur Kenntnis nehmen, wie frühzeitig und weitreichend die Ostzone mit ihren realen Problemen, ihren Politikansätzen, ihren Überlegungen zum künftigen Deutschland und seiner Verfassung ausgegrenzt war. Die reale Befindlichkeit dieser deutschen Regionen, für die mitzuhandeln man vorgab, spiegeln sich in diesen Papieren wenn überhaupt, dann meist nur als polemischer Kontrast zur eigenen Politik.

Einigungsvertrag und Mantelgesetz stehen – mit ihrer Mißachtung der realen Lage und der tatsächlichen Betroffenheit der Bevölkerung der ostdeutschen Länder – in einer nun über Jahrzehnte währenden unrühmlichen Tradition. Und diese wurzelt tief in der deutschen Vergangenheit. Zu den heutigen Vorgängen bietet die Geschichte keinen Vergleich an. Aber wie die westdeutsche Großbourgeoisie die Ergebnisse einer Erhebung der Bürger der DDR usurpiert und zugleich die eigentlichen Akteure der politischen Wende ausgrenzt, wie sie ihre Maxime, daß in Geldsachen die Gemütlichkeit aufhört, praktiziert, das erinnert schon an 1848/49 und so manche Erkenntnisse der Folgezeit. Insofern ist man doch versucht anzuerkennen: Es geht wieder normal zu in Deutschland.

Aber natürlich lebt die Geschichte in ihren großen Abläufen

vom Geschehen, das Veränderungen bewirkt. Normalzustände kennt sie ja nicht, gleich gar nicht hat es je eine Normalität in den nationalen Belangen der Deutschen gegeben. Verändern wird sich vieles in Deutschland. Mag die heute ausgerufene Bundesrepublik Deutschland auch den gleichen Namen tragen wie der 1949 begründete deutsche Weststaat. Sie wird etwas anderes sein als eine erweiterte BRD; auch wenn die Architekten der Anschlußverträge dies zu verhindern suchten.

Als 1871 das Deutsche Kaiserreich gegründet wurde, quittierten die deutschen Linken, die für die einheitliche demokratische deutsche Republik gekämpft hatten, die Vereinnahmung durch Preußen als ihre Niederlage. Der Geist von Sedan triumphierte. Die Arbeiterfunktionäre schauten nicht ohne Wehmut zurück und fanden sich in der neuen Realität so schnell nicht zurecht. Friedrich Engels indes riet ihnen, das Faktum zu akzeptieren, ohne es zu billigen. Er verwies darauf, daß die Bewegung nun auch vieler Hemmnisse ledig sei und sich endlich in nationalem Maßstab organisieren könne. Und Bebel und Liebknecht ließen sich nicht in die antinationale Ecke stellen, wenn man sie auch als vaterlandslose Gesellen diffamierte. Die marxistische Arbeiterpartei zog mit zwei Abgeordneten in den Deutschen Reichstag ein. Sieben Jahre später war sie so erstarkt, daß Bismarck versuchte, sie mit einem Ausnahmegesetz, dem ersten Radikalenerlaß der deutschen Parlamentsgeschichte, niederzuhalten, was ihm bekanntlich nicht glückte.

Ja doch – Geschichte wiederholt sich so nicht, und wer hat schon das Recht, sich mit der alten Sozialdemokratie zu vergleichen?! Geschichtsbetrachtung läßt uns nur erkennen: Die Zukunft ist offen. Vieles ist möglich. An Herausforderungen ist kein Mangel. Fühlen wir uns also herausgefordert! Gestalten wir es mit, dieses Deutschland! Doch vergessen wir darüber nicht Europa und die Welt.

Jürgen Kocka

Nur keinen neuen Sonderweg

Jedes Stück Entwestlichung wäre als Preis für die deutsche Einheit zu hoch

(Aus: „Die Zeit" vom 19. 10. 1990)

Das neue Deutschland steht historisch in mehreren Kontinuitäten. Die Geschichte der DDR gehört ebenso zu seinem Erbe wie die Geschichte der Bundesrepublik; dazu zählt auch die Erinnerung an die Katastrophen der Nazi-Zeit wie überhaupt die lange deutsche Geschichte davor. Überdies ist unsere Geschichte Teil der europäischen und darüber hinaus der westlichen Zivilisationsgeschichte. Daß man in mehreren Kontinuitäten steht, ist normal und Bedingung von Freiheit. Wir können uns die Erbschaften auch keineswegs aussuchen. Aber man muß für die Zukunft sich entschieden in die eine oder andere Kontinuitätslinie stellen und gegenüber den übrigen auf Distanz gehen, ohne sie zu verleugnen oder zu vergessen. Ich plädiere dafür, das vereinigte Deutschland konsequent in der Kontinuität der Bundesrepublik zu verankern. Der tiefe Umbruch von 1989/90 darf die Zäsur der Jahre um 1945 nicht relativieren. Vielmehr sollte und kann er sie besiegeln.

Der Einschnitt vor und nach 1945 ging tiefer als die Einschnitte um 1933, 1918/19, 1870/71 oder 1848. Die nationalsozialistische Diktatur ging in den Schrecken des von ihr angezettelten Weltkriegs zugrunde. Ihre Verbrechen wurden offenbar, und die Erinnerung an sie gibt der deutschen Geschichte seitdem eine andere Qualität. Der 1870/71 gegründete Nationalstaat zerbrach. Preußen wurde aufgelöst. Der deutsch besiedelte Raum schrumpfte erheblich. Millionen von Flüchtlingen und Vertriebenen veränderten die Milieus, in die sie einströmten.

Vor allem aber endete – für das westliche Deutschland –, was

Historiker seit den dreißiger Jahren als den „deutschen Sonderweg" bezeichnet und kritisiert haben. Die sozialen Strukturen und Mentalitäten, durch die sich die Deutschen von den Westeuropäern unterschieden und die zum Sieg des Nationalsozialismus beigetragen hatten, überlebten die Zäsur um 1945 nicht oder nur stark geschwächt: Mit dem Verlust der Ostgebiete und der Enteignung östlich der Elbe hörten die Großgrundbesitzer – die Junker – als Klasse auf zu bestehen. Nationalismus und Militarismus verloren ihre Kraft. Erstmals entstand in Deutschland ein wirklich funktionierender parlamentarisch-demokratischer Verfassungsstaat. Erstmals wurde er von weiten Bevölkerungskreisen akzeptiert, auch von den Führungsschichten. Ein neues Parteiensystem entstand, das nicht mehr durch die konfessionelle Spannung geprägt war. Auch die Gewerkschaften wurden nach 1945 anders aufgebaut, als sie vor der Zerschlagung durch die NS-Diktatur existiert hatten. Allmählich entstand im westlichen Deutschland eine demokratische politische Kultur, die ehemals starken Traditionen der Illiberalität schwächten sich ab. Der Einfluß der Besatzungsmächte half, das Wachstum der folgenden Jahre erst recht.

Es gab zwar auch viele Kontinuitäten und weiterhin deutsche Besonderheiten. So überlebte – zum Glück – der Föderalismus. Der Beamtenstaat widerstand einer Reform, wie sie vor allem die Anglo-Amerikaner gefordert hatten. Obwohl sich die Deutschen von der nationalsozialistischen Zeit viel weniger radikal absetzten, als man es sich gewünscht hatte, wurde aus der Bundesrepublik Deutschland nach Verfassung, Gesellschaftsstruktur, Wirtschaftsform und Kultur ein relativ normales Land westlichen Musters, mit dessen typischen Vorzügen und Problemen. Auch aufgrund seiner politischen, ökonomischen, militärischen und kulturellen Verflechtungen gehörte der größte Teil Deutschlands nunmehr eindeutig zum Westen. Der „Sonderweg", der die deutsche Geschichte im 19. und 20. Jahrhundert vom Entwicklungspfad der westlichen Demokratien weggeführt hatte und in die Katastrophe des Nationalsozialismus gemündet war, war – so schien es – glücklicherweise am Ende.

Mit drei Einschränkungen: All dies traf nur auf den größeren – westlichen – Teil Deutschlands zu, nicht auf den kleineren östlichen; der Verlust des Nationalstaates, die Existenz zweier deutscher Staaten, die fehlende Kongruenz von politischer Organisation und nationaler Erstreckung blieb eine deutsche Besonderheit, deren langfristige Bedeutung nicht abzusehen war; und schließlich lastete auf allem die „Vergangenheit, die nicht verging", eine Geschichte, zu der Faschismus, Diktatur und staatlich betriebener Massenmord gehörten. Die Erinnerung daran ließ sich nicht verdrängen; deshalb unterschied sich die Bundesrepublik von anderen westlichen Staaten. Um die Anerkennung und Einordnung dieses Erbes ging es im „Historikerstreit" von 1987/88.

Man hat es für richtig gehalten, die Bundesrepublik rückblickend als rheinisch-separatistischen Halbstaat abzuqualifizieren, der sich, von westlichen Besatzungsarmeen gestiftet, ohne tragfähige Identität, ohne richtige Hauptstadt und von zentrifugalen Tendenzen zerklüftet, nun glücklicherweise in ein neues Gesamtdeutschland, einen zentraleuropäischen Staat mit historisch begründetem Eigenweg auflöse (so Friedrich Dieckmann und Karl Heinz Bohrer kürzlich im „Merkur"). Christian Meier spricht davon, daß die postnationale Orientierung der Bundesrepublik ihre Lebenslüge ausgemacht habe, und befürchtet, daß wir jetzt, geprägt von den bequemen Erfahrungen mit dem westlichen Teilstaat, zu einer „Nation wider Willen" werden. Andere wollen das Grundgesetz durch eine neue, demokratischere und sozialere Verfassung ersetzen, die zugleich dokumentieren soll, daß das neue Gesamtdeutschland keine bloße Fortsetzung der Bundesrepublik darstellt.

Zu solchen Absetzungsbewegungen von der Bundesrepublik und ihrer Tradition besteht aber kein Anlaß. Was im vergangenen Jahr in Deutschland geschehen war, ist nicht zuletzt eine Folge der – nicht nur ökonomischen – Leistungs- und Anziehungskraft der Bundesrepublik. Es könnte sein, daß die unbestreitbare Leistungskraft der Bundesrepublik, ihre Mischung aus Effizienz, Demokratie und Liberalität, ihr Verzicht auf machtpolitiche

Großmannssucht, ihre sozialen Errungenschaften und ihre Verankerung in der Zustimmung einer sehr großen Bevölkerungsmehrheit gerade mit dem zusammenhingen, was Bohrer, Meier und andere als ihr angebliches Identitätsdefizit ausmachen wollen, nämlich mit ihrem postnationalen Charakter. „Vielleicht wissen wir noch gar nicht, was uns gefehlt hat", meint Meier. Das ist mir zu luftig, zu spielerisch. Im Licht unserer Geschichte und im nüchternen Vergleich kann man jedenfalls wissen, was man gehabt hat – und was man verlieren kann.

Der Mangel an nationaler Begeisterung kann insofern nicht überraschen. Statt dessen stellt sich die Frage: Weshalb stieß die Vereinigung auf so große Zustimmung, warum hat sie sich so selbstverständlich durchgesetzt?

Die Vereinigungsdynamik kam vor allem aus der DDR und resultierte aus dem Zusammenbruch der Selbstanerkennung des DDR-Staatsvolkes. Dahinter steckten das Versagen des diktatorischen Staatssozialismus im Systemwettbewerb und der gleichzeitige Mangel an jeder überzeugenden Perspektive eines dritten Wegs zwischen Staatssozialismus und Marktwirtschaft. Damit aber war der Fortexistenz eines selbständigen ostdeutschen Staates die Grundlage entzogen, sobald die diktatorischen Machtverhältnisse und die außenpolitischen Bedingungen sie nicht mehr erzwangen.

Die nationale Bewegung, in die die DDR-Revolution seit November 1989 überging, war im Kern eine verständliche Bewegung für den Abbau ökonomischer und sozialer Ungleichheit: ein sehr verständliches Motiv, ein rationales Kalkül, das mittelfristig auch aufgehen wird. Viel schwerer ist zu erklären, warum dieses Vereinigungsbegehren unter den Westdeutschen nicht auf mehr Skepsis stieß, sondern von der politischen Klasse der Bundesrepublik mit wenigen Ausnahmen gestützt und verstärkt wurde.

Sicherlich spielten die grundgesetzlichen Festlegungen eine Rolle. Ein wenig war man wohl auch in der eigenen Nationalrhetorik befangen, die man verbreitet hatte, ohne ihre Einlösung erwarten zu können oder zu müssen. Auch an machtstaatlichem Ehrgeiz dürfte es nicht ganz gefehlt haben. Ins Gewicht fiel sicherlich auch, daß erstmals seit mehr als hundert Jahren in Deutschland wieder eine – vermutlich vorübergehende – Situation bestand, in der man besten Gewissens national und demokratisch-liberal zugleich argumentieren und die Vereinigung auch als Mittel zur Herstellung demokratisch-parlamentarischer, rechtsstaatlicher Verhältnisse in der DDR wünschen konnte.

Letztlich dokumentiert die im Grundsatz breit akzeptierte westdeutsche Vereinigungspolitik des Jahres 1990, daß auch in der westdeutschen Bevölkerung nationales Zusammengehörigkeitsbewußtsein, nationale Loyalitäten und Identitäten fortwirken, die Politik legitimieren können, ohne selbst der expliziten Legitimation zu bedürfen. Wie tragfähig sie sind, wird sich in den nächsten Monaten und Jahren allerdings noch herausstellen müssen. Sie sind leicht zu überfordern und konkurrieren zum Glück mit anderen Bedingungen und Interessen.

Müssen wir deshalb neuerlich das Abdriften der Deutschen auf einen Sonderweg befürchten? Zwar war unsere Zukunft in der Nachkriegszeit noch nie so offen. Trotzdem halte ich folgendes für wahrscheinlich:

Erstens: Mit der Vereinigung ist die Ostgrenze Deutschlands an Oder und Neiße – und damit eine faktische Entscheidung von 1945 – definitiv besiegelt worden. Das neu entstehende Gesamtdeutschland unterscheidet sich von dem früheren Deutschen Reich nicht zuletzt in seiner Erstreckung nach Osten. Das neue Deutschland ist keine Wiederherstellung des alten.

Zweitens: Zweifellos wird die Vereinigung sozial-ökonomisch, verfassungspolitisch und kulturell keine Restauration der Verhältnisse vor dem Zweiten Weltkrieg mit sich bringen, insofern also keine Rückkehr zum alten deutschen Sonderweg.

Drittens: Der Nationalstaat stellt offensichtlich weiterhin die Normalform politischer Organisation europäischer Gesellschaften dar. Die Vereinigung der beiden deutschen Staaten, die in gewissem Sinn postnationale Gemeinwesen darstellten, treibt die Entwicklung zu einer künftigen Ordnung jenseits der Nationalstaaten nicht voran. Aber sie begründet als solche auch keinen deutschen Sonderweg, sondern bedeutet den Anschluß der deutschen Entwicklung an die europäische Normalität. Noch bleiben große Unsicherheiten. In unserem Teil der Welt ist es noch nie recht gelungen, Frieden, Freiheit und nationalstaatliche Einheit längere Zeit auf einen Nenner zu bringen. Wie werden die Deutschen mit ihrer neuen Großmachtrolle zurechtkommen? Wie verarbeitet Europa die neu gewonnene Größe, Kraft und Souveränität der Deutschen? Wie stabil ist die Wiedergeburt der nationalstaatlichen Ordnung Mittel- und Osteuropas?

Viertens: Das künftige Gesamtdeutschland wird sich aber nicht nur nach Größe und Erstreckung, sondern auch nach Struktur und Qualität von der Bundesrepublik unterscheiden. Was wird die DDR in die Verbindung einbringen? Sensibilität für soziale Belange, Übung in nichtmarktförmigen Beziehungen, ihren Antifaschismus, Bescheidenheit, Geduld, Qualifikationen und Motivation, dazu das Bewußtsein, eine Volksbewegung zu beträchtlichem Erfolg geführt zu haben? All das wäre nicht wenig. Andererseits wird der entstehende Gesamtstaat mit den Problemen der sich auflösenden DDR belastet; wirtschaftliche und soziale Übergangsschwierigkeiten größten Ausmaßes und daraus entstehende Protestpotentiale; die giftige Erblast einer Jahrzehnte dauernden Diktatur, die in personellen Kontinuitäten ebenso weiterlebt wie in den Eigenarten der politischen Kultur; einen empfindlichen Mangel an Liberalität, die in der Bundesrepublik langsam gewachsen und selbst hier noch gefährdet ist; dafür Erfahrungen der Niederlage, der Demütigung vielleicht; gebrochene Identitäten und ungelöste Probleme der „Vergangenheitsbewältigung". Wie wird es dem neuen Gesamtdeutschland gelingen, diese Schwierigkeiten zu absorbieren, ohne an ihnen Schaden zu nehmen?

Anders als die Bundesrepublik wird das neue Deutschland die Kernlande des alten Sonderwegs umfassen und nicht wie die Bundesrepublik im wesentlichen auf das Gebiet des rheinbündischen Deutschlands beschränkt sein. Es wird aus einer anderen Mischung regionaler Kulturen bestehen. Das langsamere Wirtschaftswachstum, der erzwungene Verzicht auf die Öffnung nach Westen, die Fortdauer des Mangels und der Diktatur haben dazu geführt, daß die DDR deutscher geblieben ist als die Bundesrepublik, weniger weltläufig, zumal sie sich aus erklärlichen Gründen viel weniger von ihren östlichen Nachbarn beeinflussen ließ als die Bundesrepublik vom Westen.

Wird also die Vereinigung die Balance ändern und die innere Zugehörigkeit Deutschlands zum Westen – verglichen mit der Westorientierung der Bundesrepublik – relativieren? Wird sie also doch einen Schritt auf einen deutschen Sonderweg zwischen Ost und West bedeuten, wenn natürlich auch in aktualisierter Form?

Manches Gerede von der angeblichen Brückenfunktion der Deutschen zwischen Ost und West läßt aufhorchen. Wir sollten uns nicht übernehmen. Für Berlin als Hauptstadt spricht vieles, aber je mehr die Entscheidung eine grundsätzliche Verschiebung des ganzen Koordinatenkreuzes von West nach Ost und die betonte Absetzung des neuen Deutschland von der bisherigen Bundesrepublik symbolisieren soll, desto mehr Mißtrauen muß sie hervorrufen.

Zweifellos ist vieles an der Bundesrepublik ungerecht und dringend der Veränderung bedürftig: die riesigen Ungleichheiten, das schwierige Verhältnis zur Dritten Welt, die ökologischen Probleme, neureiche Stillosigkeit, Ellbogenmentalität, Sinndefizite. Allerdings ist nicht zu sehen, wie die Übernahme von DDR-Errungenschaften oder gar der Rückgriff auf ältere deutsche Traditionen bei der Lösung helfen könnten. Überhaupt ist dies keine Zeit für radikale Reformen. Man muß froh sein, wenn man die unvermeidlichen Turbulenzen der Vereinigungskrise übersteht, ohne hinter den erreichten Stand der Entwicklung zurückzufallen.

Das gilt besonders in der Frage der Verfassung. Wer die demokratischen Verfassungsgrundsätze und die Prinzipien westlicher Zivilisation für wichtiger hält als die Zugehörigkeit zu einer Nation, wird sich dagegen wehren, daß die Grundlagen dieser Republik zur Disposition gestellt werden sollen, nur weil sich die nationale Konstellation verändert hat. Wir brauchen keinen neuen Parlamentarischen Rat. Für notwendige Verfassungsänderungen hält das Grundgesetz selbst die angemessenen Verfahren bereit.

Man kann Tempo und Art der Vereinigung kritisieren, mit gutem Grund. Sie führt zumindest im Augenblick zu hohen Kosten, die vor allem von den Bewohnern der DDR bezahlt werden: Entwurzelung, Abstieg, Unsicherheit, neue Unterordnung und Desorientierung. Zu den Wunden, die die letzten Jahrzehnte schlugen, kommen neue Verletzungen. Es wird lange dauern, sie auszuheilen. Aber richtig ist doch – und auch von großen Mehrheiten in der DDR so gewollt –, daß die Vereinigung vor allem zu westlichen Bedingungen erfolgt: auf der Basis des im wesentlichen unveränderten Grundgesetzes, nach bundesrepublikanischem Muster, bei gleichzeitig verstärkter Einbindung Deutschlands in den schrittweise zu erweiternden Zusammenhang der EG, ohnen jeden Flirt mit militärpolitischer Neutralität.

Jedes Stück Entwestlichung wäre als Preis für die Vereinigung zu hoch. Im Licht der Erinnerung an den deutschen Sonderweg, seine katastrophalen Folgen und sein kostenreiches Ende um 1945 ist klar: Die Vereinigung geschieht zu Recht als Integration der DDR in die Bundesrepublik, nicht als Kompromiß zwischen Westen und Osten, nicht als Zusammenwachsen auf mittlerem Grund.

Das neue Deutschland wird dennoch nicht bloß eine neue Bundesrepublik sein. Neue Erfahrungen und neue Traditionslinien kommen hinzu, Belastungen vor allem, vielleicht auch Chancen. Zu unserer Geschichte – und nicht zur Vergangenheit von nur sechzehn Millionen – gehören nun auch die vier Jahrzehnte der DDR. Wir werden lernen müssen, damit zu leben. Die politische Kultur und das politische Spektrum des neuen Deutschland werden weiter, vielfältiger und spannungsreicher sein als die Kultur und das Spektrum der Bundesrepublik. Dies anzuerkennen und sich selbst entsprechend zu ändern, gehört zu den Grundprinzipien des pluralistisch-demokratischen Systems, dessen friedliche Ausdehnung auf den bisher diktatorisch regierten Teil Deutschlands historisch viel wichtiger ist als die Wiederherstellung des deutschen Nationalstaats als solche.

Nicht das Zusammenwachsen zu irgendeiner neuen national-deutschen Identität mit überraschenden Inhalten und neuen

Strukturen ist die Aufgabe der nächsten Zukunft, sondern die möglichst taktvolle Übertragung des – entwicklungsfähigen und entwicklungsbedürftigen – bundesrepublikanischen Modells auf den Bereich der ehemaligen DDR. Die Vereinigung als Mittel zur Demokratisierung und Verwestlichung der DDR – das ergibt einen Sinn und definiert eine Aufgabe, die uns noch lange beschäftigen wird.

Peter Steinbach

1990

Außenpolitisch am Ende eines langen Weges

(Aus: „Trend“ vom 1. 12. 1990)

„Was man von der Minute ausgeschlagen, gibt keine Ewigkeit zurück“, formulierte Friedrich Schiller wenige Jahre vor dem Ausbruch der Französischen Revolution von 1789, die Europa und die Welt veränderte.

„Wer zu spät kommt, den bestraft das Leben“, war von Michail Gorbatschow während der Feierlichkeiten zum 40. Gründungstag der DDR im Oktober 1989 zu hören.

Das historisch und politisch Gebotene zeitgemäß zu tun, Möglichkeiten zu nutzen und den Zipfel des Mantels der Geschichte beherzt zu ergreifen – dies ist das wesentliche Kennzeichen des erfolgreichen Politikers. In den vergangenen zwölf Monaten ist deutlich geworden, was diese Kunst bedeutet und was sie vermag.

Die innenpolitischen Auseinandersetzungen über die „Kosten“ der deutschen Vereinigung, um Abtreibungsbestimmungen, Wahltermine und Abstimmungsmodalitäten können nicht den Blick für die Bedeutung jener Entwicklung verstellen, deren Zeuge wir seit einem Jahr wurden.

Innerhalb von Monaten schloß sich die Wunde der deutschen Teilung und erfüllte sich das Ziel deutscher Nachkriegspolitik, Deutschland in „seiner nationalen und staatlichen Einheit zu wahren und als gleichberechtigtes Glied in einem vereinten Europa dem Frieden der Welt dienen (zu lassen)“.

Die Überwindung der deutschen Teilung war nur in den Konstellationen europäischer Zusammenarbeit und Vertrauensbildung möglich; sie blieb bis zuletzt abhängig von den Entscheidungen und Zugeständnissen der Siegermächte des Jahres 1945, die sich zu ihrer Verantwortung für Deutschland als Ganzes bekannten und nur durch Verhandlungen veranlaßt werden konnten, dem aus seinen Teilstaaten zusammenwachsenden Deutschland volle und durch keinerlei Vorbehaltsrechte eingeschränkte Souveränität zu gewähren.

Mit der Vereinigung der beiden deutschen Teilstaaten endet die Epoche der Nachkriegszeit, die mit den großen Kriegskonferenzen der Alliierten in Teheran 1943 und Jalta 1945 lange Zeit vor der bedingungslosen Kapitulation im Mai 1945 begonnen hatte. Im 20. Jahrhundert galt das Deutsche Reich als die größte Gefahr für den Frieden in Europa, ganz im Gegensatz zum 19. Jahrhundert, als der Deutsche Bund und das 1871 entstandene Deutsche Reich als ein Faktor europäischer Stabilität galten. Bismarck hatte dieses Reich als einen der letzten europäischen Nationalstaaten in das „Konzert der europäischen Mächte" eintreten lassen können, weil er immer wieder betont hatte, daß Deutschland „saturiert" sei, also keinen Expansionsgelüsten nachgeben wollte. In den achtziger Jahren des 19. Jahrhunderts wurde das Berlin Bismarcks sogar zu einem Zentrum europäischer Friedensdiplomatie, wie der Berliner Kongreß 1878 zeigte.

Nach dem Sturz Bismarcks im Jahre 1890 setzte eine verhängnisvolle außenpolitische Entwicklung ein. Kaiser Wilhelm II. versprach den Deutschen, ihnen einen Platz an der Sonne schaffen und so „herrlichen Zeiten" entgegenführen zu wollen. Sein Reich sollte nicht nur Kolonien erhalten, sondern auch zu einer europäischen Vormacht werden. Außenpolitische Antipathien steigerten sich zu Phobien: gegen Frankreich, Großbritannien und das autokratische Zarenreich sollte zu Lande und zu Wasser gerüstet werden.

Ob in China oder in Marokko – gegen die „gelbe Gefahr" wurden Regimenter in Marsch gesetzt. Kanonenbootdiplomatie trat an die Stelle eines diplomatischen Interessenausgleichs. Schließlich gingen 1914 in Europa die Lichter aus, als Deutschland den militärischen Waffengang suchte – angeblich, um Bündnisverpflichtungen gegenüber Österreich-Ungarn zu erfüllen, sicherlich auch, um innenpolitische Schwierigkeiten zu meistern und den Kampf um die Hegemonie in Europa zu suchen.

Indirekt wurde Deutschland so für die Herausbildung eines neuen weltpolitischen Systems verantwortlich: Im Ersten Weltkrieg wurden Großbritannien und Frankreich geschwächt, obwohl sie siegten und den Frieden von Versailles zu diktieren vermochten. Entscheidend waren aber der Schritt der Vereinigten Staaten von Amerika nach Europa und der Ausbruch der Russischen Revolution im Jahr 1917. Deutschlands Heeresleitung ermöglichte Lenin sogar die Rückkehr nach Rußland und unterstützte so aus kriegsegoistischen Gründen und einem maßlosen Siegeswunsch heraus die Zerstörung der bürgerlichen Welt des 19. Jahrhunderts. Lenin schloß 1917 Frieden mit dem Deutschen Reich, das ein Jahr später militärisch zusammenbrach. Dieser Friedensschluß war die Voraussetzung für die Revolutionierung und Bolschewisierung des russischen Reiches und damit der Beginn der kommunistischen Parteidiktatur, die sich schließlich im Stalinismus zu jenen menschenverachtenden Exzessen steigerte, von denen sich die Sowjetunion bis heute noch nicht erholt hat.

1918 markierte mit dem Ende des Weltkriegs die erste Zäsur deutscher Geschichte im 20. Jahrhundert. Außenpolitisch geschwächt, entmilitarisiert, durch die Versailler Friedensordnung den Siegermächten ausgeliefert, mußten die Außenpolitiker der Weimarer Republik Kriegsfolgen mildern, neues Vertrauen schaffen, schrittweise die politische Handlungsfähigkeit ihres Staates herstellen und für einen Ausgleich mit den Nachbarn sorgen.

Außenpolitische Handlungspielräume wurden aber nicht nur durch die Sachzwänge eingeengt, die Folge des verlorenen Krieges waren, sondern auch durch innenpolitische Kontroversen, die vor allem der republikfeindlichen Rechten nutzten. Rathenau, der erste große Außenpolitiker der Weimarer Republik, wurde nach der Aussöhnung mit der Sowjetunion in Rapallo 1922 Opfer rechtsextremistischer Freikorpsanhänger; Stresemann, der die Aussöhnung mit Frankreich erreichte und Deutschland zum Mitglied des Völkerbundes machen konnte, rieb sich in seinem Amt auf. Er starb 1929, bevor die Republik von ihren Anhängern preisgegeben und von den Nationalsozialisten erobert wurde. Ihre Machtergreifung Ende Januar 1933 markiert die zweite entscheidende Zäsur deutscher Geschichte in unserem Jahrhundert.

Obwohl Hitlers Regime zunächst durchaus internationale Anerkennung gewinnen und außenpolitische Erfolge erringen konnte, gab es in den europäischen Staaten und in den USA stets Kritiker der nationalsozialistischen Revisionspolitik. Sie mißtrauten der Möglichkeit, mit Hitler zu einem Interessenausgleich zu kommen und so den Frieden zu sichern. Dennoch war die außenpolitische Haltung der meisten großen Mächte nicht einhellig. Versuchten sie einerseits, Hitlers Expansionswillen zu begrenzen, indem sie multilaterale Verträge abschlossen, so setzten sie andererseits nicht selten auf bilaterale Verständigung.

Folgenschwerstes Beispiel für eine fehlgeschlagene Einbeziehung Deutschlands in ein kollektives Friedenswerk war das Münchener Abkommen vom Herbst 1938, das Hitlers Expansionswillen in Mitteleuropa jede Schranke nahm und deshalb als Vorstufe des entfesselten Zweiten Weltkrieges gedeutet wurde. Verhängnisvollste Konsequenzen hatte der Hitler-Stalin-Pakt vom August 1939, denn er ermöglichte den Überfall auf Polen und zugleich die Unterwerfung des Baltikums unter die Herrschaft Stalins. Bis heute hat sich Osteuropa nicht von den Folgen des „Nichtangriffspaktes" zwischen zwei Diktatoren – Hitlers und Stalins – erholt; insofern ist jenseits des Bugs die Nachkriegszeit noch immer nicht vorbei.

Der Einmarsch der deutschen Wehrmacht in Polen war der erste Schritt in den Weltkrieg, den Hitler als Rassen- und Weltanschauungskrieg führen wollte, um endgültig die deutsche Hegemonie in Mittel- und Osteuropa zu zementieren. Zweifellos hatte er sogar Weltherrschaftspläne, die sich mit den Zielen des ebenfalls zur Weltmacht strebenden Japan verbanden. Deutschland wollte durch den Krieg gegen Frankreich und Großbritannien neue Grundlagen einer weltpolitischen Ordnung schaffen – auf Kosten Europas, das zum Reservoir von Bodenschätzen und Arbeitskräften werden sollte und einer denkbar brutalen Okkupation ausgesetzt wurde. Hitler zerstörte das internationale System der Zwischenkriegszeit und schuf auf diese Weise die Voraussetzungen für die neue Rolle der beiden Supermächte USA und Sowjetunion.

Ohne ihre Einflußnahme war die internationale Politik der Zukunft nicht denkbar, mochte der amerikanische Präsident Roosevelt auch die Hoffnung hegen, daß in Zukunft fünf Großmächte – neben den USA und der Sowjetunion Frankreich, Großbritannien und China – im Rahmen einer internationalen Friedensordnung für den Frieden in der Welt verantwortlich sein sollten.

Die Voraussetzung dieser neuen Ordnung war die militärische Niederlage Deutschlands und Japans. Deutschland kapitulierte im Mai 1945 bedingungslos. Japan wurde wenige Monate später durch zwei Atombombenexplosionen unterwerfungsbereit gemacht.

Die Atompilze und die völlige Niederlage Deutschlands machten das Jahr 1945 zur dritten entscheidenden Zäsur unseres Jahrhunderts. Niemand konnte sich zu dieser Zeit vorstellen, wie der Weg dieser Herausforderer des internationalen Systems – Deutschland und Japan – in die Gemeinschaft der Völker gebahnt werden konnte.

Die Siegermächte waren entschlossen, Deutschland Wiedergutmachung für Krieg, Verschleppung und Unterdrückung aufzubürden. Schon frühzeitig wurden Teilungspläne diskutiert. Mit der bedigungslosen Kapitulation hatte das Deutsche Reich seine Souveränität verloren. Politische Verantwortung wollten die Siegerstaaten zwar für „Deutschland als Ganzes" übernehmen; zugleich war den Besatzungsmächten aber ausdrücklich freigestellt, in ihren Besatzungszonen durch Demontage, die Mobilisierung von Arbeitskräften (nicht zuletzt auch durch die erzwungene Arbeitsleistung von Kriegsgefangenen) und Eigentumsübertragungen einen finanziellen Ausgleich für die eigenen Rüstungs- und Kriegskosten und die Folgen der deutschen Besatzungspolitik zu suchen.

Die Ausgangslage des Jahres 1945 war denkbar schlecht. Die Siegermächte verfolgten ihre Kriegsziele, die durch die jeweiligen Erfahrungen mit deutscher Politik geprägt waren. Während die französische Regierung vor allem in der territorialen Schwächung Deutschlands durch Dezentralisierung und Abtrennung von Wirtschaftszentren eine gewisse Sicherheit vor neuen Übergriffen erblickte, suchten die Nachfolger Churchills in der Eindämmung möglicher deutscher Aktivitäten durch demokratische Institutionen und ein System des europäischen Gleichgewichts außenpolitische Stabilität. Stalin hingegen setzte auf wirtschaftliche Schwächung und einen grundlegenden Strukturwandel zu Lasten der Bevölkerungsgruppen und derjenigen Wirtschaftskreise, die nach kommunistischer Überzeugung nicht nur Nutznießer, sondern treibende Kräfte des „Faschismus" gewesen sein sollten. Enteignung des Großgrundbesitzes, Sozialisierung von Banken und Großbetrieben, vor allem aber die Etablierung einer kommunistischen „Gegenmacht" in der SBZ sollten einen Rückfall der Deutschen in nationalsozialistische Zielvorstellungen verhindern. Mißtrauen prägte die alliierte Politik, so positiv sie sich auch mit der Formulierung der „vier großen D" im Potsdamer Abkommen vom Sommer 1945 gaben: Denazifizierung, Dezentralisierung und Demilitarisierung sollten die Voraussetzung einer Demokratisierung sein, die mit einer umfassenden Umerziehung (Reeducation) einhergehen sollten.

Trotz der Proklamation gemeinsamer Verantwortung der Siegermächte gehörte jedoch faktisch die unterschiedliche Entwicklung in den vier Besatzungszonen zu den grundlegenden Bedingungen Deutschlands in der Stunde Null. Die Alliierten kontrollierten die ersten Schritte der Deutschen in eine demokratische Ordnung: Sie entschieden über die Zulassung von Parteien, Verbänden und Presseorganen, wachten über die Wahlen auf kommunaler und einzelstaatlicher Basis und kontrollierten auch die sich allmählich herausbildenden Organe zentraler Verwaltung.

Souveränität mochten sie „Deutschland als Ganzem" zunächst nicht zubilligen, so deutlich auch vor allem den verantwortlichen Politikern im Westen die Notwendigkeit vor Augen stand,

Deutschland in jene westliche Verteidigungsgemeinschaft einzubeziehen, die sich durch das Ziel bestimmte, den Einfluß der Sowjetunion einzudämmen, wenn nicht durch eine Politik des „Roll-back" zu beschneiden.

Adenauer war damals sehr frühzeitig bewußt, daß Deutschlands Weg in die Außen- und Weltpolitik durch die Bereitschaft bedingt war, Verteidigungsaufgaben zu übernehmen. Sie ließen sich nicht mehr nationalstaatlich, sondern nur bündnispolitisch legitimieren. Dies allerdings setzte eine bewußte Integration der Bundesrepublik Deutschland – des 1949 aus den drei westlichen Besatzungszonen entstandenen, sich als Provisorium empfindenden Staates – in die westliche Werte- und Staatengemeinschaft voraus. Adenauer setzte darauf, daß ein Ergebnis dieser Integration auch die Überwindung der deutschen Teilung als Konsequenz einer Politik der Stärke sein konnte. Sein politisches Konzept war weder in der deutschen Öffentlichkeit noch in Adenauers Kabinett unumstritten, um so weniger, als Stalin 1952 mit seiner bis in die jüngste Zeit umstrittenen Note ein Vereinigungsangebot machte, das manchen seitdem als Schlüssel zur Lösung der deutschen Frage galt. Adenauer ließ sich jedoch durch diese angeblichen Alternativen zu seiner Politik nicht beirren. Deutschland sollte zunächst weder „Brücke zwischen Ost und West" sein, wie sein Parteifreund Jakob Kaiser betont hatte, noch sah Adenauer in einer neutralen Position, der „Blockfreiheit", eine Möglichkeit deutscher Politik. Gemeinsamkeiten bestanden hingegen trotz heftiger Kontroversen zwischen dem sozialdemokratischen Parteiführer Kurt Schumacher und Adenauer. Denn Schumacher teilte mit Adenauer eine heftige, unerschütterliche Aversion gegenüber dem „sowjetischen System" von Walter Ulbricht und forderte ebenso wie der als „Kanzler der Alliierten" geschmähte Adenauer für die zweite deutsche Demokratie Souveränität und außenpolitische Gleichberechtigung.

Die schrittweise Gewinnung größerer Souveränität in den fünfziger Jahren gehört zu den spannendsten und folgenreichsten politischen Entwicklungen der Ära Adenauer. Eine Voraussetzung zugebilligter und international anerkannter Gleichberechtigung der Bundesrepublik war dabei die Anerkennung der deutschen Verantwortung für den Zweiten Weltkrieg und die im Namen der Deutschen begangenen Verbrechen. Die Verständigung mit dem jungen Staat Israel und den Vertretungsorganen der Juden außerhalb Israels war eine Voraussetzung moralischer Anerkennung der neuen westdeutschen Regierung. Diese Aussöhnung wäre ohne das Zusammenwirken von Adenauer und Ben Gurion nicht denkbar gewesen und erschien vielen Zeitgenossen als das erste außenpolitische Wunder der zweiten deutschen Demokratie.

Die Aussöhnung mit Frankreich, dem als „Erbfeind" geschmähten Nachbarn, war ebenso überraschend und stellt eine besondere Leistung Adenauers dar. Er konnte die Bundesrepublik in die NATO führen und zugleich die Voraussetzungen für eine praktische europäische Politik schaffen, die nur denkbar schien, weil die Deutschen politisch nicht mehr nationalstaatlich verengt, sondern europäisch dachten.

In den sechziger Jahren wurden bereits Tendenzen sichtbar, eine ähnlich erfolgreiche Versöhnungspolitik als Voraussetzung grundlegenden politischen „Wandelns durch Annäherung" auch in Mittel- und Osteuropa zu initiieren. Adenauer sperrte sich einer derartigen Politik, nicht aus blindem Antikommunismus, wie manche behaupteten, sondern weil er in der Westbindung mehr als eine tragende Säule des westdeutschen Bündnissystems erblickte: Die Westbindung bedeutete ihm zufolge den wichtigsten Ausdruck deutscher „Berechenbarkeit in Eigenständigkeit".

In die Endphase der Ära Adenauer – in das Jahr 1962 – fällt die vielleicht gefährlichste außenpolitische Krise der Nachkriegszeit: die Wahrscheinlichkeit eines neuen Weltkrieges als Folge der Kuba-Krise. Es gehört dabei zu den geradezu paradoxen Entwicklungen der frühen sechziger Jahre, daß aus der hochgradigen Kriegsgefahr Schritte zur Kriseneindämmung und Verringerung der Gefahr eines Krieges folgten. Die USA und die Sowjetunion bemühten sich um eine Erhöhung ihrer Sicherheit – wenige Jahre, nachdem die Berlin-Krise mit dem Bau der Berliner Mauer 1961 den Kulminationspunkt des Kalten Krieges hervorgebracht hatte, der wenige Monate nach dem Ende des Zweiten Weltkrieges spürbar geworden war.

Die Teilung Deutschlands gehörte zunächst keineswegs zu den programmatischen Zielen der Siegermächte des Zweiten Weltkrieges. Sie hatten lediglich starkes und nach ihren Erfahrungen mit dem Deutschen Reich auch verständliches Interesse an einer territorialen, wirtschaftlichen und politischen Schwächung ihres Gegners. Bald wurde vor allem aber den westeuropäischen Regierungen bewußt, daß die dauerhafte Ausgrenzung Deutschlands eine Belastung der Weltpolitik sein mußte. Es kam darauf an, die Deutschen in ein westeuropäisches Sicherheitssystem zu integrieren. Voraussetzung derartiger Politik war jedoch eine wirtschaftliche Konsolidierung des besiegten Landes. Zur Tragik der deutschen Nachkriegsgeschichte gehörte jedoch, daß die wirtschaftliche und politische Integration der Bundesrepublik in den Westen die deutsche Teilung verstärkte. Die westlichen Zonen und die sowjetische Besatzungszone wurden Teil der Bündnissysteme, die sich im Zuge des Kalten Krieges bildeten. Die heißeste Front dieser Auseinandersetzung drohte in Deutschland zu verlaufen und spitzte sich vor allem während der Berlin-Krise Ende der fünfziger Jahre dramatisch zu. Heute erscheint die konsequente Westorientierung der Bundesregierung unter Adenauer als eine wichtige Voraussetzung des politischen Wandels, der in den sechziger Jahren einsetzte.

Erste Schritte zur Öffnung der Bundesrepublik gegenüber Osteuropa wurden noch unter dem damaligen Außenminister Schröder eingeleitet. In Berlin dachten bereits unmittelbar nach dem Mauerbau die Berater von Willy Brandt über die Möglichkeit nach, die am 13. August 1961 zementierte Teilung Deutschlands zu mildern. Besuchsregelungen, Familienzusammenführungen, vereinzelte politische Kontakte stellen sich im Rückblick als wichtige Vorstufen der deutschen Ostpolitik dar, die stets eingebunden blieb in Abrüstungs- und Rüstungsbegrenzungsverhandlungen.

So umkämpft die deutsche Ostpolitik der seit 1969 regierenden Regierung unter Willy Brandt in Deutschland auch zu ihrer Zeit war, so unumstritten ist heute ihre Bedeutung für den europäischen Entspannungsprozeß. Die Bundesregierung bereitete im Rahmen ihrer Ostpolitik die Aussöhnung mit den Staaten Osteuropas vor und legte so den Grund für deren Zustimmung zur deutschen Wiedervereinigung seit 1989. Gab es auch im Verhältnis zu Polen, zur Tschechoslowakei und zur Sowjetunion immer wieder Schwankungen der Stimmungen, nicht zuletzt im Zusammenhang mit den Nachrüstungsbeschlüssen, so war der Prozeß der Verständigung ernsthaft doch niemals gefährdet. Und schon früh zeigte sich, daß diese Verständigung gravierende Auswirkungen auf das deutsch-deutsche Verhältnis haben konnte.

In den frühen siebziger Jahren konnte die Bundesregierung im Zusammenhang mit den globalen Entspannungsprozessen außenpolitische Verträge mit den wichtigsten Staaten Osteuropas abschließen, die den territorialen Status quo sicherten, aber auch Erleichterungen für die Deutschen vor allem durch das Berlin-Abkommen der Vier Mächte vom 3. September 1971 brachten, und zugleich die Bereitschaft der Deutschen bekräftigten, außenpolitische Veränderungen nur gemeinsam mit den Siegermächten, nicht aber gegen sie erreichen zu wollen.

Als politischer Fortschritt galt zu jener Zeit die Sicherung des Erreichten. Denn erst die glaubhafte Orientierung an den bestehenden Verhältnissen und Grenzen konnte vor allem der sowjetischen Regierung die bereits 1946 von dem amerikanischen Diplomaten Kennan beschriebene Vorstellung nehmen, die Stabilisierung der europäischen Lage durch expansive Politik zu erreichen, die man 1953 in Ost-Berlin, 1956 in Ungarn, 1968 in Prag und 1979 schließlich in Afghanistan exerziert hatte.

In den Jahren zwischen 1963 und 1972 wurde die Bundesrepublik so nicht nur zum Partner, sondern zum wichtigen Element eines Sicherheitssystems in Europa, das in den folgenden beiden Jahrzehnten ausgebaut werden konnte.

Rüstungsbegrenzung, Abrüstung im strategischen und konventionellen Bereich, Vertrauensbildung und Zusammenarbeit waren die Fundamente der Entspannung und Sicherheit in Europa – nur in diesem Zusammenhang nicht mehr auf Konfrontation, sondern auf Kooperation gerichteter internationaler Beziehungen war die sich 1989 dann dramatisch zuspitzende deutsche Frage lösbar.

Im Rückblick läßt sich die über Jahrzehnte hinweg verfolgte Außenpolitik der Bundesrepublik Deutschland als stufenweise Verwirklichung der verfassungsmäßig vorgeschriebenen Wiedervereinigung deuten. Dabei sollte man sich allerdings hüten, die Abfolge vieler kleiner außenpolitischer Schritte als konsequente Verwirklichung eines ursprünglichen und am Beginn der westdeutschen Nachkriegsentwicklung in den Blick genommenen Zieles zu deuten. Dennoch ergibt sich ohne Zweifel der Eindruck einer gewissen Folgerichtigkeit.

Durch die Einbindung in die Strukturen der NATO und der Europäischen Gemeinschaft wurde die Abwendung der deutschen Politik von jenem Sonderwegsdenken deutlich, das bis zum Jahre 1945 tragendes Prinzip des politischen Selbstverständnisses gewesen war und die Katastrophen der deutschen Geschichte erklären kann.

Im Rahmen der NATO und der EWG wurde die Bundesrepublik zu einem tragenden Pfeiler neuer europäischer politischer Zusammenarbeit, die ihren deutlichsten und folgenreichsten Ausdruck in der „Konferenz über Sicherheit und Zusammenarbeit in Europa“ fand. Kaum einer konnte 1972 den Weg nach Helsinki, der fast drei Jahre lang – bis 1975 – dauerte, als die entscheidende Wegstrecke auf dem außenpolitischen Weg zu deutschen Einheit ausmachen. In Helsinki wurde die Bundesrepublik Deutschland als ein Eckstein des Friedens in Europa anerkannt. Die Vorbehalte und Ängste, die im 20. Jahrhundert gegenüber Deutschland entstanden waren, wurden so dauerhaft abgebaut. Dies war die entscheidende außenpolitische Voraussetzung für die Erringung der deutschen Einheit und der vollen, uneingeschränkten Souveränität am 3. Oktober 1990.

Als im Herbst 1989 das SED-Regime zerbrach, die Mauer durchlässig wurde und die Menschen in Deutschland zusammenfanden, war diese Entwicklung nur im europäischen Zusammenhang zu jenem Ende zu führen, das wir am 3. Oktober 1990 feiern konnten.

Voraussetzungen des revolutionär anmutenden Wandels sind in Polen, Ungarn und der Tschechoslowakei, vor allem aber in Moskau geschaffen worden. Niemand hat aber die Folgen der Reformbestrebungen Gorbatschows und der Demokratisierung der wichtigsten Staaten in Zwischeneuropa in allen Wirkungen voraussehen können. Politische Szenarios hatten sich bis dahin eher auf die atomare Katastrophe in Europa als auf die Wiedererlangung der deutschen Einheit erstreckt.

Nur durch die Zusammenarbeit innerhalb Europas – und zwar sowohl im Westen als auch, wie die Debatte über die Anerkennung der polnischen Westgrenze zeigt, im Osten – und durch die ständige Abstimmung mit den Regierungen in Washington und Moskau war es möglich, die deutsche Einheit im Rahmen Europas zu vollenden.

Die „Zwei-plus-vier“ Verhandlungen, die Gespräche zwischen Kohl und Gorbatschow in Moskau und im Kaukasus, der Verzicht der Siegermächte des Zweiten Weltkrieges auf ihre Vorbehaltsrechte und die Grundlegung neuer deutsch-sowjetischer Beziehungen fügen sich rückblickend zum beeindruckenden Abschluß eines jahrzehntelangen außenpolitischen Weges, der letztlich erfolgreich war.

An dem Unterbau dieses Weges haben alle Regierungen der Bundesrepublik Deutschland mitgearbeitet: durch Westintegration, Ostpolitik und die konsequente Entwicklung einer europäischen Entspannungs- und Sicherheitspolitik.

In den letzten Monaten gelang es so dem deutschen Bundesaußenminister Dietrich Genscher in Zusammenarbeit mit seinen britischen, französischen, sowjetischen und amerikanischen Kollegen, den aus den Erfahrungen des 20. Jahrhunderts erklärlichen und auf den großen Kriegskonferenzen geknüpften, 1945 in Potsdam zusätzlich festgezurrten Knoten zu lösen. Dies wird einmal als das zweite politische Wunder, neben der Vereinigung von Bundesrepublik Deutschland und DDR, des Jahres 1990 in die Geschichtsbücher eingehen.

Und dennoch bleibt auch das Ende der Nachkriegszeit mit der Geschichte der Jahre seit dem Sturz Bismarcks verbunden. Zu nationalistischer Überheblichkeit besteht kein Anlaß, vielmehr zu einem Gefühl der Dankbarkeit: Ängstigten die Deutschen noch vor wenigen Jahren Nachrüstungspläne und Raketenstationierungen, so scheint der Frieden heute so sicher wie niemals zuvor in diesem Jahrhundert. Diese Sicherheit ist das Ergebnis eines gegenseitigen Vertrauens der großen Mächte und der Staaten Europas, die Folge des Willens, die großen Herausforderungen einer europäischen Integration gemeinsam zu lösen und auf diese Weise auch zur Lösung der Fragen beizutragen, die im kommenden Jahrzehnt über die Lebensbedingungen im 21. Jahrhundert entscheiden.

Im Jahre 1990 ist der Kalte Krieg, der die Teilung Deutschlands mit sich brachte, beendet worden. Dies ist ein außenpolitischer Erfolg der Staaten, die ihren Traum von der einen gemeinsamen Welt nicht aufgegeben haben.

Eine Zäsur ist jedoch kein Ende: Deshalb wird das harte Geschäft, Frieden und Sicherheit in der Welt zu sichern, ohne Unterbrechung fortgesetzt werden müssen. Einem geeinten Deutschland sollte es leicht fallen, zur daraus erwachsenden politischen Verantwortung zu finden.

Ein Rückfall in die egoistischen Denkvorstellungen des Nationalstaates darf es nicht geben, denn Deutschland hat seine Einheit nur im Rahmen globaler Entspannung verwirklichen können und hat deshalb zu seinen außenpolitischen Verpflichtungen zu stehen.

Der glückliche und vor wenigen Monaten noch völlig unvorstellbare, sich jeder politischen Phantasie entziehende Einigungsprozeß ist ein großer außenpolitischer Erfolg und sollte nicht durch kleinliche innenpolitische Auseinandersetzungen zerredet werden.

Die Nachkriegszeit geht außenpolitisch mit der Gewährung voller deutscher Souveränität unweigerlich dem Ende zu. Die Zäsur muß erkannt, innerlich gewollt und akzeptiert werden.

„Was man von der Minute ausgeschlagen, gibt keine Ewigkeit

zurück", schrieb Schiller. Wohl selten ist außenpolitisch so präzise jede Sekunde genutzt worden, wie in den Monaten zwischen dem Treffen der Außenminister in Ottawa im Februar dieses Jahres und der Unterzeichnung des „Vertrags über die abschließende Regelung in bezug auf Deutschland" und des „Umfassenden Vertrags zwischen der Bundesrepublik Deutschland und der Sowjetunion".

Zur Verzagtheit oder gar zur Klage besteht kein Anlaß, denn – und dies bleibt trotz aller Bedenken, die sich in kleinherzigen Debatten über die Folgen und Kosten deutscher Einigung ausdrücken - der Frieden in Europa ist so sicher wie niemals zuvor. Daß diese Sicherheit mit der Überwindung der deutschen Teilung zusammenfällt, ist ein neues politisches Wunder der Nachkriegszeit.

Michael Stürmer

Staat machen ohne Preußen

(Aus: „Frankfurter Allgemeine Zeitung“ vom 30. 3. 1991)

Deutschland findet die Einheit, Preußen fand nicht einmal Erwähnung. Unbetrauert und ohne Nachruhm, so ahnte man früh, werde Preußen dahingehen. Die Länder Berlin und Brandenburg können es schwerlich ersetzen. An Gründen für die Abwesenheit Preußens auf der deutschen Landkarte fehlt es nicht. Wichtiger ist schon, warum in dem entscheidenden Jahr 1989/90 von Preußen nie die Rede war. Am wichtigsten, was das Fehlen Preußens bedeutet.

Wann Preußen unterging, ist so umstritten wie die Frage, was Preußen als Lebensform bedeutete. Als 1947 der Alliierte Kontrollrat, bevor ihn der Kalte Krieg vollends lähmte, den Staat Preußen aufzuheben für gut befand – „Hort des Militarismus und der Reaktion“ –, war dies eine surrealistische Huldigung an einen Mythos, nicht ein Akt politischer Realität.

Vielleicht ist Preußen zum letztenmal untergegangen mit den Verschwörern des 20. Juli 1944. Der deutsche Widerstand war nicht allein preußisch geprägt, aber er wurzelte in Preußens militärisch-staatlicher Tradition. Die Nationalsozialisten haben, vom „Tag von Potsdam“ bis zum Fridericus-Bild im Führerbunker, mit Preußen nichts als Mummenschanz getrieben, der allerdings auf Freund und Feind nicht ohne Wirkung blieb.

Preußens Untergänge begannen viel früher. Im System des Wiener Kongresses war das deutsche Gleichgewicht innerhalb des europäischen unentbehrlich: Preußen, Österreich und das „Dritte Deutschland“. Aber die revolutionären Bewegungen zielten 1848/49 schon weit über Preußen und die deutschen Einzelstaaten hinaus. Bismarcks Reichsgründung enthielt daher einen Widerspruch: Legitimation kam aus Nation und Demokratie des 19.

Jahrhunderts. Autorität aber lag im preußischen Herrschaftsfundament des 18. Jahrhunderts: Krone und Verwaltung, Kaserne und Kirche.

Diese gewaltsame Synthese hat eine Generation lang gehalten. Dann war die preußische Prägekraft verbraucht. Theodor Fontane hat in seinen Romanen dieses Herbstlicht geschildert. Nicht lange aber ging es so gelassen und in gutem Stil ab wie im „Stechlin“. In den zwanziger Jahren gab es nicht nur den „roten König von Preußen“, den Ministerpräsidenten Otto Braun; es gab auch ein bitteres Ressentiment gegen Republik und Demokratie, welches sich auf Preußen berief.

Preußen war stets überfordert von seiner Lage. Von den Leiden und Drangsalen des Dreißigjährigen Krieges blieb die bittere Lehre, daß Hammer zu sein besser war als Amboß. Daraus entstanden die Idee der Staatsräson und der Entwurf eines Staatskunstwerks, das die konturenlose Geographie des Nordostens nach seinem Bilde formte. Gerade die Gewaltsamkeit der Staatsidee aber bewirkte, daß Preußen zu jedem Zeitpunkt fortzudenken war von der Landkarte Europas.

Preußen hat gegen diese Gefahr Kräfte entwickelt und an sich gezogen, wo immer sie zu finden waren. Aus protestantischem Pietismus wie aus der Sozialdisziplin der Gutsverfassung, aus Toleranz so gut wie aus dem Bildungswesen. Der Staat war der größte Unternehmer, der König der Maschinenmeister, jeder Stand eingeordnet, ohne lang gefragt zu werden, in den Staatszweck, der Überleben hieß.

Das Deutschland der Nach-Hitler-Zeit hat Preußen im Guten wie im Bösen noch viel verdankt. Und doch hat man im westlichen Teil des Landes die Erinnerung an Preußen mit Macht verdrängt: Kein Bundesland hat jemals Preußen sein wollen. Man wollte immer mehr – Europa – und zugleich weniger: den Charme der Provinz. Preußens Katastrophe wurde sozialpolitisch beruhigt durch den Lastenausgleich. Preußens Staatlichkeit hat der Republik an Rhein, Main und Donau mehr Festigkeit verliehen, als ihr von Geschichte und Herkommen zustand. Preußens Geschichte aber blieb Sache für Spezialisten, bis 1981 die große

Ausstellung in Berlin den „Versuch einer Bilanz" versuchte. In Ulbrichts Satrapie wurde Preußen für die Legitimation eines Regimes zitiert, das nicht zu legitimieren war.

Viele Länder gibt es heute, aber wenig Staat. Bei der Bestimmung des deutschen Standorts wird man zwischen Europa und den Regionen, zwischen Weltbürgertum und Wohlstandsidylle nicht an dem Umstand vorbeikommen, daß es vor 120 Jahren der Staat Preußen war, der der deutschen Nation Form und Haltung gab, zum Guten wie zum Schlechten. „Um ein Preußen von innen bittend" – hat Hans Schwab-Felisch vor langer Zeit hellsichtig geschrieben.

Preußen ist untergegangen, unwiederbringlich. Aber es bleibt, wofür einmal Preußen stand, der Bedarf an Staatlichkeit und Sinn für das bonum commune. Nunmehr, da der Kalte Krieg Deutschland nicht mehr geteilt hält, aber auch nicht mehr stabilisiert, geht es um Haltung und Form aus eigener Kraft – so wie Frankreich und England, wenn es darauf ankommt, aus Traditionen zu leben wissen.

Die verspätete Nation wurde zur „verwundeten Nation" (Elisabeth Noelle-Neumann). Die Heilung braucht, um zu gelingen, starke Bindungskräfte, darunter mehr als nur vage Erinnerung an Preußen. Wo sollen sie herkommen jenseits des Bruttosozialprodukts und der bequemen politischen Spielregeln?

Europa kann die Nationen und Staaten nicht ersetzen. Wie die Golfkrise zeigt und wie andere Krisen erweisen werden, setzt Europa charakterstarke Nationen voraus. Eine Gesellschaft mit beschränkter Haftung kann, wenn die bösen Zeiten kommen, den Staat nicht ersetzen. Preußen ist vorbei, ein Bundesland dieses Namens wäre nichts als eine aparte Idee. Unbetrauert und ohne Nachruhm – so ist es gekommen. Es bleibt die Frage, wie in Deutschland ohne Preußen Staat zu machen ist.

Zur Hauptstadtdiskussion

Reiner Pommerin

Die Hauptstadt: „Der Bundestag versammelt sich alsdann in Berlin ...“

(Aus: „Die Welt“ vom 28. 2. 1990)

„Wir müssen unter allen Umständen erstreben, das politische Schwergewicht Deutschlands, das so lange in Berlin gelegen hat, von Berlin fortzuverlegen, selbst wenn Berlin nicht von Russen besetzt wäre.“ Diese Aussage Konrad Adenauers vom Februar 1946 spiegelt nicht nur seine persönliche Distanz zur Hauptstadt Berlin. Sie kann vielmehr als durchaus repräsentativ für den Teil seiner Generation gelten, der, im Westen und Süden Deutschlands angesiedelt, Berlin keineswegs als „natürliche Hauptstadt“ ansah.

Nachdem sich Otto von Bismarck schon mit Berlin als Sitz des Norddeutschen Bundes durchgesetzt hatte, avancierte die Residenzstadt des preußischen Königs, der das Präsidium im Fürstenbund einnahm, gleichsam automatisch, ohne Anhörung des Volkes oder seiner Vertreter, zur Hauptstadt des Deutschen Reichs.

Eine offene Bestätigung des Charakters der preußischen Hauptstadt als Leitungszentrum ganz Deutschlands, etwa in der Verfassung von 1871, hätte aus der Sicht des Reichskanzlers nur die unerwünschte Unterstreichung seiner unitaristisch-zentralistischen Absichten bedeutet. Die Deutschen selbst hatten sich seit Jahrhunderten an das Reich ohne Hauptstadt, an die Verteilung der Hauptstadtfunktionen auf mehrere Städte, vor allem aber an ihre jeweilige Landeshauptstadt gewöhnt. So verfügte kein anderer Staat Europas über so wichtige „zweite Hauptstädte“ wie Deutschland.

Bismarck hatte Berlin zwar zur Hauptstadt „gemacht“, doch unternahm er danach nichts, um der Stadt bei der Erfüllung ihrer

Funktion wenigstens infrastrukturell unter die Arme zu greifen. Während die Vertreter der Stadt ihre Sitzungen im 1871 eingeweihten Rathaus abhalten konnten, mußte sich der Reichstag bis 1894 mit einem Provisorium im Gebäude der Porzellanmanufaktur begnügen.

Die für eine geordnete Planung wichtige kommunalpolitische Zusammenlegung der Vororte und Vorstädte wurde der Stadt von der preußischen Regierung verweigert. Dahinter stand die Befürchtung, ein solchermaßen vergrößertes Berlin könne auch seine Umgebung in eine überwältigende sozialdemokratische Mehrheit ziehen.

Die Argumente, die seit 1871 gegen eine Reichshauptstadt Berlin vorgetragen wurden, waren vielfältiger Natur. So wurden ihr „heidnischer Charakter", ihr ungesundes Wachstum, ihre Armut an Tradition, ihre fehlende historische Legitimation bemängelt. Es fanden sich viele der Vorurteile, denen sich auch andere moderne Großstädte ausgesetzt sahen.

Vor allem jedoch wandte man sich rein gefühlsmäßig außerhalb Preußens, aber auch im westlichen Teil des Landes, gegen die neue Zentrale, den neuen Mittelpunkt Deutschlands, gegen eine Stadt, die so schnell preußische wie auch deutsche Maßstäbe sprengte. Der deutsche Partikularismus beziehungsweise Föderalismus entwickelte – besonders in München – eine Rivalität, die nie abkühlte.

Für die politischen Gegner der Monarchie wurde Berlin zum Symbol des Obrigkeitsstaats und dessen bürokratische und militärische Basis. Wer ein eher auf Bürgertum und Liberalismus, auf größere Parlamentarisierung, auf Selbstbestimmung und Selbstverwaltung ausgerichtetes Deutschland wünschte, hatte als heimliche Hauptstadt Frankfurt am Main, die Stadt der Revolution von 1848, im Hinterkopf.

Ort nationaler Identitätsstiftung vermochte Berlin während der Regierungszeit des Hauses Hohenzollern nur bedingt zu werden. Dies änderte sich auch dann nicht, als Kaiser Wilhelm II. es, während des Ersten Weltkrieges 1916, zuließ, daß die schon vom Architekten Wallot vorgesehene Inschrift „Dem Deutschen Volke" ihren Platz über dem Eingang des Reichstagsgebäudes fand, eines Ortes, den der Kaiser „Reichsaffenhaus" genannt hatte.

So wäre es keineswegs verwunderlich gewesen, wenn die neue Republik, die am 9. November 1918 in Berlin ausgerufen wurde, sich auch eine neue Hauptstadt gesucht hätte. Tatsächlich war schon auf der Reichskonferenz der Ministerpräsidenten im November in verschiedenen Reden eine Los-von-Berlin-Tendenz zu verzeichnen gewesen. Der Rat der Volksbeauftragten folgte der Auffassung des Mehrheitssozialisten Philipp Scheidemann. Dieser erklärte, daß ihm Berlin als Hauptstadt zwar nicht sympathisch sei, er sich jedoch aufgrund der Entwicklung und der hier befindlichen Einrichtungen gar nichts anderes vorstellen könne, „als daß die Reichshauptstadt der neuen Republik Berlin bleibe".

Als beispielhaft für die Argumentation der Gegner Berlins mag eine Äußerung von Theodor Heuss gelten, die dieser damals als Kandidat der Deutschen Demokratischen Partei im Wahlkampf für einen Sitz in der Nationalversammlung abgab. Er gehe davon aus, so Heuss, daß Berlin während des Krieges wenig Sympathie erworben habe und der Bayer, der Schwabe und der Hesse nicht von dort regiert werden wollten.

Immerhin gelang 1920 die Zusammenschließung der acht Stadt- und 59 Landgemeinden sowie 27 Gutsbesitze zum neuen Groß-Berlin. Ein städtebauliches Konzept für den Ausbau der Stadt im Rahmen ihrer Funktion als Hauptstadt der Republik stand schon aufgrund der Haushaltslage und der zu zahlenden Reparationen nicht zur Debatte.

Auch in den zwanziger Jahren mußte die zu einem bedeutenden Kulturzentrum Europas gewordene Stadt mit höchst negativen Perzeptionen leben. Berlin wurde – ohne eigenes Verschulden – für alle diejenigen, die die Weimarer Republik ablehnten, gleichgültig ob von links oder von rechts, zum Symbol für die verhaßte demokratische Staatsordnung. Der damalige Verkehrsstadtrat Ernst Reuter forderte, mehr Solidarität gegenüber Berlin, dem „Stiefkind Deutschlands", zu zeigen. Doch sein Appell verhallte ungehört.

Ausgerechnet Adolf Hitler, der Mann, dessen Politik das Deutsche Reich in den Untergang und Berlin in die Zerstörung und Teilung führen sollte, nahm sich der Hauptstadt in besonderer Weise an. Schon in „Mein Kampf" hatte er geschrieben, Berlin sei bisher vernachlässigt worden. Er faßte daher den Entschluß, „Berlin nunmehr mit jenen Straßen, Bauten und öffentlichen Plätzen zu versehen, die es für alle Zeiten als geeignet und würdig erscheinen lassen werden, die Hauptstadt des Deutschen Reiches zu sein". Die Ernennung Albert Speers zum „Generalbauinspekteur für die Reichshauptstadt", das gigantomanische Konzept und der Entschluß, trotz des Krieges am Ausbau Berlins („wichtigste Bauaufgabe des Reiches") festzuhalten – das alles unterstreicht die Ernsthaftigkeit seiner Absicht.

In Wirklichkeit sollte Berlin aber mit den Städten London, Paris und Wien nicht nur konkurrieren können. Im Fall eines Sieges des nationalsozialistischen Deutschlands stand der Reichshauptstadt Berlin zum einen die völlige Veränderung ihres äußeren Erscheinungsbildes in Richtung einer gigantischen Stadt „Germania" bevor. Zum anderen erwartete sie eine weit über ihre Aufgabe als Reichszentrale hinausgehende Funktion als Machtzentrum eines Europa und schließlich die Welt beherrschenden und unterdrückenden nationalsozialistischen Deutschlands.

Tatsächlich wurde Berlin zum Zentrum eines Terrorstaates mit vom Blut des deutschen Widerstandes getränktem Boden, etwa in den Kellern der SS-Zentrale in der Prinz-Albert-Straße. Das Ausland verband künftig mit dem Namen Berlin die von dort ausgehende, auf Aggression, Unterdrückung, Mord und Völkermord gerichtete NS-Politik.

Während des Krieges kam es bei den späteren Siegermächten zu Überlegungen zum künftigen Schicksal Deutschlands, die auch Berlins Hauptstadtfunktion in Frage stellten. So wünschte sich Frankreich ein Deutschland ohne Zentralregierung und aus vielen Teilstaaten bestehend. Eine Konzeption des „dismemberment" sowie die Pläne zur Zerschlagung des Landes Preußen ließen für Berlin keine Fortsetzung der Hauptstadtfunktion erhoffen.

Doch als der spätere amerikanische Hohe Kommissar McCloy im Herbst 1944 Fühler nach London ausstreckte, um ein Ausscheiden Berlins als Hauptstadt und die Verlagerung des politischen Zentrums Deutschlands weiter nach Süden zu eruieren, hatte die European Advisory Commission bereits die Einteilung in Besatzungszonen und den Sitz des Alliierten Kontrollrats in Berlin beschlossen.

Nach Kriegsende zeichneten sich bald die unterschiedlichen Interessen der Siegermächte und der ideologische Gegensatz zwischen Ost und West deutlich ab. Zum Zeitpunkt der eingangs erwähnten Bemerkung Adenauers hatte sich Großbritannien, angesichts der Vorgänge um die Zwangsvereinigung von KPD und SPD zur SED in der Sowjetischen Besatzungszone, bereits Gedanken über die Verlegung des politischen Zentrums in den Westen gemacht. Alle parteipolitischen Initiativen, die von Berlin ausgingen, standen im Geruch, in direkter Abhängigkeit von der Sowjetunion zu stehen. Die eigene Besatzungszone und darin die Stadt Bonn standen dann, ab Februar 1946, auf dem britischen Wunschzettel für eine Hauptstadt Westdeutschlands an erster Stelle.

Der Ausfall der alten Reichshauptstadt, das generelle Desinteresse Frankreichs an einer deutschen Zentralregierung, das – von amerikanischer Seite damals so bezeichnete – Lobbying der Briten für Bonn, der Wunsch Adenauers, dem französischen Anspruch auf Teile des Rheinlandes durch eine linksrheinische Hauptstadt einen Riegel vorzulegen, die Bemühungen des Landes Nordrhein-Westfalen und der Stadt Bonn selbst, nicht zuletzt jedoch das Dilemma der Amerikaner, den für ihren Nachschub und ihre Militärverwaltung so wichtigen Frankfurter Raum nicht vollständig räumen zu können, haben Bonn zum Sitz der Bundesorgane gemacht.

In der Entscheidung des Bundestages vom 3. November 1949 für Bonn heißt es aber auch: „Die leitenden Bundesorgane verlegen ihren Sitz in die Hauptstadt Deutschlands Berlin, sobald allgemeine, freie, gleiche, geheime und direkte Wahlen in ganz Berlin und in der Sowjetischen Besatzungszone durchgeführt sind.

Der Bundestag versammelt sich alsdann in Berlin." Dieser Beschluß ist bis heute nicht aufgehoben worden.

Erst nachdem der Stadt Berlin ihre Hauptstadtfunktion genommen worden war, durch die Blockade und ihre Rolle als „Frontstadt" im Kalten Krieg, wurde sie für viele Deutsche zum Ort nationaler Identität, zum Symbol für die deutsche Wiedervereinigung, obgleich der Ostteil der Stadt erneut als Hauptstadt eines totalitäten Regimes dienen mußte.

Ob sich eine Verlegung der Hauptstadt von Bonn nach Berlin als finanziell machbar und als politisch klug erweist, müssen die gewählten Vertreter beider Teile Deutschlands bald, die Historiker erst sehr viel später entscheiden.

Gerhard Keiderling

Die Hauptstadtdebatte – eine unendliche Geschichte?

(Aus: „horizont" vom 19. 9. 1990)

In Europa haben keine anderen so lange und so heftig um ihre Hauptstadt gestritten wie die Deutschen. Das ist wohl zu einem Großteil der wechselvollen Geschichte geschuldet, die eine nationalstaatliche Konsolidierung verzögerte und die Ausbildung von miteinander konkurrierenden regionalen Zentralen förderte. Die deutsche Nationalbewegung, die 1848/49 einen Höhepunkt erreichte, favorisierte zeitweise Frankfurt am Main, die Krönungsstadt deutscher Kaiser, den Sitz des Deutschen Bundes und der ersten Nationalversammlung. Die Entscheidung fiel im Zusammenhang mit der preußisch-deutschen Reichseinigung von 1871 zugunsten Berlins. Bismarck war insofern „Hauptstadtmacher", als er mit „Blut und Eisen" die deutsche Kaiserkrone in die Residenzstadt des preußischen Königs holte.

Doch Berlin hatte lange zuvor seinen Weg zu einem nationalen Zentrum angetreten. Es war ein Mittelpunkt des Widerstands gegen die napoleonische Herrschaft gewesen, ein Anziehungspunkt für bürgerliche Fortschrittskräfte im Vormärz, eine Pflanzstätte guten nationalen Geisteslebens. Die industrielle Revolution verwandelte die Stadt an der Spree in einen Wirtschaftsknotenpunkt mit allen Vorzügen und Schattenseiten. Der Aufstieg Berlins zur Hauptstadt des deutschen Nationalstaates war daher kein Geschenk der Hohenzollern, die eher Potsdam diese Rolle zugedacht hätten.

Berlin verkörperte das, was die zweite Hälfte des 19. Jahrhunderts national und sozial charakterisierte: wirtschaftliche Leistungskraft, zukunftsweisende Wissenschaft und Technik, vorbildliches Verkehrkreuz, Gelehrtheit und Kultur, aber auch die sozialen Nöte der kolossalen Arbeiterbevölkerung. Zwischen 1871 und 1920 stieg die Bevölkerungszahl auf dem Gebiet des späteren „Groß-Berlin" von 826 000 auf 3,8 Millionen, d. h. nach New York, London und Chicago avancierte die Stadt zur viertgrößten der Welt.

Ein solch unerhörtes Wachstum, begleitet von einem stürmischen Aufschwung in allen gesellschaftlichen Bereichen, hatte unter Europas Hauptstädten keine Parallele. Kein Wunder, daß der „preußische Parvenü" nicht nur Neider fand. Ausgeprägt war die „Berlin-Phobie" südlich der Mainlinie und im Rheinland. Es kamen progressiv-liberale, antipreußische, antimilitaristische, auch separatistische Momente zusammen. Trotz vieler Wenn und Aber entwickelte sich Berlin nach 1871 zu einem Ort nationaler Identitätsfindung.

Während der Zusammenbruch des Kaiserreiches 1918 keine neue Hauptstadtfrage aufgeworfen hatte, geschah dies im Gefolge des Untergangs des Deutschen Reiches 1945. Die vier Siegermächte waren zunächst darin übereingekommen, Berlin weiter als deutsche Hauptstadt zu betrachten. Ihr Wille, die inmitten der sowjetischen Besatzungszone gelegene Stadt zum Sitz des Alliierten Kontrollrates in Deutschland, gewissermaßen zur „Besatzungshauptstadt", zu machen, hatte in den alliierten Abkommen vom Herbst 1944 eine „besondere Berliner Regelung", den sogenannten Viermächtestatus, erforderlich gemacht. Nach dem Bruch der Kriegskoalition mit der Sowjetunion erlosch das westliche Interesse an der Hauptstadtrolle Berlins. Schon im Sommer 1945 dachte man über eine Verlegung des Kontrollrates in die Westzonen nach. Schließlich kam für die Westmächte die Stadt auch nicht mehr als ein Ort der Zusammenarbeit mit der UdSSR in Frage, nicht zuletzt, weil sie die Entwicklung in der Ostzone ablehnten. Dem Zusammenbruch der Viermächteverwaltung folgten Währungsreformen, Blockade und Luftbrücke auf dem Fuß. Berlin war zum „Schlachtfeld des Kalten Krieges" geworden.

Der Angelpunkt der damals auf Parteiebene und in der Verfassungsbewegung geführten Hauptstadtdebatte lautete: Einheitsstaat oder Bundesstaat. Dahinter stand ideologisch wie gesellschaftspolitisch die Alternative: bürgerliche Demokratie nach westlichem Verständnis oder Diktatur des Proletariats nach sowjetischem Muster. Alles, was aus Berlin kam, stand im Verdacht, die Moskauer Deutschlandpolitik gen Westen zu transportieren. Erich Ollenhauer (SPD) erklärte unumwunden: „Wir wünschen kein einheitliches Deutschland unter den Bedingungen, wie sie heute in der Ostzone bestehen." Die Schaffung eines bundesstaatlichen Systems in den drei Westzonen machte eine eigene Hauptstadt immer zwingender. Es war Konrad Adenauer, der spätere Präsident des Parlamentarischen Rates und erste Bundeskanzler, der schon im Februar 1946 forderte, „daß wir unter allen Umständen erstreben müssen, das politische Schwergewicht Deutschlands, das so lange in Berlin gelegen hat, von Berlin fortzuverlegen, selbst wenn Berlin nicht von den Russen besetzt wäre".

Im Mai 1949 lagen zwei Verfassungen vor, die die Hauptstadtfrage unterschiedlich artikulierten. Die vom III. Deutschen Volkskongreß angenommene Verfassung für eine Deutsche Demokratische Republik, die auf einem SED-Entwurf fußte und einen gesamtdeutschen Anspruch enthielt, nannte in Artikel 2 Berlin als „Hauptstadt der Republik". Das Grundgesetz für die Bundesrepublik Deutschland hatte willentlich auf eine solche Festlegung verzichtet. Der von SPD und Ost-CDU in den ersten Entwurf vom Herbst 1948 eingebrachte Satz „Bundeshauptstadt ist Groß-Berlin. Der vorläufige Sitz der Bundeshauptstadt ist ..." war ersatzlos gestrichen worden. Am 10. Mai 1949 wählte der Parlamentarische Rat mit knapper Mehrheit Bonn zum vorläufigen Sitz der Bundesorgane, zum großen Erstaunen der Abgeordneten, die mit Frankfurt am Main gerechnet hatten. Am 30. September und 3. November 1949 bestätigte der 1. Deutsche Bundestag diesen Beschluß. „Der Spiegel" enthüllte, daß viel Geld im Spiel war, um eine Mehrheit für Bonn zu sichern. Die junge Bundesrepublik hatte ihren ersten politischen Skandal.

Die Wahl von Bonn bereitete den Bundespolitikern weiterhin manche Ungelegenheiten. Sieht man einmal davon ab, daß das beschauliche linksrheinische „Bundesdorf" lange als Zielscheibe politischer Satire diente, so fiel es Bonn auch objektiv schwer, aus dem Schatten des geteilten Berlins herauszutreten. Die Umstände der Staatsgründung und die dynamische Westintegration der BRD unter Adenauer ließen Bonn damals in den Geruch eines Separatismus kommen. Für viele Deutsche, von den Berlinern ganz zu schweigen, stand Berlin weiterhin als Symbol des nationalstaatlichen Gedankens. Das Ausland sah es auch nicht anders. Hinzu kam, daß die DDR-Regierung nicht nur im Ostteil Berlins residierte, sondern unter Berufung auf die alten Hauptstadttraditionen um ihre internationale Anerkennung rang.

Es waren Sozialdemokraten, die seit der großen Berlin-Debatte des Bundestages am 8. Februar 1950 immer wieder darauf drängten, Bundesbehörden nach Westberlin zu verlegen, „um die Stellung Berlins noch mehr zu stärken". Im „Tauwetter" des Jahres 1956 initiierten Willy Brandt und Gerd Bucerius (CDU) einen neuen Vorstoß. In der Zeitung „Die Zeit" vom 18. Oktober 1956 setzte Marion Gräfin Dönhoff die Signale: „Jetzt oder nie! Noch in diesem Jahr muß Berlin Hauptstadt werden." Der Bundestag beschloß am 6. Februar 1957 bei nur vier Gegenstimmen: „Berlin ist die Hauptstadt Deutschlands." Doch mehr als der Wiederaufbau des Reichstagsgebäudes und des Schlosses Bellevue als zweitem Amtssitz des Bundespräsidenten kam dabei nicht heraus. Adenauers alte Berlin-Aversion wurde durch das Chruschtschow-Ultimatum vom November 1958 bestärkt. Überdies hielten die Westmächte an ihrer Rechtsposition fest, wonach weder Gesamt-Berlin noch Westberlin ein konstitutiver Teil der BRD sei.

Nach dem Bau der Berliner Mauer 1961 und der KSZE-Schlußakte von Helsinki 1975 schien man sich in Ost und West auf eine lange historische Periode deutscher Zweistaatlichkeit einzurichten. Mit Blick auf die 2 000-Jahr-Feier Bonns lief ein umfangreiches Bauprogramm für den Ausbau der Bundeshauptstadt an. Die 750-Jahr-Feier Berlins 1987 nutzte die DDR-Führung, um Ostberlin als „Hauptstadt der DDR" auszugestalten, was auf den Unwillen der „Provinz" stieß, weil zu ihrem Nachteil Arbeitskräfte, Mittel und Material abgezogen wurden.

Der dramtische Herbst 1989 in der DDR, als das Volk das SED-Regime stürzte und die nationale Einheit anmahnte, hat unerwartet die historische Perspektive des Jahres 1949 auch in der Hauptstadtfrage zurückgeholt. Am 3. November 1949 hatte der Bundestag einen von der KPD eingebrachten, von der SPD geänderten Antrag mit Mehrheit angenommen: „Die leitenden Bundesorgane verlegen ihren Sitz in die Hauptstadt Deutschlands, sobald allgemeine, freie, gleiche, geheime und direkte Wahlen in ganz Berlin und in der Sowjetischen Besatzungszone durchgeführt sind. Der Bundestag versammelt sich alsdann in Berlin."

Das Einlösen dieses Versprechens ist man nicht nur den Berlinern oder der Noch-DDR-Bevölkerung schuldig. Jetzt, wo die Mauer in Berlin gefallen ist und beide Teile zusammenwachsen, gibt es keinen anderen Ort nationaler Identität als diese Stadt. Der Einigungsvertrag zwischen DDR und BRD sollte eine klare, definitive Entscheidung in der Hauptstadtdebatte herbeiführen. Ein Splitting in „Hauptstadt" und „Regierungssitz" würde dies nicht sein. Denn heute wird unter Hauptstadt in erster Linie die politische Hauptstadt eines Landes verstanden, in der sich die zentralen, administrativen Institutionen des Staates konzentrieren. Daß ein Umzug seine Zeit braucht, leuchtet allen ein. Als BRD-Hauptstadt fand Bonn seine Akzeptanz, als politische Hauptstadt des vereinten Deutschlands kann nur Berlin in Frage kommen.

Peter von Oertzen

Braucht Deutschland eine Hauptstadt?

Wir müssen unsere nationale Geschichte verarbeiten

(Aus: „Sozialdemokratischer Pressedienst" vom 2. und 5. 11. 1990)

Wenn es bei der Hauptstadtfrage allein um den Sitz des Bundespräsidenten oder des Bundeskanzlers, des Bundestages oder des Bundesrates, um Arbeitsplätze, Geld und Bequemlichkeit ginge, dann könnten wir den Streit getrost den Finanzexperten, den Strukturpolitikern und den Lokalmatadoren überlassen. Es wäre auch dann kein schöner Anblick, wenn sich intelligente, nachdenkliche Menschen fragwürdige Milliardensummen um die Ohren schlagen – der eine zu hoch, der andere zu niedrig. Aber das ist nun einmal so, wenn es um materielle Interessen geht.

Aber hier geht es eben nicht allein um materielle Interessen. Hinter der Frage: welche Hauptstadt? steht die andere: Braucht Deutschland überhaupt eine Hauptstadt? Und das heißt: Was für ein Volk sind wir Deutschen? Sind wir eine Nation, so wie unsere Nachbarn; sollen, dürfen wir es sein? Diese letzte, nur allzu oft grobschlächtig mit einem Ja oder Nein beantwortete Frage ist es vor allem anderen, so scheint mir, die gerade unter Linken, aber nicht nur dort, den Streit um die Hauptstadt so heftig und zuweilen bitter macht.

Noch einmal: Ginge es lediglich um den Sitz des technischen Regierungsapparates, es gäbe keinen Grund sich zu ereifern. Aber die Hauptstadtfunktion – die wirkliche, nicht die vorgetäuschte einer Briefkastenfirma nach der Methode: alles in Bonn, nur der Bundespräsident in Berlin – hat neben vielen technischen, sozialen und ökonomischen Bedeutungen auch und vor allem eine symbolische. Und die Rolle von Symbolen im menschlichen Leben – im individuellen wie im gesellschaftlichen – kann gar nicht überschätzt werden. Schauen wir uns bei unseren Nachbarn um: Paris und Warschau, London und Rom, Madrid und Prag – alle von ihren Völkern nicht nur geliebt –, sie sind mehr als bloße Regierungszentren. Sie symbolisieren ihre Nationen – im Guten wie im Schlechten. Wie ein Brennspiegel konzentrieren und vergegenwärtigen sie das Selbstbild der jeweiligen Nation, ihre Geschichte und ihre Zukunft, ihre Ökonomie und ihre sozialen Konflikte, ihre Gesellschaft und ihre Kultur – noch im Kampf von Minderheiten gegen die herrschenden Eliten und Moden der Völker.

Die immer wieder angeführten abweichenden Beispiele Washington und Ottawa, Canberra und Wellington beweisen das Gegenteil des Gewünschten: Die vier angelsächsischen Kolonialstaaten USA und Kanada, Australien und Neuseeland sind keine Nationalstaaten wie die europäischen; es sind Föderationen von Siedlerkolonien, sie haben kaum umstrittene Grenzen, und sie haben sich nie im Wettstreit benachbarter Nationen behaupten müssen. Die Nationen Europas aber sind in diesem Wettstreit überhaupt erst entstanden. Die Niederlande mit ihrer singulären republikanisch-monarchischen Geschichte und die viersprachige Föderation helvetischer Kantone sind die Ausnahme, die die Regel bestätigen. Nebenbei: Weder Den Haag noch Bern sind Provinzstädte mit implantiertem Regierungsviertel wie Bonn, sie sind lebendige Großstädte mit eigenem Gesicht und eigenem Gewicht.

Aber das – so wird man sagen – ist ja gerade das Problem. (Ich sehe einmal ab von der ironischen Pointe, daß gerade jene linken Intellektuellen, die jahrzehntelang den konservativen Bonner Provinzialismus verspottet haben, nun in ihm den Hort der deutschen Demokratie erblicken.) Die eigentliche Streitfrage ist: Sind wir Deutschen eine Nation wie die uns benachbarten Völker es sind und sein wollen? Und vor allem: Wollen und sollen auch wir es sein? 45 Jahre lang haben uns die Siegermächte und hat uns die von ihnen über uns verhängte Teilung von einer ehrlichen Antwort auf diese Frage dispensiert. Die Phrase: „Deutschland dreigeteilt? Niemals!“ war keine Antwort. Nun ist die Einheit über uns gekommen, von den einen erhofft, von den anderen gefürchtet, aber – Hand aufs Herz – von niemandem im Ernst erwartet. Und die staatliche Einheit als solche beantwortet noch nicht die Frage: Wer sind wir, die von nun an in einem Staat vereinigten Deutschen? Und wer wollen wir sein? Eine Sozietät der DM-Besitzer oder eine Vereinigung europäischer „Verfassungspatrioten" oder doch so etwas wie eine politische Nation? Und wenn – was heißt das im Europa des ausgehenden 20. Jahrhunderts?

Martin Greiffenhagen hat einmal gesagt, Deutschland sei ein „schwieriges Vaterland". Das ist wohl wahr! Obwohl auch andere es mit sich selbst und ihren Nachbarn nicht leicht haben: Ungarn und Rumänien z. B., oder die Völker Jugoslawiens, ganz zu schweigen von der Union – darf man das überhaupt noch sagen? – der Sozialistischen Sowjetrepubliken und dem grausigen Erbe Stalins. Freilich, auch in den historischen Schränken einiger unserer westlichen Nachbarn klappern die Skelette alter mörderischer Konflikte: die irische Frage etwa oder die baskische. Trotzdem: Kein europäisches Volk hat so viele Gründe, seinen nationalen Traditionen in äußerster Behutsamkeit zu begegnen wie das deutsche.

Die oft beschworene Traditionslinie des Unheils: Luther – Friedrich der Große – Bismarck – Hitler ist sicherlich eine grobe Geschichtsfälschung; aber daß die Entstehung und Entwicklung des deutschen Nationalstaats eine glückliche und heilsame Geschichte gewesen sei, wird man guten Gewissens kaum behaupten dürfen. Hitler und jenes säkulare Verbrechen, für das der Name „Auschwitz" steht, waren ganz gewiß nicht das von Anfang an bestimmte, innewohnende Ziel der deutschen Nationalgeschichte, aber an der Tatsache, daß in der Wirklichkeit diese Geschichte ebendorthin geführt hat, gibt es nichts zu deuteln. Jürgen Habermas hat gesagt, und ich stimme ihm zu, „daß die nationale Tradition nicht unbesehen, sondern nur noch kritisch und selbstkritisch angeeignet werden kann", und zwar im Lichte „universalistischer staatsbürgerlicher Prinzipien". Aber das gilt für alle nationale Traditionen. Für die Deutschen gilt es ganz besonders, gewiß! Aber es gilt eben doch nicht für sie allein.

Und die Verpflichtung zur kritischen Behutsamkeit im Umgang mit den nationalen Überlieferungen gilt ohne Ansehen der Person und der ideologischen Partei. Ganz direkt gesagt: Wer mit der eigenen Nation ins Gericht geht, der sollte ihre wirkliche Geschichte kennen und nicht nur die Legenden darüber: Vor kurzem hat die Frankfurter sozialdemokratische Kulturdezernentin – so wie ich sie kenne, eine kluge, sensible und integre Persönlichkeit – in einer höchst bemerkenswerten Rede darauf verwiesen, daß die Deutschen schon seit dem Spätmittelalter „geteilt" gewesen wären, und sie fährt fort: „Ich glaube nicht, daß ich auf Widerspruch stoße, wenn ich sage, die 75 Jahre deutscher Einheit von 1871 an waren die unglücklichsten der Deutschen." Mit Verlaub, aber ich widerspreche. Sowohl die ausgesprochene These als auch ihre nicht ausgesprochenen Konsequenzen sind bestenfalls Halbwahrheiten. Und in jedem seriösen intellektuellen Diskurs gilt, daß halbwahr dasselbe ist wie ganz falsch.

Wer sich die wirkliche deutsche Geschichte seit Rudolf von Habsburg vor Augen führt, insbesondere die Kleinstaaterei des 17. und 18. Jahrhunderts, wer die deutschen Zustände gerade dieser Zeit mit den aufblühenden nördlichen und westlichen Nationalstaaten Schweden, England, Holland, Frankreich vergleicht, wer die blutigen innerdeutschen Bruderkriege sieht, die ökonomische Rückständigkeit, die geistige Enge (trotz Bach; und Händel ging nicht ohne Grund nach England), die Erbärmlichkeit der bürgerlichen Verhältnisse, die Exzesse des Duodezfürstentums, der kann nur den Kopf schütteln. Der Typus des „deutschen Untertanen", wenn es ihn denn überhaupt gibt, ist in diesen „glücklichen" Jahrhunderten der deutschen Teilung geprägt worden, während in den aufblühenden Nationalstaaten des Westens eine moderne zivile Gesellschaft ihre politische Form fand.

Auch über das „Unglück" des kleindeutschen Reiches nach 1871 kann man streiten. Daß die demokratische und nationale Revolution von 1848/49 an der deutschen Misere – auch und gerade übrigens an den „Teil"-Interessen Österreichs und Preußens – gescheitert ist, war gewiß ein historisches „Unglück", vermutlich das folgenreichste der deutschen Geschichte neben dem Dreißigjährigen Krieg. Aber zu unterstellen, daß die deutschen Teilstaaten eine bessere Gewähr für Aufklärung, Freiheit, Liberalität und bürgerliche Zivilisation gewesen seien, als es ein deutscher Nationalstaat hätte werden können, das ist eine Legende. Darf ich daran erinnern, daß das vielverlästerte „deutschnationale" Preußen (dessen konservativer Teil übrigens so national gar nicht war) noch in der Weimarer Zeit das Hauptbollwerk der Republik gewesen ist, und daß es die Bayerische Volkspartei, die Vorgängerin der CSU und Bannerträgerin des katholischen antiprotestantischen Föderalismus war, die 1925 mitgeholfen hat, den deutschnationalen preußisch-protestantischen Generalfeldmarschall von Hindenburg gegen den rheinischen katholischen Demokraten Marx zum Reichspräsidenten zu wählen. So einfach wie sich die deutsche Geschichte in den Köpfen mancher linker Intellektueller spiegelt, ist sie leider nicht.

Im übrigen ist die Geistes- und Kulturgeschichte des deutschen Nationalbewußtseins nicht mit dem Bismarckschen Reich identisch (trotz Grillparzers prophetischem Satz: „Von der Humanität über die Nationalität zur Bestialität"). Sie ist älter und sie ist reicher, wie gebrochen und „unglücklich" auch immer. Sogar der Frankfurter Bürgersohn und Weimarer „Geheimrat" von Goethe – nationaler Engigkeit sicherlich nicht verdächtig – bekennt in seinen Erinnerungen, daß seine reichstädtisch-patrizische Familie den Preußenkönig Friedrich II. – objektiv so a-national wie ein Monarch des 18. Jahrhunderts nur sein konnte – als eine nationale Figur erlebt habe, als ein Gegenbild zur deutschen Misere; sie seien alle „fritzisch" gesonnen gewesen. Von Lessing und Herder über Schiller und die Brüder Humboldt bis zu Börne und Heine (und Marx und Engels übrigens auch) verknüpfen sich die Entstehung der deutschen Nationalkultur, der bürgerlichen Gesellschaft und der liberalen und demokratischen Bewegungen mit der Idee eines freiheitlichen, föderativen deutschen Nationalstaates. Dieser Zusammenhang ist durch die Niederlage der 48er Revolution und den Sieg Bismarcks über das liberale Bürgertum gebrochen worden – zum Unglück des deutschen Volkes. Aber ganz zerstört worden ist er nie. Wenn heute selbsternannte „linke" Avantgarden mit der Parole: „Nie wieder Deutschland!“ auf die Straße gehen und sich über die „Reichstagswahlen“ vom 2. Dezember entweder mokieren oder entrüsten – je nachdem –, dann darf man sie vielleicht daran erinnern, daß nicht nur Bismarck und Hitler (einmal, im März 1933) im Deutschen Reichstag gesprochen haben, sondern auch Virchow und Mommsen, August Bebel und Karl Liebknecht. Die demokratische Linke hat im Kampf um die geistige Führung der deutschen Nation eine schreckliche Niederlage erlitten; wer wagte es, das zu leugnen? Aber seit wann ist der beste Weg aus der Niederlage der, die eigenen Traditionen auf den Müll zu werfen und die eigene Geschichte umzuschreiben?

Doch ist die Furcht vor den nationalen Traditionen nicht die einzige Sorge jener, die vor den politischen Konsequenzen der deutschen Einheit zurückschrecken. Es war wieder die schon erwähnte Frankfurter Kulturpolitikerin, die einer ganz anderen Irritation Ausdruck gab, als sie sagte, sie „fremdele“ vor der Ex-DDR. Dies scheint mir über den konkreten Anlaß hinaus eine sehr treffende Formulierung für eine Befindlichkeit zu sein, die vor allem unter der jüngeren Generation, insbesondere der Intellektuellen in Westdeutschland, weit verbreitet ist. Wen darf das wundern? Diese Generation ist im westdeutschen Teilstaat aufgewachsen, den Blick – sei es in Liebe, sei es im Zorn – nach Westen gerichtet. Im Osten hingegen war der „Eiserne Vorhang“; und was dahinterlag, war ja nun wahrlich nicht besonders anziehend. Selbst der Kommunismus erschien in Italien oder in Kuba noch reizvoller als in Pankow oder Eisenhüttenstadt. Soweit sich also in dieser Irritation ein gewachsenes Lebensgefühl ausdrückt, ist schlecht dagegen anzuargumentieren. Erfahrungen können nicht verordnet, sie müssen gemacht werden.

Aber mit diesem Lebensgefühl der „Fremdheit“ gegenüber dem „Osten“ verbinden sich auch wieder weiße Flecken auf der historischen Landkarte. Da und dort z. B. zeigt sich eine postmoderne intellektuelle Mode, den Protestantismus – der in der Tat durch die staatliche Vereinigung Deutschlands zumindest quantitativ gestärkt wird – als besonders autoritär, borniert und lebensfeindlich auszumalen, den Katholizismus im Gegenbild als Hort von Liberalität, Sinnlichkeit und Lebensfreude. Ganz abgesehen davon, daß es verwunderlich ist, solches von Menschen zu hören, bei denen jedes dritte Wort „Aufklärung" lautet, ist diese Neigung objektiv nicht mehr als ein intellektueller Gag und nicht einmal ein besonders geistreicher. Daß der kölnische Karneval oder der Münchener Fasching vergnüglicher sind als die Berliner Sylvesterknallerei sei nicht bestritten. Aber als Argument gegen die drohende Verpreußung Deutschlands reicht es wohl nicht aus. Als Voltaire schrieb: „Ecrasez l'infame", da galt dieser Kampfruf doch mehr der römischen Kirche als Calvin oder Luther (die er beide gewiß nicht sonderlich geschätzt hat). Und so leid es mir tut: Der größte Kopf der europäischen Aufklärung saß auf den Schultern eines kleinen, bürgerlichen, protestantischen Professors aus Königsberg in Preußen.

Oder wenn – wie geschehen – kritische, progressive, rheinische Sozialdemokraten für Bonn und gegen Berlin mit dem Hinweis auf den preußischen Obrigkeitsstaat Stimmung machen, dann habe ich zwar alles Verständnis dafür, daß die Rheinländer in der Periode ihres Zwangspreußentums unter der Kuratel der junkerlichen Verwaltungsbürokratie Ostelbiens nicht sonderlich glücklich gewesen sind. Nichtsdestoweniger hat Preußen – Obrigkeitsstaat hin oder her – mindestens ebensoviel für Aufklärung und Liberalität getan, wie das Erzbistum Köln – der demokratischen Verdienste des rheinischen Bürgertums und vor allem natürlich der „Rheinischen Zeitung" unter ihrem Redakteur Dr. Marx ungeachtet. Im übrigen: Die wirklichen und unleugbaren fortschrittlich-republikanischen Züge des Rheinlandes sind ihm von der Französischen Revolution aufgeprägt worden und ganz gewiß nicht von der römischen Kirche.

Nebenbei: Mir scheint, daß sich hinter solchen historischen Blickverengungen in einer tieferen Gefühlsschicht noch eine Art von „Ost"-Feindlichkeit verbirgt, die nun freilich gesamteuropäisch ist und nicht mehr nur deutsch. Es gibt in den populären nationalen Vorurteilen Europas so etwas wie ein West-Ost-Gefälle. Die wahre Zivilisation wurzelt im „Westen" (und im Süden natürlich), und die Barberei beginnt im Osten – je nach dem eigenen Standort am Rhein, an der Elbe, an der Oder oder an der polnischen Ostgrenze. Dieses Vorurteil trifft nicht allein Rostock, Berlin oder Leipzig, sondern mehr noch Warschau und Prag, Budapest und Belgrad. Und es ist besonders merkwürdig, daß es bei Menschen durchschimmert, denen sonst die europäischen und „multikulturellen" Parolen in meterlangen Streifen aus dem Munde hängen. Vielleicht darf man die historische Erinnerung daran auffrischen, daß die einzige wirklich große und umfassende, wenn man so will, „westliche" Aktion Gesamteuropas in seiner bisherigen Geschichte die Entsetzung Wiens von den Osmanen im Jahre 1683 gewesen ist, durch eine wahrhaft „multikulturelle" europäische Streitmacht unter dem Oberbefehl des polnischen Königs Johann Sobieski.

Was Ostdeutschland anbelangt, sind solche kulturhistorischen Blickverengungen ganz besonders abwegig – auch und gerade für das vielgeschmähte Preußen. Seit dem Ende des 17. Jahrhunderts lagen die geistig-kulturellen Zentren des alten Reiches eher im Osten als im Westen: in Österreich, in Böhmen, in Sachsen, später auch in Preußen. Um es an einem besonders gut sichtbaren Zeugnis der Vergangenheit zu verdeutlichen: Der österreichisch-bayerische Barock ist sicherlich einer der glanzvollsten Beiträge Deutschlands zur Weltkultur. Aber die Preußen und Sachsen: Schlüter, Pöppelmann, Knobelsdorff können sich mit den Fischer von Erlach, Balthasar Neumann, Dominikus Zimmermann ganz gewiß vergleichen. Nicht zu reden von der einzigartigen strengen Leichtigkeit des preußischen Klassizismus um 1800. Und schon lange vor Bismarck war Berlin neben Wien eine europäische Metropole, nicht nur der Macht, auch dem Geiste nach.

Alle diese Überlegungen wären freilich rein akademisch, wenn das deutsche Volk darauf verzichten würde, noch einmal die Rolle einer politischen Nation zu übernehmen. Kluge, kritische, redliche Geister raten uns, diese Rolle auszuschlagen. Aber könnten wir es, selbst wenn wir es wollten? Nationen gibt es nur im Konzert oder im Wettstreit der Nationen. Der italienische Dichter und Gelehrte Graf Ferraris (langjähriger Botschafter in Bonn und im übrigen Befürworter einer Hauptstadt Bonn, also ganz unverdächtig) hat einmal in einem Kreise kritischer, um ihre nationale Identität ringender deutscher Intellektureller freundlich-ironisch bemerkt: „Wenn wir Deutschen nicht recht wüßten, wer wir wären, dann sollten wir unsere Nachbarn fragen, Polen und Franzosen, Dänen und Italiener; die würden es uns schon sagen." In der Tat! Der große englische Renaissance-Dichter John Donne hat einmal geschrieben: „Kein Mensch ist eine Insel." Und ich füge hinzu: Kein Volk ist es! Heute weniger denn je.

Alle Völker Europas halten an ihren nationalen Traditionen fest: Engländer und Franzosen, Spanier und Italiener. In Osteuropa bekräftigen die Menschen – aus dem Völkergefängnis des sowjetischen Imperiums entlassen – ihre nationale Identität aufs Neue. Nicht nur Polen und Ungarn, nicht nur Esten, Letten und Litauer, nein, auch Ukrainer, Weißrussen und – nicht zuletzt – die Großrussen selbst, das ehemalige Herrenvolk des Imperiums. Die Folgen dieser Renaissance des Nationalen sind ganz gewiß höchst zwiespältige: Zu nationaler Freiheit und Selbstbestimmung gehören auch nationale Ressentiments, Fremdenfeindlichkeit, Antisemitismus, sie provozieren Konflikte und Pogrome. Die Faszination der Idee Europa liegt nicht zuletzt in der Hoffnung, eine übergreifende politische, ökonomische und geistige Ordnung könne und werde die Nationalismen entgiften und die Völker Europas endgültig lehren, das Trennende hinter dem Gemeinsamen zurücktreten zu lassen. Und innerhalb der Nation, so ist die Erwartung, sollen regionale Traditionen, kulturelle und ethnische Besonderheiten mehr Raum zur Entfaltung erhalten.

Aber Europa und das europäische Bewußtsein entspringen der Geschichte nicht als fertige Gestalten wie Athene dem Haupte des Zeus. Die Menschen werden noch lange Angehörige ihrer Nation bleiben und – bestenfalls – gleichzeitig Schritt für Schritt Europäer werden. Mit einer einzigen Ausnahme: Das deutsche Volk hat die bornierten Schranken des Nationalismus bereits abgeschüttelt; durch die schreckliche Erfahrung der Naziherrschaft klug geworden, ist es – allen anderen Völkern voraus – mit einem

Sprung bereits auf der höheren Ebene des reinen Europäertums angekommen. Wirklich?! Viele Kritiker der deutschen nationalen Traditionen sagen, ihnen schaudere bei dem Gedanken an eine Wiederkehr des deutschen Nationalstaates; mag sein: Ich bezweifele ihre Aufrichtigkeit nicht. Aber mich schaudert auch, und zwar bei dem Gedanken, daß sich hier abermals ein deutscher „Sonderweg" auftut, ein erneutes auf groteske Weise ins Europäisch-internationale verkehrtes idealistisches: „Am deutschen (europäischen) Wesen soll die Welt genesen." Könnten wir nicht statt dessen versuchen, endlich einmal ein ganz normales Volk unter anderen Völkern zu sein? In Maßen europäisch, in Maßen egoistisch, und im Durchschnitt genauso provinziell wie alle anderen auch. Die besondere Schuld und die besondere Verantwortung, die uns die Jahre 1933 bis 1945 auferlegt haben, bleiben uns dennoch – so oder so!

Mir scheint, es gibt keinen anderen Weg. Und unsere Nachbarn würden ihn uns auch nicht glauben. Ihnen ist das europäische Sendungsbewußtsein des einen Deutschland genauso unheimlich wie der Nationalismus des anderen. Wenn das aber so ist, dann braucht Deutschland eine wirkliche Hauptstadt, und die kann nur Berlin sein. Das Zerrbild von der Zentrale des reaktionären preußischen Obrigkeitsstaates wird sehr rasch durch die Wirklichkeit dementiert werden. Und daß – soweit man sehen kann – die einzigen Provinzen Ostdeutschlands, in denen der konservative Bonner Kurs keine Wählermehrheit findet, die Kernlande des alten Preußen sind: Großberlin und die Mark Brandenburg, ist vielleicht doch mehr als nur ein sonderbarer historischer Zufall.

Die 45 Jahre historischer Quarantäne in der rheinischen Provinz haben uns Westdeutschen vielleicht ganz gut getan – bezahlt haben dafür freilich die Ostdeutschen. Aber jetzt müssen die Deutschen den Schonraum der Teilung verlassen und sich der Wirklichkeit stellen, ihren Nachbarn, Europa, der Welt (von „Weltmachtrolle" möchte ich freilich lieber nicht reden; die Berliner würden sagen: „Hamses nich ne Nummer kleener?!"). Voraussetzung dafür, daß wir nicht einer neuen nationalen Überhebung verfallen – Anzeichen dafür gibt es, vor allem ökonomische –, ist freilich die dauernde Vergegenwärtigung unserer nationalen Geschichte, ihrer rühmlichen, vor allem aber ihrer schrecklichen Seiten. Wo wäre das besser möglich als in Berlin? Der Landwehrkanal und der Ort der Wanseekonferenz, die Bendlerstraße und Plötzensee, der Reichstag, die Wilhelmstraße und die Stalinallee. Vielleicht demonstrieren sogar wieder einmal anderthalb Millionen Menschen auf dem Platz der Republik, wovor Herr Streibl solche Angst hat – hoffentlich mit Recht! Wie auch immer: Die Entscheidung über die Hauptstadt ist ein Teil der Entscheidung darüber, ob wir unsere nationale Geschichte verarbeiten wollen oder nur verdrängen!

Peter Claus Hartmann

„Hauptstadtpluralismus" in föderalistischer Republik

(Aus: „Das Parlament" vom 1. 2. 1991)

Die Befürworter einer Hauptstadt Berlin in Medien und Politik tun so, als ob es zu Berlin keine richtige Alternative gäbe und die große, schöne und bedeutende Stadt schon immer die deutsche Hauptstadt gewesen sei. Dem ist aber nicht so! Vielmehr war diese Stadt in der mehr als 1 100-jährigen deutschen Geschichte ganze 74 Jahre Hauptstadt Deutschlands, vorher nur die Preußens, Brandenburg-Preußens bzw. des im Mittelalter nicht allzu bedeutenden Kurfürstentums Brandenburg. Diese 74 Jahre waren jedoch weder für Deutschland noch für Europa die glücklichsten. Es ist deshalb ernstlich zu überlegen, ob man nicht heute als Zeichen für den Neuanfang des vereinten Deutschlands an die jahrhundertealte deutsche Praxis mehrerer Hauptstädte anknüpfen sollte, anstatt einfach wieder die mit positiven, aber noch mehr negativen Erinnerungen belastete Hauptstadt Berlin aufleben zu lassen.

Berlin erweckt nämlich als Symbol und Zentrum Preußens, des Bismarckreiches, des Nazi-Systems und des stalinistisch-kommunistischen Regimes im In- und Ausland historisch begründete Ängste und Ressentiments, die nicht zu unterschätzen sind. Aufgrund der geschichtlichen Erfahrungen existieren nämlich trotz aller positiven Erklärungen in den europäischen Ländern Frankreich, England, Italien, Polen, Rußland u. a., aber auch in Israel, weiterhin Vorbehalte und Befürchtungen gegen die deutsche Einheit. Diese würden verstärkt, wenn im vereinigten Deutschland die zentrale Regierung in der großen traditionsbelasteten Hauptstadt Berlin in der Praxis, trotz aller Verfassungsbestimmungen, immer mehr dominieren würde. Das große demographische, wirtschaftliche und finanzielle Gewicht Deutschlands würde, wie von 1871 bis 1945, noch mehr als Störung des Gleichgewichtes in Europa empfunden, als dies bei einem betont föderalistischen Deutschland der Fall wäre.

Deshalb sollte das neue Gesamtdeutschland noch föderalistischer sein als die bisherige Bundesrepublik. Das würde es nämlich zum einen den europäischen Nachbarn erleichtern, dieses relativ große, gewichtige Deutschland ohne Ressentiments und Furcht auf die Dauer zu akzeptieren. Eine Republik der Regionen könnte auch recht leicht in ein Europa der Regionen integriert werden, in dem die traditionellen Großnationen mit ihren historisch belasteten Nationalismen zugunsten der Regionen Kastilien, Provence, Bretagne, Flandern, Schottland, Rheinland-Pfalz, Bayern usw. zurücktreten. Zum anderen können im wiedervereinigten Deutschland, angesichts der völlig anderen Struktur der ehemaligen DDR, die ungeheuren Probleme auf der Länderebene eher bürgergerecht und die jeweilige Mentalität berücksichtigend gelöst werden. Für den wirtschaftlichen, ökologischen, strukturellen, politischen und moralischen Aufschwung der neuen Bundesländer werden zwar große finanzielle und strukturelle Hilfen nötig sein, aber Sachsen, Thüringen, Sachsen-Anhalt usw. sollten doch ihre Probleme im Rahmen der Bundesrepublik und der EG weitgehend selbständig lösen können.

Um diesen gestärkten Föderalismus nach außen hin zu dokumentieren und im Inneren zu festigen, sollte man Berlin aus historischen Gründen nicht zur alleinigen Hauptstadt erklären, sondern die Hauptstadtfunktion auf mehrere Städte verteilen.

Berlin als Sitz der Bundesregierung könnte als Anknüpfung an verschiedene geschichtlich verhängnisvolle Traditionen verstanden werden:

1. Berlin war die Hauptstadt, das Zentrum und das Symbol des Preußens eines Friedrich des Großen, der durch seine skrupellose Kriegs- und Außenpolitik (Angriff ohne Kriegserklärung, Verletzung des Völkerrechts, Eroberungen ohne Rechtstitel, Bruch von Verträgen nach eigenem Gutdünken) Empörung und Entsetzen in Europa hervorrief, auch wenn sein Feldherrntalent und sei-

ne staatspolitischen und kulturellen Leistungen viel Bewunderung fanden. Er begründete die den Deutschen im Ausland immer wieder angekreidete militaristische Tradition, die Macht vor Recht setzte und auf diese Weise die preußische Großmacht schuf. Friedrich hat, wie Karl Otmar von Aretin betont, ein gefährliches Vorbild gegeben: „Es war der böser Geist von Sanssouci, der hier schreckliche Wirkung zeitigte."

2. Auch das Preußen Bismarcks ging bei der Durchsetzung der „Kleindeutschen Lösung" weitgehend nach dem Grundsatz „Macht vor Recht" vor. Der sehr fähige Ministerpräsident Preußens, Otto von Bismarck, erzwang nämlich in den 1860er Jahren die Vormachtstellung Preußens in Deutschland unter Ausschluß der bisherigen Präsidialmacht Österreichs mit Krieg und Gewalt. Unter dem Bruch der Verfassung des Deutschen Bundes traten die Preußen aus diesem Bund aus und besetzten die Mittelstaaten Sachsen, Hannover und Kurhessen. 1866 besiegten sie die zur Verteidigung dieses Bundes und seiner Verfassung angetretenen Staaten Österreich, Bayern, Württemberg, Baden, Hessen-Darmstadt usw.

Diese militärische Entscheidung hatte weitgehende Folgen für die deutsche Geschichte. Österreich wurde in dieser ersten deutschen Teilung endgültig vom übrigen Deutschland getrennt. Jetzt konnte das durch die Annexion von Hannover, Hessen-Nassau, Kurhessen und Frankfurt vergrößerte Preußen die Vorherrschaft in „Kleindeutschland" aufrichten, das in der Folge im Deutsch-Französischen Krieg 1870/71 entstand. Der preußische König wurde in Feindesland, in Versailles, zum Deutschen Kaiser ausgerufen und nicht durch eine freie demokratische Abstimmung. Preußen mit seiner Hauptstadt Berlin dominierte das zweite Kaiserreich, es stellte nicht nur mit dem Kaiser das Reichsoberhaupt, sondern auch mit 64,4 % der Fläche und mit 27,3 Millionen 60,3 % der Einwohner des Reiches. Trotz einer föderalistischen Verfassung nahm das Gewicht der Zentrale Berlin immer mehr zu. Dabei war aber Berlin damals, wie Michael Stürmer mit Recht betont, mehr preußische als Reichshauptstadt. Die Reichsangelegenheiten waren im wesentlichen in preußischen Händen.

In der Regel war der preußische Ministerpräsident gleichzeitig Reichskanzler (oder umgekehrt). Eine eigentliche Reichsregierung als Institution mit Reichsministern gab es nicht. Innenpolitisch wurde Berlin für die unterdrückte katholische Minderheit im Reich das bekämpfte und gescholtene Symbol und Zentrum des harten Kulturkampfes, bald galt ähnliches für die durch das Sozialistengesetz verbotenen und verfolgten Arbeiterbewegungen und Sozialisten.

3. Wenn auch heute in der Forschung erwiesen ist, daß dieses Deutschland keineswegs allein am Ausbruch des Ersten Weltkrieges schuld war, so schädigten doch deutsche Schritte wie die Verletzung der belgischen Neutralität 1914 und der uneingeschränkte U-Boot-Krieg 1917, der auch Handelsschiffe nicht kriegführender Mächte betraf, das deutsche Ansehen in der Welt beträchtlich.

4. Als im Inneren Deutschlands ab September 1917 unter von Hindenburg und Ludendorff praktisch die Oberste Heeresleitung von Berlin aus die Militärdiktatur ausübte und die Zwangswirtschaft dirigierte, richtete sich zunehmend der Haß weiter Teile Deutschlands, z. B. Bayerns, gegen Berlin.

5. Diese Stadt, die dann in der Weimarer Republik als „ungeliebte Hauptstadt" zur wirklichen deutschen Hauptstadt wurde, war geprägt von Aufständen und Unruhen (Spartakusaufstand 1919, Kapp-Putsch 1920, kommunistische Unruhen 1929, radikaler Kampf der NSDAP), welche die Verfassungsgebung 1919 unmöglich und das Regieren in der Folgezeit teilweise schwierig machten.

6. Auch in den letzten, für die Erhaltung der Demokratie so wichtigen Wahlen von 1932 und 1933 erwies sich Berlin als ein für extreme Parteien besonders anfälliges Pflaster. Während etwa in Städten wie München oder im kleinen Bonn zumindest 1932 noch die demokratischen Parteien die absolute Mehrheit erzielten, dominierten in Berlin die Gegner der Republik, d. h. sie errangen am 31. Juli 1932 58 % (KPD 33,4 %, NSDAP 24,6 %), am 6. November 1932 60,2 % (KPD 37,7 %, NSDAP 22,5 %) und am 5. März 1933 61,4 % (KPD 30,1 %, NSDAP 31,3 %).

7. In der Folgezeit war Berlin die Hauptstadt des zentralisti-

schen NS-Staates, die Stadt einen Gauleiters Joseph Goebbels, der 1944 „Generalbevollmächtigter des totalen Krieges“ wurde, die Stadt der berüchtigten Wannseekonferenz, wo 1942 die „Endlösung der Judenfrage“ beschlossen wurde, die Stadt des Führerbunkers. Selbstverständlich ist Berlin nicht verantwortlich zu machen für die unsagbaren Verbrechen und das gewaltige Leid, das die NS-Regierung über Europa brachte, und den furchtbaren Weltkrieg, den Hitler entfesselte. Aber die Hauptstadt dieses zentralistischen Führerstaates, der zur totalitären Diktatur geworden ist, erscheint doch in der Welt diskreditiert. Ähnliches gilt etwa für die wunderschöne oberbayerische Kleinstadt Dachau, die nicht gefragt wurde, als die NS-Macht noch 1933, noch vor dem Ermächtigungsgesetz, in ihrer Nähe das erste und deshalb besonders bekannte KZ errichtete.

8. Wenn auch nach dem Krieg West-Berlin zum Symbol der Freiheit, der Überwindung der Sowjetblockade, und besonders augenfälliges Opfer der Teilung wurde, so war Ost-Berlin doch ab 1949 der Hort des kommunistischen Unrechts- und Unterdrückungsregimes. Von dort wurde der Bau der Mauer organisiert, der Schießbefehl an der Mauer und am Eisernen Vorhang erteilt, die DDR regiert, die sich 1989 als politisch, finanziell, wirtschaftlich, ökologisch und moralisch bankrott erwies.

Es fragt sich also, ob nicht Berlin mit zu vielen historischen Negativreminiszenzen verbunden ist, um wieder alleinige Hauptstadt Deutschlands zu werden, ob nicht dadurch, wie man da und dort hört, Befürchtungen vor einem „Vierten Reich“ Nahrung bekommen würden.

Neben diesen historischen Reminiszenzen spricht auch heute vieles dagegen, den Sitz der Bundesregierung, der Zentralverwaltung und des Bundestages von Bonn nach Berlin zu verlegen, und zwar:

1. die Gefahr, daß im Laufe der Zeit die weitaus größte Stadt Deutschlands aufgrund der schon in früheren Epochen zu beobachtenden Eigengesetzlichkeiten und der Macht des Faktischen, trotz aller föderalistischen Grundgesetzartikel, immer mehr Macht, Einfluß und Kompetenz an sich ziehen würde. Die ande-

ren Zentren Deutschlands könnten dann auf weitere Sicht leicht zur „Provinz“ absteigen und von Berlin dominiert werden, wie dies von 1871 bis 1945 weitgehend der Fall war.

2. Man sollte als bewußtes Signal für die weitere Stärkung des Föderalismus gerade nicht die größte Stadt zur alleinigen Hauptstadt machen, denn in den wirklich betont föderalistischen Staaten, wie etwa in den USA, Kanada oder in der Schweiz, fungiert jeweils nicht die größte und bedeutendste Stadt als Hauptstadt.

3. Nicht nur historische Erfahrungen, sondern auch jüngste Beispiele zeigen, daß große Millionenstädte problematische Regierungssitze sind; denn die Regierungen sind dort leichter dem Druck der Straße ausgesetzt als in den kleineren Regierungssitzen. Dies kann eine demokratische, ausgewogene und alle Interessen berücksichtigende Politik erschweren. Dieser Druck der Straße mit ihrem Gewaltpotential macht sich etwa in Paris immer wieder bemerkbar, aber noch mehr in Berlin, das viele Jahre hindurch wie keine andere deutsche Stadt von Unruhen geprägt wurde. Berlin ist also meines Erachtens angesichts der in diesem Raum und auf dem Gebiet der ehemaligen DDR zu erwartenden weiteren Probleme, Unruhen und Streiks ein schlechtes Pflaster für eine gedeihliche Regierungs- und Verwaltungsarbeit.

4. Es wird immer wieder hervorgehoben, Berlin müsse Hauptstadt werden, damit es als Kristallisationspunkt der gesellschaftlichen, wirtschaftlichen und kulturellen Strömungen die Politik befruchte, was Bonn nicht leisten könne. Das ist meines Erachtens zu zentralistisch gedacht. Diesen Austausch könnten durchaus die verschiedenen wichtigen Zentren in der Bundesrepublik leisten, mit denen die Abgeordneten und Minister verbunden sind. Außerdem ist es nicht notwendig, daß sich alles in der Hauptstadt konzentriert, vielmehr wäre es für die föderalistische Struktur nur wünschenswert, daß das Geld weiterhin in Frankfurt, die beste Oper in München usw. ihren Sitz haben. Es kann deshalb nicht negativ sein, wenn z. B. ausländische Finanzminister bei ihren Staatsbesuchen die Bundesbank in Frankfurt besuchen oder Queen Elizabeth die Staatsoper in München und nicht unbedingt entsprechende Institutionen in der Hauptstadt.

5. In der Bundesrepublik hat sich die dezentrale Kultur und Wissenschaft sehr gut bewährt. Außerdem ist auch eine Millionenstadt wie Berlin nicht vor Provinzialismus gefeit, wie die kürzliche Schließung der Westberliner Akademie zeigt.

6. Berlin liegt genauso nah an der Grenze wie Bonn, hat also keine günstigere Lage innerhalb Deutschlands, wäre sogar bei einem eventuellen Umschwung der politischen Lage im Osten leicht in seiner Sicherheit bedroht.

7. Ferner sprechen die hohen Kosten gegen einen Umzug (mit entsprechenden Bauten) der Regierung von Bonn nach Berlin. Wenn man von 40–50 Milliarden DM geschätzen Kosten ausgeht, so ist zu fragen, ob dies für den Steuerzahler noch zumutbar ist. Er muß ohnehin schon ungeheure Summen für den Aufbau der ehemaligen DDR aufbringen. Jedenfalls würde man das Geld sinnvoller für Umweltschutz und Strukturverbesserung dieses Gebietes einsetzen, in dem das kommunistische Regime eine ökonomisch und ökologisch katastrophale Erbschaft hinterlassen hat.

8. Von Befürwortern Berlins wird gerne das Argument gebraucht, man müsse aus Rücksicht auf die Gefühle der ehemaligen DDR-Bewohner, die den „Anschluß" über sich hätten ergehen lassen müssen, unbedingt Berlin zur alleinigen Hauptstadt machen. Dagegen läßt sich jedoch argumentieren, daß der Beitritt der DDR zur Bundesrepublik nach Art. 23 des Grundgesetzes freiwillig geschah und in freier Abstimmung von der großen Mehrheit der 16 Millionen DDR-Bürger gewünscht wurde. Die über 60 Millionen Bürger der BRD wurden jedoch nicht eigens gefragt. Vielmehr vollzog man hier – mit Recht – den Auftrag des Grundgesetzes. Aber das heißt nicht, daß die Politiker nicht auch auf die Gefühle und Interessen der 60 Millionen Westdeutschen Rücksicht nehmen müßten. Sie sollten vielmehr zur Kenntnis nehmen, daß es in Westfalen, im Rheinland, im Saarland, in der Pfalz, in Baden-Württemberg und in Bayern sehr viele Menschen gibt, die gegen eine alleinige Hauptstadt Berlin und für die Beibehaltung Bonns als Regierungssitz sind.

Für die Beibehaltung Bonns als Sitz von Regierung und Bundestag spricht:

1. daß es vor 1949 keine deutsche Hauptstadtfunktion besaß, also die vorher wenig bekannte Stadt auch nicht mit historischen Negativerfahrungen verbunden werden kann;

2. daß diese Hauptstadt in aller Welt zum Symbol des neuen, freien, demokratischen und friedlichen Deutschland geworden ist;

3. daß sich Bonn als Hauptstadt eines wirklich föderalistischen Staatsgebildes bewährt hat. Das „Bundesdorf" war und ist zu klein und unbedeutend, um die großen anderen politischen, wirtschaftlichen und kulturellen Zentren der Bundesrepublik zu dominieren oder zur „Provinz" herabzudrücken. So konnten sich die verschiedenen, bedeutenden regionalen Zentren in ihrer Vielfalt bestens entwickeln, es entstand eine wirklich föderalistische, dezentrale Struktur mit all ihren Vorteilen.

4. Bonn hat sich in den 40 Jahren bewährt als Symbol der Versöhnung und Freundschaft mit Frankreich, den Beneluxstaaten und den USA, als Hauptstadt der Westintegration. Man sollte nicht durch eine Verlegung des Regierungssitzes nach außen hin den Akzent verschieben und den Verdacht aufkommen lassen, die Westintegration sei in Zukunft weniger wichtig.

5. Die kleine Hauptstadt am Rhein ist auch Symbol der von Adenauer und seinen Nachfolgern betriebenen Wiedergutmachung an Israel und des Versuchs der Aussöhnung mit den Juden.

6. Ferner ist die Sicherheit und das ungestörte Arbeiten von Bundesregierung und Bundestag in einer kleinen Stadt wie Bonn leichter zu gewährleisten und der Druck der Straße besser einzudämmen.

7. Die Sicherheit vor äußerer Bedrohung ist im Westen mehr garantiert als im Osten, wo etwa in der UdSSR ein Umsturz mit eventuellen negativen Folgen nicht völlig auszuschließen ist.

8. Schließlich liegt Bonn nahe bei der europäischen Hauptstadt Brüssel, wo in der Zukunft immer mehr Kompetenzen konzentriert sein werden. Es wird für die deutsche Regierung wichtig sein, einen „guten Draht" dorthin zu unterhalten.

Es sprechen somit viele Gründe dafür, wenigstens einen Teil

der Hauptstadtfunktionen in Bonn zu belassen. Man könnte als Kompromiß an die deutsche Praxis eines „Hauptstadtpluralismus" vor 1866 anknüpfen.

Bis dahin kannte der deutsche Raum über viele Jahrhunderte hinweg verschiedene Hauptstädte. Bis 1806 wurde das deutsche Gebiet sowie Österreich-Böhmen durch das stark föderative Heilige Römische Reich mit schwacher Zentralgewalt und mehreren Hauptstädten zusammengehalten: Als solche fungierten Wien (Sitz des Kaisers und des Reichshofrates), Regensburg (Sitz des Immerwährenden Reichstages), Frankfurt a. M. (Wahl- und Krönungsstadt), Speyer und ab 1689/93 Wetzlar (Reichskammergericht) sowie Mainz (Sitz des Reichserzkanzlers für Germanien). Zumindest seit 1648 bestand hier eine Reichsfriedensordnung, in der kein Territorium dominierte, auf Reichsebene keine Konfession majorisiert wurde. Wenn nicht Gefahr von außen (Türken, Frankreich) drohte, wurde vieles kollegial, genossenschaftlich und föderativ gelöst, die kulturelle, wirtschaftliche und politische Vielfalt berücksichtigt und respektiert. Ein Militär- und Leistungsstaat war dieses föderative Staatsgebilde allerdings nicht.

Auch der Deutsche Bund (1815–1866), zu dem sich 37 souveräne deutsche Staaten und freie Städte zusammengeschlossen hatten, ließ allen Teilstaaten weitgehende Unabhängigkeit und Entfaltungsmöglichkeit. Weder Preußen noch Österreich dominierte. Neben dem Sitz des Bundestages in Frankfurt gab es viele wichtige Zentren. Von diesem Staatenbund als ganzes ging ebenfalls keine Bedrohung aus.

Gerade in den Jahrhunderten des Heiligen Römischen Reiches (bis 1806) und den Jahrzehnten des Deutschen Bundes (1815–1866) hatte der deutsch-österreichische Raum eine Vielzahl politischer, wirtschaftlicher und struktureller Zentren, die vor allem auf dem Gebiet der Kultur durchaus europäischen Rang besaßen. Man kann nämlich gewiß nicht behaupten, Frankreich, England oder Spanien mit ihren großen, dominierenden, zentralen Hauptstädten Paris, London, Madrid hätten im Bereich der Kunst, Architektur, Musik, Dichtung, Philosophie und Wissenschaft im 16., 17., 18. und 19. Jahrhundert mehr geleistet als das

Heilige Römische Reich oder die Staaten des Deutschen Bundes.

Hat hier nicht sogar die Vielzahl der Zentren besonders stimulierend gewirkt? Ein Orlando di Lasso, ein Johann Sebastian Bach, ein Georg Friedrich Händel oder ein Joseph Haydn komponierten und musizierten an verschiedenen Orten. Mozart oder Beethoven stammen aus geistlichen Hauptstädten. Der Schloßbau hat, regional verschieden, im 17. und 18. Jahrhundert bewundernswerte Hochformen erlebt. München, Dresden, Potsdam, Brühl (bei Bonn), Würzburg, Salzburg und Wien, um nur einige zu nennen, waren Kulturzentren von europäischem Rang und sind es heute noch. Aber auch ein Raum, wie der bayerisch-fränkisch-südschwäbische, in dem auf dem Gebiet des Kirchenbaus eine einzigartige Kulturlandschaft des Spätbarocks und des Rokoko entstand, konnte sich in dieser Zeit der lockeren Konföderation ohne große und zentrale deutsche Hauptstadt bestens entfalten.

Ebenso war das Zeitalter der deutschen klassischen Dichtung eines Johann Wolfgang von Goethe (1749–1832) und eines Friedrich von Schiller (1759–1805) eine Ära ohne zentrale große deutsche Hauptstadt; vielmehr diente ihnen längere Zeit die kleine Haupt- und Residenzstadt Weimar als Wirkungsstätte. Auf wirtschaftlichem Gebiet trugen die vielen industriellen Schwerpunkte im Deutschland des 19. Jahrhunderts in Württemberg, Mannheim, Ruhrgebiet, Berlin, Schlesien, Nürnberg u. a. zu einer relativ ausgewogenen Infrastruktur bei, die besser war als die in manchem zentral regierten Staat. Wir können also auf eine sehr positive Tradition mit vielen bedeutenden politischen, wirtschaftlichen und kulturellen Zentren in Deutschland zurückblicken, eine Tradition, an die wir als Neuanfang wieder anknüpfen sollten, um ein Zeichen zu setzen.

1. Aus den oben angeführten Gründen (keine historische Negativbelastung, Symbol des neuen demokratischen Deutschlands und der Westintegration, Nähe zu Brüssel und Betonung des Föderalismus und der Sicherheit) wäre es wünschenswert, Bonn als Sitz von Bundesregierung und Bundestag beizubehalten.

2. Um den Föderalismus zu betonen und Berlin als weitere Hauptstadt aufzuwerten, sollte man den Sitz des Bundesrates dorthin verlegen. Dadurch wäre die Länderkammer in ihrer Eigenständigkeit gestärkt und ein Ausgleich für das westliche Zentrum Bonn im östlichen Teil Deutschlands geschaffen. Ferner sollte der Bundespräsident seinen Hauptsitz nach Berlin verlegen, wodurch diese Stadt unter den Hauptstädten einen Ehrenrang erhalten würde. Außerdem wäre zu wünschen, für Leipzig, Magdeburg oder Halle bestimmte Hauptstadtfunktionen, wie den Sitz einer wichtigen Zentralbehörde oder eines Bundesgerichts, zu schaffen.

3. Wenn man das Bundesverfassungsgericht in Karlsruhe, den Bundesfinanzhof in München, die Bundesanstalt für Arbeit in Nürnberg, die Bundesbank in Frankfurt a. M., das Bundesarbeitsgericht in Kassel usw. beläßt, hätte man neben Bonn (Regierung und Bundestag) und Berlin (Bundesrat und Bundespräsident) noch eine ganze Reihe von Hauptstädten des vereinten Deutschlands im Westen und im Osten und würde damit an die viele Jahrhunderte alte deutsche Tradition vor 1871 anknüpfen, die sich gut bewährt und ein Deutschland hervorgebracht hat mit vielen hochrangingen politischen, wirtschaftlichen und kulturellen Zentren, die heute noch bestehen und sich sehr gut in das angestrebte Europa der Regionen integrieren lassen würden.

Fritz Fischer

Rückkehr nach Preußen?

Die Bundesrepublik sollte auch künftig von Bonn aus regiert werden

(Aus: „Die Zeit“ vom 29. 3. 1991)

Am 18. Januar dieses Jahres forderten einige Konservative dazu auf, den 120. Jahrestag der deutschen Einigung zu feiern. Das war eine Ungeheuerlichkeit: Die Feiern zum 18. Januar waren während der Zeit der Weimarer Republik ein Affront gegen die neue Staatsform und trugen zu ihrem Untergang bei.

Berlin war seit dem 18. Januar 1871 die Hauptstadt Preußen-Deutschlands und blieb es 74 Jahre lang bis zum 8. Mai 1945. Vorher war es die Hauptstadt des Staates Preußen gewesen; den Süddeutschen, wie wir von Abgeordneten des Zollparlaments wissen, ganz unbekannt und in seinem Erscheinungsbild auch befremdlich.

Als Hauptstadt Preußens lag Berlin genau in der Mitte dieses Staates – 800 Kilometer von Aachen im Westen, 800 Kilometer von Tilsit im Osten entfernt. Heute trennen knapp fünfzig Kilometer Berlin von der polnischen Grenze; es ist also in unserem Staat weit nach Nordosten gerückt. In Preußen wiederum war – und das galt bis November 1918, ja noch darüber hinaus - „Ostelbien“, der Hauptsitz der preußischen Aristokratie, der „Junker“, die Armee, Verwaltung, Diplomatie und Gesellschaft in Preußen und durch dieses in Deutschland beherrschten, der größere und wichtigere Teil der beiden Staatshälften (trotz des wirtschaftlichen Gewichtes von Ruhr- und Saargebiet).

Von diesem „ostelbischen“ Preußen existieren in der erweiterten Bundesrepublik nur noch zwei kleinere, relativ arme Länder: Brandenburg und Sachsen-Anhalt. Es ist ausgeschlossen, daß die

Traditionen dieses Rest-Preußens das politische Klima der Bundesrepublik bestimmen sollten. Die Länder Thüringen und Sachsen gehören ihrer Struktur nach durchaus nicht zu „Ostelbien" (um so weniger, als ja Sachsen 1815 auf Geheiß Preußens halbiert worden war und der Nordteil mit Torgau und Wittenberg an Preußen kam, was die Bewohner bis ins 20. Jahrhundert nicht vergaßen). Im übrigen wurden die beiden voneinander getrennten Hälften des Staates Preußen erst nach Königgrätz im Jahre 1867 miteinander verbunden durch die Annexion von fünf Staaten des Deutschen Bundes durch Bismarck (Holstein, Hannover, Kurhessen, Hessen-Nassau, die Freie Reichsstadt Frankfurt am Main, die bis dahin der Sitz des Deutschen Bundes gewesen war).

Durch diese Annexion wurde Preußen so vergrößert, daß es vier Fünftel der Fläche des neuen Deutschen Reiches umfaßte und eine dominierende Stellung einnahm; ein „Föderalismus" im Sinne des „Alten Reichs" und nach unserem heutigen Verständnis konnte da nicht mehr existieren, so sehr Bismarck sich auch mühte, die Empfindlichkeit der Süddeutschen zu schonen. Aus den Annexionen von 1867 entstanden nach dem Ende Preußens 1946 drei Länder der Bundesrepublik (Schleswig-Holstein, Niedersachsen, Hessen), die sich sofort ihrer vorpreußischen Vergangenheit erinnerten, wie sogar auch die Menschen in den 1815 (auf englisches Verlangen hin) an Preußen gegebenen Regionen Rheinland und Westfalen, die Muß-Preußen waren. Eine Hauptstadt des Herzens war Berlin für sie nie.

Wollte man heute Berlin zum Sitz von Bundesregierung, Bundestag und Bundesrat machen, so wäre das ein Verrat an den Grundlagen unseres Staates, der 1949 gegründeten Bundesrepublik Deutschland, die 1990 durch fünf Länder der früheren DDR erweitert, aber in ihrem politischen Charakter, in ihrer Substanz nicht verändert wurde. Die Bundesrepublik knüpfte an die Ideenwelt des Vor-Bismarckschen Deutschland an; das zeigt schon ihre Staatsfahne: nicht das Schwarz-Weiß-Rot des Bismarck-Reiches, sondern das Schwarz-Rot-Gold der Paulskirche, das in der Weimarer Republik (1919–1933) als Flagge eingeführt, aber von der Mehrheit nicht anerkannt worden war. Die Farben Schwarz-Rot-

Gold symbolisieren die Ideale der politischen Freiheit, der Menschen- und Bürgerrechte, der Demokratie. Diese Ideale waren bei den Freiwilligen von 1813, bei den Studenten des Wartburgfestes 1817, beim Hambacher Fest 1832 und in der Revolution von 1848/49 lebendig. – Vergessen wir auch nicht, daß die drei Parteien, die heute diesen Farben entsprechen und unseren Staat tragen: die Christlich-Demokraten, die Sozial-Demokraten und die Liberal-Demokraten, die Parteien waren, die Bismarck der Reihe nach mißhandelte, um die preußische Staatsidee in seinem Reich zu behaupten.

Im Ausland, im Westen ebenso wie im Osten, würde eine Verlagerung des politischen Schwerpunktes der Bundesrepublik von Bonn nach Berlin alle jene bei uns vergessenen, verdrängten und jedenfalls unterschätzten Erinnerungen an die preußisch-deutsche Geschichte wachrufen und Sorgen und Ängste auslösen. Man mag die Leistungen des Staates Preußen in Verwaltung, Rechtswesen und Schule noch so hoch einschätzen, im Bilde des Auslandes (und auch vieler Deutscher) ist er ein Militärstaat geblieben, in dem die Armee das innere Leben der Gesellschaft und die Mentalität seiner Menschen bestimmte. Man mag die Einführung der Sozialversicherungen (um die Sozialdemokratie abzuwehren) und seine Außenpolitik (mit der er am Ende doch gescheitert war) als Bismarcks Leistungen noch so hoch einschätzen; an seinem Bild, zumal im Ausland, bleibt doch ein Zug der Gewalttätigkeit. „Haut doch die Polen, daß sie am Leben verzagen. [. . .] Wenn wir (die Preußen) bestehen wollen, müssen wir sie ausrotten", konnte er 1861 schreiben.

Und auf Bismarck folgte Wilhelm II., kein Krimineller wie Hitler, aber doch von krankhafter Eitelkeit, ein Schwadroneur, der mit seiner Flottenbau- und „Weltpolitik" das Deutsche Reich in die Isolierung führte, die mit Krieg endete. Kann man die Hauptstadt Berlin von den dreißig Jahren seiner Regierung trennen? – Kann die vielbesungene Kulturblüte der „Golden Twenties" in Berlin den extremen Nationalismus und den grassierenden Antisemitismus vergessen machen und ebenso die Wirren und blutigen Kämpfe von 1919–1923 und von 1929–1932 mit

Bürgerkriegsarmeen von links- und rechtsaußen? Und zeigt nicht der kaiserliche Generalfeldmarschall als Präsident der Republik in Berlin die Kontinuität des Preußisch-Deutschen Reichs – die Weimarer Republik nannte sich weiterhin Deutsches Reich.

Die Paradestraße „Unter den Linden" hat dann der „Führer", den erst sein Bündnis mit der Preußisch-Deutschen Armee (mit der Aristokratie in ihren Führungspositionen) und die Übersiedlung nach Berlin in den Vollbesitz der Macht brachten, ausgebaut durch den Tiergarten bis Halensee, auf der er dann zu seinem fünfzigsten Geburtstag, am 20. April 1939, diese Armee vier Stunden lang paradieren lassen konnte. Vier Monate später begann der Zweite Weltkrieg, der ein Vielfaches mehr an Zerstörungen und Menschenverlusten brachte als der Erste und in dessen Schatten Verbrechen über alle Vorstellungskraft geschahen, die nicht vergessen werden können.

Die Namen Wilhelm II. und Hitler sind mit der Idee von deutschem Herrschaftsanspruch und deutscher Expansion verbunden, und beide sind wiederum mit Berlin verbunden. Sollten die Deutschen nicht begreifen, daß eine Umsiedlung der Regierung – gerade im Zusammenhang mit der „Wiedervereinigung" im Jahre 1990 – aus dem ruhigen Bonn in das geschichtsbeladene Berlin im gesamten Ausland verstanden werden muß als ein Bekenntnis zu einer Tradition des Militarismus, des Machtanspruchs und der Expansion? Noch im und nach dem Zweiten Weltkrieg wurde in britischen politischen Führungskreisen darüber gestritten, was mehr zu fürchten sei: „Prussianism oder Hitlerism?" Und die Neigung ging dahin, in der ersteren älteren, tiefer wurzelnden Erscheinung die größere Gefahr zu sehen.

Vergessen wir auch nicht: Berlin ist im Umkreis von hundert Kilometern vorwiegend von agrarischen, im Spätmittelalter in ihrer Entwicklung stehengebliebenen Kleinstädten umgeben, und der Westen ist weit weg. Bonn aber liegt in einer Zone eng verflochtener moderner Wirtschaft mit Köln, Düsseldorf, Ruhrgebiet, nahe an London, Amsterdam, Brüssel, Luxemburg, Paris, mit Verbindung über Frankfurt und Ludwigshafen nach Straßburg, Basel, Zürich, Genf. Bonn liegt aber auch in einer Zone ältester Städtekultur, mit ältesten Kulturdenkmalen in Aachen, Trier, Worms, Speyer, Mainz (Chorin und Lehnin bei Berlin sind doch nur Punkte daneben). Was immer die letzten Motive für den ehemaligen Oberbürgermeister von Köln, den gebürtigen Rheinländer Adenauer, gewesen sein mögen, als er Bonn zum Regierungssitz der Bundesrepublik – „provisorisch" nannte man ihn zunächst – wählte, jedenfalls hatte er ein Gespür dafür, daß mit dieser Wahl symbolisch die enge Verklammerung der Bundesrepublik mit Westeuropa und Amerika gegeben war. Diese symbolische Verbindung aufzugeben, kann nur Argwohn und Mißtrauen und neue Ängste wecken. Darum Hände davon!

Geradezu absurd ist es, wenn die Anwälte Berlins darauf hinweisen, es müsse die „Rheinbundmentalität" in der Bundesrepublik überwunden werden – was nur heißen kann, die Bindung an den Westen. Der Rheinbund, das waren die von Napoleon – nach seinen Siegen über Österreich (1805) und Preußen (1806) – neu geschaffenen deutschen Staaten, die er 1812 zwang, wie auch Preußen und Österreich, ihm in seinem Kriegszug gegen Rußland mit ihren Armeen Waffenhilfe zu leisten (was besonders verlustreich war für die Süddeutschen in seiner Mittelarmee); das alles geschah keineswegs freiwillig. Es stellt die Dinge auf den Kopf, damit den Wiederaufbau und Neubau, auch den geistig-politischen (neben dem Marshallplan), mit Hilfe der damaligen Besatzungsmächte nach 1945 in Westdeutschland in Verbindung zu setzen.

Umgekehrt wird argumentiert, daß nur eine Verlagerung des deutschen politischen Schwerpunktes nach Berlin ein gutes Verhältnis zum Osten, vor allem zur Sowjetunion ermögliche. Doch die von Bonn aus geleitete Politik beweist das Gegenteil. Dabei erstrebt Bonn ja durchaus kein „Super-Rapallo", wie „Le Monde" und „The Economist" schon beim Treffen von Kohl und Gorbatschow in Stavropol argwöhnten, sondern normale gute Beziehungen zu dem für uns bleibend wichtigsten Staat in Osteuropa. Das Verhältnis zu Polen ist sensibler, da erst mit dem „Zwei-plus-vier"-Abkommen die „Oder-Neiße-Grenze" von Deutschland völkerrechtlich anerkannt wurde. Würde das deutsch-polnische Verhältnis erleichtert, wenn Berlin an die Stelle Bonns träte?

Die Frage der Milliarden für einen Umzug von Bonn nach Berlin will ich beiseite lassen und auch nur kurz darauf hinweisen, daß in Berlin noch immer zwei Bevölkerungen fast ohne Berührung nebeneinander leben; daß der Zustand der Häuser ganzer Bezirke im Ostteil der Stadt jammervoll und die Wohungsnot groß ist; daß es dort Rechts- und Linksradikalismus gibt, der mit seinen Auftritten sehr wohl die ruhige, ungestörte Regierungsarbeit gefährden kann. Daß man Berlin – nach der Erneuerung seiner veralteten Industrie im früheren Ostteil der Stadt – zu einer europäischen Metropole für Wirtschaftsmessen und Kunstausstellungen, für Konzertereignisse und Tagungen jeder Art ausbaut, das ist möglich und wünschbar; nur die Regierung sollte nicht dorthin verlegt werden. – Ich will statt dessen auf einen viel fundamentaleren Faktor hinweisen, auf das Bild, das Deutschland, gerade auch das nun vergrößerte geeinte Deutschland, der Welt bietet mit einer Entscheidung, die weit über die deutschen Grenzen hinausreicht.

Hagen Schulze

Die Politik war immer das Schicksal der Stadt

Berlins Rolle kann nur von der neuen Zentralität in Europa her gedacht werden

(Aus: „Der Tagesspiegel" vom 3. 4. 1991)

Man weiß, daß Berliner dazu neigen, sich selbst für bedeutend und ihre Stadt für den Mittelpunkt der Welt zu halten. Es muß deshalb betont werden, daß der folgende Satz nicht von einem Berliner, sondern von einem Bürger Oxfords stammt: „Berlin besitzt einen größeren Anspruch darauf als jede andere Stadt, symbolische Mitte des 20. Jahrhunderts genannt zu werden, wie London es für das 19. Jahrhundert war." Noch zu Beginn unseres Jahrhunderts hätte Alan Bullocks Bemerkung Kopfschütteln ausgelöst – Berlin war gewiß schon die Hauptstadt des Deutschen Reichs, aber die Parvenu-Hauptstadt eines Parvenu-Staats, an Ausstrahlungskraft anderen europäischen Kapitalen wie London, Paris, Wien oder St. Petersburg unterlegen. Und was Berlins Rolle in Deutschland anging, so bemerkte der französische Journalist Jules Huret noch um die Jahrhundertwende: „Berlin wird von den Deutschen nicht als die Hauptstadt Deutschlands anerkannt. Köln, Hamburg, Dresden, München, alle diese alten Großstädte weigern ihm diesen Vorrang; die konkurrierenden Stadtväter machen gern darauf aufmerksam, daß es in Berlin kaum ein altes Denkmal gebe, die Kaufleute führen die ein bis zwei Handelshäuser an, die höchstens auf hundert Jahre zurückblickten, indes Bremen, Köln, Mainz, Leipzig und zehn andere wichtige Städte sich ihrer weitaus älteren Firmen rühmen dürften." Berlin stellte im eigentlichen Wortsinn eine Außenseiterexistenz dar, weit nach Osten hin gelegen und durch nichts für eine Hauptstadtrolle legitimiert als durch die Macht der preußischen Bajonette.

Wer heute von Berlins Rolle im Deutschland und im Europa der Zukunft redet, sollte das im Auge behalten: Nie in seiner Geschichte hat Berlin eine natürliche, also eine selbstverständlich gegebene Rolle gespielt. Bis heute ist Berlin eine weitgehend künstliche Schöpfung, von den Launen der Geschichte und den wandelbaren Erfordernissen der Politik weitaus mehr gestaltet als durch die Gunst seiner geographischen Lage oder die Logik der wirtschaftlichen Gravitationskräfte.

Welch ein Kontrast zu den Hauptstädten der Staaten an der europäischen Peripherie! Spätestens seit dem hohen Mittelalter waren London oder Paris die unumstrittenen politischen, wirtschaftlichen und kulturellen Zentren Englands und Frankreichs; seit dem frühen 15. Jahrhundert stehen Kopenhagen, seit dem 16. Jahrhundert Madrid, seit dem 17. Jahrhundert Stockholm als Hauptstädte ihrer jeweiligen Staaten fest, und Moskau, das „Dritte Rom", blieb auch nach der Verlegung des Regierungssitzes nach St. Petersburg die eigentliche russische Reichshauptstadt.

Offenbar, das zeigt bereits diese flüchtige Aufzählung, steht die Bildung von Hauptstädten und stabilen politischen Machtzentren im Zusammenhang mit der Festigung von Staaten; ist erst die Konkurrenz der verschiedenen Regionen oder Teilstaaten überwunden, ist auch die Hauptstadtfrage geklärt. Und es zeigt sich auch, daß der Mittelpunkt politischer Macht auch den Geist und das Kapital anzieht. Hauptstädte sind traditioneller Weise auch kulturelle und wirtschaftliche Zentren; auf sie laufen die wichtigsten Verkehrswege zu. Erst die großen Umwälzungen des 20. Jahrhunderts, die Furcht der Politiker vor den städtischen Massen, die Suche nach sichtbaren Zeichen für einen politischen Neubeginn führen zur Gründung von Ersatzhauptstädten und damit zur Trennung von politischer, wirtschaftlicher und symbolischer Mitte; Bonn, Ankara, Islamabad oder Brazilia sind die geläufigen Beispiele.

Wie soll sich aber eine solche Mitte bilden, wenn keine dauerhafte staatliche Einheit existiert? Anders als an der europäischen Peripherie hat sich die deutsche Mitte Europas erst sehr spät zusammengeschlossen; bis zur Gründung des Bismarck-Staats 1871 blieb die europäische Mitte insgesamt gestaltlos, politisch ungenau definiert und ohne klare Grenzen. Kein Land hat im Laufe seiner Geschichte so viele Hauptstädte gehabt wie dieses Mitteleuropa, das wir nur mit Vorbehalten „Deutschland" nennen dürfen: Aachen, Speyer, Goslar, Frankfurt, Nürnberg, Prag, Wien. Im 18. Jahrhundert, als alle wichtigen europäischen Hauptstädte bereits fest gegründet waren, konnte niemand genau sagen, welches denn die deutsche Hauptstadt war: [Wien war eher Hauptstadt der Großmacht Österreich als des halbmetaphysischen Reichs, das in anderen Städten größere Präsenz besaß: In Regensburg, wo der Reichstag seinen Sitz hatte, in Frankfurt, der alten Krönungsstadt, in Wetzlar, dem Ort des Reichskammergerichts, dessen Existenz uns durch Goethes Schilderung so deutlich vor Augen steht, ja selbst in Nürnberg, dem Aufbewahrungsort der Reichskleinodien. Als 1782 der russische Gesandte Romanzoff Joseph II. fragte, was denn die Hauptstadt des Heiligen Römischen Reiches sei, zögerte der Kaiser, denn darüber hatte er noch nie nachgedacht, und meinte schließlich: „Ich glaube, Rom." Der russische Gesandte vermutete einen kaiserlichen Scherz, bekam aber nie eine bessere Antwort].

Übrigens war auch das Bedürfnis nach einem mitteleuropäischen oder deutschen Zentrum gering. Ein zweites Paris, darin waren sich die Gebildeten im ausgehenden 18. Jahrhundert einig, würde die kulturelle Vielfalt Deutschlands erdrücken. Wieland sagte geradezu voraus, daß es für die Deutschen „niemals einen gemeinsamen Mittelpunkt, nie einen gemeinschaftlichen Schauplatz für Talente, Künste und Wissenschaften, nie eine allgemein anerkannte Hauptstadt Germaniens" geben werde.

Nicht nur im Wettbewerb mit den alten Hauptstädten des Reichs, auch mit denen der vielen deutschen Staaten lag Berlin nicht gut im Rennen. Seit 1701 war der brandenburgische Kurfürst aus eigener Machtvollkommenheit König in Preußen – eine unverhohlene Herausforderung an die Habsburger in Wien. Doch der Glanz seiner Residenz hielt sich in Grenzen; immerhin waren seit kurzem die wichtigsten Straßen gepflastert, Misthaufen und Schweinekoben fand man nur noch vor den niedrigen, strohgedeckten Katen in den Nebenstraßen, während die Hauptstraßen bereits hier und da von geschlossenen zwei- und dreistöckigen Häuserfronten gesäumt waren. Und dennoch, welch ein Kontrast zwischen dieser fast osteuropäischen Möchtegern-Residenz und dem Glanz Wiens, Paris' und Londons! Wie unbedeutend Berlin war, erkennt der Besucher des Berliner Stadt-Museums heute bereits daran, daß der älteste Stadtplan, aber auch die früheste Stadtansicht erst um 1650 gestochen wurde. Wie Berlin vorher ausgesehen hat, wissen wir allenfalls aus indirekten Zeugnissen.

Es bedurfte erheblicher Anstrengungen, um diese künstliche Hauptstadt eines künstlichen Staatswesens mit der Außenwelt zu verbinden. [Noch im Laufe des 18. Jahrhunderts existierten nur unbefestigte Wege durch die Mark Brandenburg, Postkutschen und Lastkarren mußten sich tagelang durch den tiefen Sand quälen, um Berlin zu erreichen, und nur der vom Großen Kurfürsten mit erheblichem Aufwand gebaute Oder-Havel-Kanal ermöglichte die Versorgung der Stadt mit Baumaterialien, aber auch mit Getreide, das von weither herangeschafft werden mußte, weshalb die Lebenshaltung in Berlin nicht erst heute teurer ist als in Westdeutschland.] Das Wachstum, die Anziehungskraft Berlins auf Zuwanderer war eine direkte Folge des Erfolgs der Hohenzollern. Im Jahrhundert des preußischen Aufstiegs von einer zweitrangigen Regionalmacht zur europäischen Großmacht, also zwischen 1700 und 1800, nahm die Einwohnerzahl Berlins von 30 000 auf 170 000 zu, also um das Sechsfache, um in den Jahren der napoleonischen Okkupation, also zwischen 1806 und 1813, wieder vorübergehend um ein gutes Viertel abzunehmen: In den Zahlen spiegelt sich die Abhängigkeit des Rangs der Stadt von der jeweiligen politischen Konjunkturlage. Die Hauptstadt Preußens war das Symbol des Staats: Eine auf märkischem Sand gegründete angestrengte Existenz, die ohne den dauernden Willen zu Ausdehnung in sich zusammenfallen mußte.

Selbst im Vorfeld der Reichseinigung spielte Berlin, etwa als Hauptstadt des künftigen deutschen Nationalstaates, kaum eine Rolle. Frankfurt war der Tagungsort des Bundestags des Deutschen Bundes und damit die einzige wirklich zentrale Stadt in Deutschland, und die Revolution von 1848 bestätigte diesen Hauptstadtanspruch. Und selbst nach Königgrätz erschien die Wahl Berlins als Hauptstadt des neuen Deutschen Reiches – einstweilen noch Norddeutschen Bundes – noch nicht selbstverständlich. Die nationalliberale Reichstagsfraktion sprach sich für Kassel als deutsche Hauptstadt aus, um die Unabhängigkeit des Parlaments von Preußen zu dokumentieren, und selbst Königin Augusta und Kronprinz Friedrich wandten sich gegen Berlin als Regierungssitz. Es war ausschließlich Bismarcks Entscheidung, an Berlin als Hauptstadt festzuhalten; in seinem Promemoria vom 4. September 1866 erklärte er geradezu, nicht Preußen dürfe von Deutschland assimiliert werden, sondern Deutschland von Preußen, und Preußen könne nur der „die Entwicklung beherrschende Kern“ bleiben, wenn Berlin Hauptstadt werde. [Zugespitzt läßt sich mit dem Frankfurter Historiker Kropat formulieren: „Wenn Deutschland nicht durch die Staatskunst Bismarcks und die militärische Kraft Preußens, sondern durch eine bürgerliche Revolution geeinigt worden wäre, hätten kaum Zweifel daran bestanden, daß nicht Berlin, sondern Frankfurt die Hauptstadt des Deutschen Reiches geworden wäre.“

So wurde also Berlin zum politischen Mittelpunkt des deutschen Nationalstaats, der seinerseits in der Mitte Europas lag.] Innerhalb weniger Jahrzehnte holte Berlin, verspätete Metropole eines verspäteten Nationalstaats, in rasendem Tempo den größten Teil des Vorsprungs auf, den Paris und London in jahrhundertelanger Entwicklung gewonnen hatten. Die Stadt platzte förmlich aus den Nähten: 1870 hatte sie 830 000 Einwohner, 1890 waren es anderthalb Millionen, am Vorabend des Ersten Weltkrieges fast 2 1/2 Millionen. Und mit dem Aufstieg des Deutschen Reichs zu einer der großen Mächte wuchs auch die europäische Ausstrahlungskraft der Reichshauptstadt.

Mit dem Ersten Weltkrieg war diese europäische Zentralität Berlins wieder abgebrochen; als Hauptstadt eines besiegten, auch moralisch verfemten, aus der Völkergemeinschaft ausgeschlossenen Staats sank die Stadt einstweilen zu internationaler Zweitrangigkeit zurück, während andere europäische Hauptstädte wie Prag und Warschau sich in den Vordergrund schoben. Aber das galt nicht für die kulturelle Ausstrahlung Berlins. Die avantgardistische Kultur der Zwanziger Jahre wurzelte, ihrem Mythos zufolge, in Berlin. Eigentlich war da nichts wirklich neu – was da fröhlich, grell, dekadent und rasant die Bühnen, Galerien und Publikationen besetzte, entstammte eigentlich schon der Vorkriegszeit. Aber der offizielle und bürgerliche Akademismus war von Krieg und Revolution hinweggefegt, und übriggeblieben war die Avantgarde, schon etwas in die Jahre gekommen, aber immer noch provokativ und aufregend. Die „Weimarer Kultur" müßte eigentlich „Berliner Kultur" heißen: ein fiebriger, vorwärtsdrängender, unerhörter Zeitgeist insgesamt, der von hier seinen Ausgang nahm und das Bild der Stadt für alle Welt prägte: Hier war etwas, was Berlin sich selbst verdankte, ohne die Geburtshilfe der Politik.

Doch dann konnte Europa mit fasziniertem Abscheu das Abgleiten Berlins zur Mitte eines modernen totalitären Staatswesens verfolgen: Von 1933 an bestand die Bedeutung Berlins für Europa, abgesehen von seiner Funktion als Reichshauptstadt, in seiner symbolischen Stellung für Gewalt und Verführungskraft des Nationalsozialismus. Daß Berlin auch eine Stadt des Widerstands war, daß bis zu den letzten einigermaßen freien Reichstagswahlen vom 5. März 1933 der nationalsozialistische Stimmenanteil in Berlin immer weit unter dem Reichsdurchschnitt gelegen hatte, daß noch zu Kriegsbeginn Galerien am Kurfürstendamm verfemte, „entartete" Künstler ausstellten, daß die „Bekennende Kirche" ebenso wie die „Mittwochsgesellschaft" bis hin zur kommunistischen „Roten Kapelle" im Mittelpunkt der Macht operierten, wurde damals und wird auch heute kaum wahrgenommen.

Doch die alliierten Bomber und sowjetische Soldaten bereiteten alledem ein schreckliches Ende. Als am 8. Mai 1945 die Waffen schwiegen, lebten in Berlin kaum halb so viele Menschen wie zu Kriegsbeginn. Die Stadt war nur noch ein gewaltiger Schuttberg. Das Reich zerschlagen, Preußen ausgelöscht – was sollte da noch die Hauptstadt? Aber nach dem Willen der Alliierten existierte Deutschland „als Ganzes" weiter. Die oberste Gewalt wurde von den Siegermächten übernommen und amtierte in Gestalt des Alliierten Kontrollrats weiterhin in Berlin, das somit deutsche Hauptstadt blieb. Das war allerdings nicht in erster Linie von praktisch-politischer, sondern von symbolischer Bedeutung: Indem die vier Siegermächte in der deutschen Hauptstadt, im geographischen Zentrum Europas präsent waren, versinnbildlichten sie ihre gemeinsame Verantwortung für den gesamten Kontinent. Berlin wurde damit zum Schlußstein der europäischen Friedensordnung von 1945, und so wollte es die Ironie des Schicksals, daß die Stadt nie eine zentralere Bedeutung besaß als in den Jahren der deutschen Katastrophe.

Daran änderte auch die Teilung der Stadt seit 1949 nichts, im Gegenteil: Der Kampf der West-Berliner um ihre Freiheit und Behauptung gegen den sowjetischen Druck weckte den Enthusiasmus der freien Welt, über Nacht wurden aus Nazi-Deutschen Freiheitshelden. Der Name Berlins stand jetzt in aller Welt für Selbstbehauptungswillen und demokratischen Widerstand.

Doch im Laufe der sechziger und siebziger Jahre wurde deutlich, wie künstlich diese mehrfache Zentralität Berlins war. Namentlich seit dem Mauerbau hing die westliche Teilstadt am westdeutschen Subventionstropf; daß der Glanz ihrer kulturellen und wissenschaftlichen Vielfalt, daß ihre Überlebensfähigkeit überhaupt dem westdeutschen Steuerzahler zu verdanken war, entsprach der Situation der östlichen Stadthälfte, deren Aufbau die übrige DDR aufs schwerste belastete.

Berlin blieb, was es von Anbeginn an war: eine angestrengte, künstliche Existenz, deren Schicksal die Politik war. Stets war sie Opfer oder Nutznießer der politischen Umstände; ihre Lebensfähigkeit und ihre Ausstrahlung waren abhängig vom Auf und Ab der brandenburgischen, preußischen und deutschen Geschichte. [Deshalb das Wurzellose, Hektische, stets auf Abriß und Erneuerung Bedachte, dieser auffallende Mangel an Traditionsbildung und gelassener Selbstsicherheit, daher jene Neigung zu schriller Egozentrik, die den auswärtigen Beobachter fasziniert und abstößt.]

Mit dem Fall der Mauer und mit der Bildung des zweiten deutschen Nationalstaats haben sich die Perspektiven Berlins abermals grundlegend gewandelt. Es wäre der Stadt zu wünschen, daß sie sich künftig bewußter auf eigene Beine stellt, statt sich erneut von politischen Konjunkturen abhängig zu machen. Jenseits des Politischen, im Wirtschaftlichen, vor allem aber im Kulturellen und Geistigen liegen Berlins eigene Kapazitäten, die bei der künftigen Entwicklung der Stadt im Vordergrund stehen sollten. Der Anspruch, Metropole zu sein, darf nicht mehr von der Politik geborgt werden. Es wäre kurzschlüssig, die Chance Berlins allein und vor allem in der deutschen Einheit zu sehen. Denn wie der neuerstandene deutsche Nationalstaat sein Gravitationsfeld ausbilden, wo er seine Mitte finden wird, das ist noch ganz undeutlich.

Das wirklich Neue in der gegenwärtigen Lage ist etwas ganz anderes, noch kaum Begriffenes: das absehbare Ende der Teilung Europas zwischen Ost und West, die Aufhebung der mehr als anderthalbtausend Jahre alten Spaltung unseres Kontinents. Berlin ist nicht mehr die östlichste Stadt des Westens, auch nicht die westlichste Metropole des Ostens, sondern Dreh- und Angelpunkt zwischen Atlantik und Ural. Wirtschaftlich wie kulturell liegt Berlin heute in der Mitte Europas – von dieser neuen Zentralität her muß Berlin gedacht werden, und das in einem Maßstab, der diesem Anspruch gerecht wird. In ihrer baulichen und stadtplanerischen Erscheinung muß sich die Metropole der europäischen Mitte ebenso großzügig darstellen wie in der Qualität ihrer künstlerischen und wissenschaftlichen Einrichtungen, wie auch in der weit vorausschauenden Konzeption ihrer verkehrstechnischen Einbindungen.

Wenn die Politik sich Berlin wieder als Standort wählt, um so besser – aber es wäre ein entscheidender Fehler, davon die Zukunft der Stadt abhängig machen zu wollen. Nicht einem Bonner Gnadenakt sollte die Stadt ihr künftiges Gesicht verdanken, sondern der Besinnung auf die eigene Substanz, auf die selbsterworbenen Fähigkeiten. Kein ängstliches Klammern an historisch oder politisch verbriefte Vorrechte und Gewohnheiten, sondern der selbstbewußte Wille zur Mitte und zur Metropole Europas: Darin liegt Berlins Chance, die Stadt des 21. Jahrhunderts zu werden.

Karl Ferdinand Werner

Bonn ist das deutsche Washington

Warnung vor einer Rückkehr in ein isoliertes Reich

(Aus: „General-Anzeiger“, Bonn, vom 15. 6. 1991)

Bonn ist das deutsche Washington und hat sich als solches bewährt; warum will die Weltstadt Berlin Bundeshauptstadt werden? Will sie das wirklich – oder liest man nicht vielmehr, Berlin solle „Hauptstadt“ oder gar „wieder deutsche Hauptstadt“ werden? Warum wird dieser für eine Bundesrepublik, der die neuen Länder beigetreten sind, falsche Zungenschlag so wenig beachtet? Berlin war einst preußische Hauptstadt, dann Reichshauptstadt eines Reiches, das mit zwei Weltkriegen untrennbar verbunden bleibt und das mit dem Mann unterging, der sich Pläne für eine gigantische Welthauptstadt Berlin hatte anfertigen lassen – einer Stadt, die ihr Inferno als Opfer Hitlers erlebte.

Wer sich um „Bundeshauptstadt“ drückt und eine „deutsche Hauptstadt Berlin“ – wieder – will, träumt wieder vom „Reich“. Die Entscheidung, ob Bonn Bundeshauptstadt bleibt oder nicht, die allein beim deutschen Souverän, dem Bundestag als dem gewählten Vertreter des deutschen Volkes liegt, ist, und jeder Abgeordnete sollte daran denken, eine Entscheidung darüber, ob „Bonn“ nur eine Episode der deutschen Geschichte gewesen sein soll. Dabei war es ein Neubeginn, schon jetzt das segensreichste Staatswesen unserer Geschichte, das zu seinen Erfolgen, gemeinsam mit den westlichen Alliierten und den europäischen Partnern, die Vereinigung aller deutschen Länder zählen darf. Ohne eine durch politische Freiheit, sozialen Konsens und erfolgreiche Marktwirtschaft mit nie dagewesenem Wohlstand herausragende Bundesrepublik hätte es den Sog, der alles in Bewegung setzte, gar nicht gegeben. Jeder weiß, daß sie für den ganzen Osten, nicht nur den deutschen, das Fenster der freien Welt war.

Wer kein „Viertes Reich" will, und das ist die überwältigende Mehrheit der Deutschen, sollte den ersten Schritt zurück zum „Reich" nicht tun, den die Wahl Berlins zur „deutschen Hauptstadt" – weil es dies schon „immer" (keine 75 Jahre) gewesen sei – bedeutet. Es geht nicht um historische Reminiszenzen, um den Dekor einer „Hauptstadt" als Belohnung für Verdienste, sondern um eine Wegscheide, mit entsprechender Verantwortung für den Bundestag. Wer unsere Bundesrepublik für eine Episode hält, in der die besiegten Deutschen sich angepaßt und brav verhielten, während sie jetzt, wieder „groß" geworden, ihr wahres Gesicht zeigen können, verkennt den inneren Wandel der Deutschen und die Veränderungen in Europa, die noch von den Gründervätern einer vermeintlich „provisorischen" Bundesrepublik nicht vorausgesehen werden konnten. An diesem Wandel hat Berlin einen entscheidenden Anteil.

Das alte Berlin ging als Reichshauptstadt unter, das neue, freie Berlin ist zwischen 1945 und 1990 zu einem Weltsymbol des Widerstands gegen Totalitarismus und des Sieges über ihn geworden. Berlins wohlverstandenes Interesse kann nicht im Anknüpfen an den falschen Traditionsstrang liegen. Nicht die Bundesrepublik, die gemeinsam mit ihren Alliierten das Durchhalten des neuen Berlin unterstützte, darf bloße Episode werden, sondern das untergegangene Zweite wie Dritte Reich muß Episode bleiben. Man kann sich keine andere Geschichte machen, aber man kann und muß sich entscheiden, zu welchen Momenten und Inhalten der eigenen Geschichte man sich bekennt und zu welchen nicht: Die Richtung des politischen Willens für die Zukunft hängt davon ab.

Ein Leserbrief in der FAZ, der „rheinbündische" Tendenzen der Befürworter Bonns anprangert, verrät im Zeitalter der europäischen Einigung einen Verfasser nicht von gestern, sondern von vorgestern. „Europa" hat seinen Kern nun einmal im Raum um die zu Recht vielfach angesprochene Rheinachse, die Italien mit England verbindet. Hier lagen einst die größten Zentren bürgerlicher Freiheit, Kultur und Wirtschaftsmacht von Mailand über Straßburg, Frankfurt und Köln bis Brügge, Antwerpen, Amsterdam und London; hier sind heute die wichtigsten Industrieansiedlungen, wie französische und deutsche Wirtschaftsmagazine betonen. Auf dieser Achse liegen die Zentren der Europäischen Gemeinschaft, Straßburg, Luxemburg und Brüssel, und auf ihr liegt Bonn. Wollen sich die Deutschen an Stelle dieser Präsenz einen peripheren Schmollwinkel in Berlin sichern? Wollen sie, wie manche meinen, dort für ein künftig „mehr östliches Europa" eintreten, ein „Gegeneuropa", das die Deutschen erneut politisch isolieren würde? Denn nicht einmal der Osten will einen deutschen Vorreiter – Tschechen, Ungarn und Polen werden sich auch weiterhin direkt an Brüssel und Straßburg, an Paris, London und – wenn es noch da ist – an Bonn wenden, nicht an eine deutsche Europa-Vermittlungsstelle Berlin. Die Bürger von Leipzig und Dresden haben 1989 gegen, nicht für Berlin demonstriert; sollen sie sich jetzt freuen, wenn – mit dem besonderen Flair der Deutschen für politische Symbolik – Regierungsbehörden des freien Deutschland in einstigen Pankower Ministerien residieren?

Das wichtigste zuletzt: Wir sind eine echte Bundesrepublik, mit bewährter förderaler Struktur, in einem Land, das ein „Reich ohne Hauptstadt" war, weil nie ein Teil alle anderen dominieren konnte, weder die sächsischen, noch die fränkischen, schwäbischen, bayerischen oder habsburgerischen Kaiser. Wie in anderen Bundesstaaten, etwa in den Vereinigten Staaten von Amerika und Australien, übt der Ort, an dem sich die Bundesbehörden befinden, eine eher dem Ganzen dienende (im besten preußischen Sinn) als eine beherrschende Funktion aus. Das sollte so bleiben. Zu einer Nachahmung des Pariser Zentralismus mit seiner Verachtung für die „Provinz" besteht bei uns kein Anlaß, wo die kulturellen wie die wirtschaftlichen Leistungen über viele Zentren breit gestreut sind, was man in Frankreich jetzt anzustreben beginnt.

Niemand in der Welt bestreitet die volle Freiheit der deutschen Entscheidung. Viele erwarten, daß sie auf Berlin fallen wird. Es geht also nicht um eine „Gefälligkeitswahl“ für einstige Sieger, sondern um die Chance, der erstaunten Welt zu zeigen: Es hat sich etwas geändert bei den Deutschen, sie wollen eine freie, respektierte Partnernation sein und nie mehr ein letztlich isoliertes Reich.

(Zuerst erschienen als Leserbrief in der „Frankfurter Allgemeinen Zeitung“ vom 13. 6. 1991).

Zum Abschluß

Karl Dietrich Bracher

Zeitgeschichtliche Anmerkungen zum „Zeitenbruch" von 1989/90

(Aus: „Neue Zürcher Zeitung" vom 20. 1. 1991)

Die so erregende Diskussion des vergangenen Jahres macht sichtbar, wie vielfältig und zugleich umfassend die Probleme und Perspektiven jener großen Umwälzungen im bisher kommunistisch dominierten Teil Europas sind, vor denen wir heute stehen. Ausgerechnet im üppig geplanten und eifrig begangenen 200. Gedenkjahr der Französischen Revolution von 1789, und doch gänzlich unerwartet, geschieht binnen weniger Monate ein „Zeitenbruch" (W. Mantl) von wahrhaft geschichtlichen Ausmaßen und Folgen. Diese ruckartige, revolutionäre und doch weithin eher gewaltfreie Veränderung der Verhältnisse beendet in Mittel- und Osteuropa eine jahrzehntelange rigorose Spaltung der Staaten und Gesellschaften Europas, seines Denkens und seiner Wertewelt.

Die Plötzlichkeit der Ereignisse und Prozesse mutet Betroffene wie Beobachter auf den ersten Blick beinahe wie ein Wunder an: „Wahnsinn!" war ein häufiger Ausruf der DDR-Flüchtlinge vom September/Oktober 1989, die damals über Budapest und Prag und schließlich auch durch die Mauer in den Westen gelangten. Das so elementar und existentiell erlebte Geschehen wurde von vielen als tiefgreifender Wandel voller Befreiungen und Erlösungen, hoffnungsvoller Verheißungen und hochgesteckter Erwartungen empfunden.

Wie immer wir den seit je umstrittenen (und mißbrauchten) Revolutionsbegriff verstehen wollen, es war zuerst und vor allem, wie es Helmut Schmidt (Leitartikel in: „Die Zeit" vom 8. November 1989) formulierte, „ein Aufstand gegen Zwang und Lüge", aufgebrochen angesichts der tiefen Diskrepanz zwischen

Ideologie und Wirklichkeit. Die Zwischenbilanz seither ist atemberaubend, in emotionaler und geistig-moralischer Hinsicht wie in concreto: Es kommt zum Umbruch scheinbar perfekt gesicherter politischer Systeme, Gesellschafts- und Denkformen, zum Zusammenbruch totalitär begründeter Diktaturen, zum Verfall des marxistisch-leninistischen Wahrheitsmonopols mit seiner Endgültigkeit beanspruchenden Geschichtsgewißheit der kommunistisch-sozialistischen Utopie.

Und auch „die Einheit der Deutschen kam als ein Geschenk der Geschichte, nicht als Verdienst einer Regierung, auch nicht als Erfüllung eines großen Planes. Sie kam auch nicht einfach aus einer deutschen Nationalbewegung, sondern als Teil einer größeren internationalen Bewegung ganz Osteuropas zustande. Sie wurde, anders als 1870/71, ohne Blut und Eisen, mit der raschen Entschlossenheit des Bundeskanzlers Kohl, dem Beistand Amerikas und der Zustimmung der europäischen Nachbarn vollbracht" (Günther Gillessen).

Dies Erleben führte nun wiederum im internationalen Maßstab zu weitgespannten Erwartungen auf eine Lösung der bisherigen geschichtlich-politischen Probleme, jedenfalls in Europa. Verkündet wird das Ende der Nachkriegszeit, das Ende der ideologischen, totalitären Diktaturen – wovon schon lange vorschnell gesprochen worden war –, ja, ein Ende der bisherigen Geschichte überhaupt durch den Sieg der liberalen Demokratie (Francis Fukuyama): was nun freilich doch wohl die Bedeutung des bisherigen Ost-West-Konflikts überschätzen hieße, wenn wir an die aktuellen Ereignisse im Persischen Golf oder an die aktuellen Probleme der „Perestroika" in der Sowjetunion denken. Sie zeigen auf schmerzhafte Weise, daß auch die ältere Weltgeschichte durchaus weitergeht.

Andere sprechen von einer neuen Vitalität der Nationen angesichts der Neige des Blockdenkens, des Verfalls des Sowjetreichs und der Überforderung der USA. Der Wandel von pseudodemokratischen Diktaturen zu freiheitlich-rechtsstaatlichen, pluralistischen Demokratien entbindet freilich zugleich wieder jene Ambivalenz des modernen Nationalismus, die auch der nationalen

Komponente der Befreiung vom kommunistischen Universalismus inhärent ist.

Die Gefahr einer Wiederkehr nationalstaatlicher Konflikte auf Kosten funktionsfähiger Demokratien, einer Störung demokratischer Rekonstruktion durch nationalistische Bewegungen, also eines Rückfalls in die Zwischenkriegszeit mit dem Vorrang nationalistischer vor demokratischer Politik, ist kaum zu bannen bei eifersüchtiger Rivalität völlige „Identität“ suchender und verheißender Nationalstaaten. Es ist wohl kein Zufall, daß seit einigen Jahren der Modebegriff der Identität eine so große Rolle spielt; er besitzt seine Berechtigung aber nur, wenn er nicht absolut gesetzt und der Tatsache Rechnung getragen wird, daß jeder, ob er es will oder nicht, durchaus mehrere Identitäten in sich trägt; und daß die Absolutsetzung einer kollektiven Identität eine Gefahr darstellt, die wir in unserem Jahrhundert des Zwangs, der Verführung und Gleichschaltung mehrfach bitter erlebt haben.

Diesen alt-neuen Problemen des Nationalstaats kann auf Dauer nur durch eine Föderalisierung Europas mit abgestuften Formen der Integration begegnet werden. Es ist die Aufgabe, vor der wir heute in erster Linie stehen. Dafür bieten das Vorbild der EG, der Europarat sowie der KSZE-Prozeß auch institutionell bessere Voraussetzungen denn je: zu einer Relativierung sowohl des Nationalstaats- wie auch des Souveränitätsprinzips. Nur auf diese Weise kann es auch zu einer Entschärfung der historischen Minderheiten- und Regionalprobleme kommen, sowohl in menschenrechtlicher wie in ökonomisch-sozialer Hinsicht. Diese geschichtliche Aufgabe, an der das 20. Jahrhundert bisher gescheitert war, ist auch mit 1989 nicht gelöst, vielmehr erneut bewußt und aktuell geworden. Auch der plötzliche Übergang von totalitärer Plan- zu sozialer Marktwirtschaft ist allenfalls europäisch zu verkraften.

„Die Geschichte geht weiter“ (R. v. Weizsäcker), natürlich, und sie wiederholt sich auch hoffentlich nicht. Aber nur dann ganz gewiß, wenn es auch zu einer intensiven Aufarbeitung der Vergangenheit in den jüngst gestürzten Diktaturstaaten kommt. Besonders kompliziert ist dies in einer noch halbdiktatorischen

Sowjetunion mit ihren z. T. auseinanderstrebenden Völkern, aber auch in jenen Ländern mit einer „doppelten Zeitgeschichte“, die wie die bisherige DDR unter zweifacher, 57-jähriger Diktaturerfahrung stehen, nationalsozialistischer wie kommunistischer. Es wird erneut bittere, längerdauernde Auseinandersetzungen über das Verhalten unter und gegenüber Diktaturen, zwischen Kollaboration, Distanz oder Widerstand geben; denn bisher war diese für unser Verständnis deutscher Geschichte und menschlicher Grundrechte so entscheidende Frage dort einseitig vom Slogan des „Antifaschismus“ überdeckt.

So geht es in Wahrheit nicht nur um ein Ende der seit den sechziger Jahren schon öfters für beendet erklärten Nachkriegszeit oder auch um eine neue „Stunde Null“, wie einst 1945 erträumt. Es geht vielmehr um einen Wendepunkt in der über 70-jährigen Geschichte antidemokratischer und totalitärer Systeme schon seit dem Ersten Weltkrieg: seit den Machtergreifungen Lenins und Mussolinis, des Kommunismus und des Faschismus. Das gilt auch für die viel mißbrauchten Gegenkräfte und Gegenbegriffe des Antikommunismus und des Antifaschismus. Von den Illusionen und Verwirrungen, die sich damit bis heute verbunden haben und noch verbinden, zeugte einst das fragwürdige Wort Thomas Manns von 1942: Der Antikommunismus sei „die Grundtorheit unserer Epoche“. Doch derselbe Thomas Mann schrieb dann auch 1951 an Walter Ulbricht im Blick auf die drakonische Justiz des SED-Regimes: „Der Kommunismus möge vermeiden, mit dem Faschismus verwechselt zu werden.“

Es ist dieser Zusammenhang, auf den sich die zu Unrecht verfemte Totalitarismus-Debatte vor wie nach dem Zweiten Weltkrieg bezieht. Sie betraf ja nicht zuletzt die Unterschätzung des Kommunismus auch im Westen. Dessen totalitäre Natur ist entgegen den Bagatellisierungen und Konvergenzprognosen falscher Entspannungsideologen schließlich im Zusammenbruch der kommunistischen Systeme noch einmal bestätigt worden: nicht zuletzt in den Ähnlichkeiten und Entwicklungen vom Gestapo- zum Stasistaat. Doch auch in der Zeit der alten und neuen Fundamentalismen behält diese totalitäre Erfahrung durchaus aktuelle

Bedeutung – denken wir etwa an den arabischen bzw. islamischen Nationalismus, aber auch an die Fortdauer der sozialistischen Utopie zumal unter Intellektuellen und an das kommunistische China mit immerhin fast einem Viertel der Weltbevölkerung.

Die Epoche totalitärer Bewegungen ist nicht zu Ende, so wenig wie die Möglichkeit ideologischer Verführung durch „politische Religionen" im Dienste monopolitischer Macht. Es bleiben Potenzen und Tendenzen alter und neuer Polarisierung, Radikalisierung und Utopisierung auch im – hoffentlich – postfaschistischen und postkommunistischen Zeitalter.

Auch beim Blick auf die positiven Aspekte des Wandels muß uns freilich die Erfahrung nachdenklich stimmen, wie schwer vorhersehbar das gegenwärtige Geschehende bis zuletzt war. Historiker, Sozialwissenschaftler, Philosophen wurden, wie Publizisten und Politiker, von den Umbrüchen, ihrer Schnelligkeit und Radikalität mehr oder weniger vollständig überrascht – und zwar oft gerade dann, wenn sie sich, wie die DDR-Forschung, besonders intensiv mit dem Gegenstand befaßten und dabei die DDR in ihrer Stabilität und Identitätsbildung weit überschätzten.

Vergleicht man (nun) als Historiker von Ideen und Systemen solche plötzlichen Zeitenwenden, so kann man beobachten, in welchem Maße das Erlebnis eines tiefgreifenden, großartigen oder erschütternden Wandelns schon immer dafür anfällig ist oder macht, „Zeitenbrüche" als Lösung oder gar Ende der Geschichte zu verkennen. Das reicht dann von Untergangsvisionen großer Imperien (wie sie 1918 von Spengler, 1987 etwa von Paul Kennedy entworfen wurden) bis zu apokalyptischen Visionen: Vom Ende des Staates oder gar der Menschheit schwanken sie zwischen Verfalls- und Fortschrittsdenken.

Zu vergleichende Zeitenwenden finden wir natürlich besonders in dem ambivalenten Verlauf der Französischen Revolution, auf glückhaftere Weise schon in der englischen „glorious revolution" oder in der amerikanischen Revolution mit ihrem republikanischen Selbst- und Sendungsbewußtsein. Historische Einbrüche finden wir natürlich dann in den totalitären Revolutionen Lenins und Hitlers mit ihrem endzeitlichen Totalanspruch. Doch auch die antike Geschichte bietet uns Beispiele solch euphorischer, scheinbar übergeschichtlicher Erhebung der Hoffnung auf endgültige Lösungen. Denken wir an das Zeitalter des Perikles und dessen Laudatio auf die athenische Demokratie bei Thukydides, oder an die Ära des Augustus als goldenes Zeitalter der Dichter (Vergil), mit der folgenen Idee von der Ewigkeit des Römischen Weltreiches: doch beide auch schon dem Niedergang nahe.

Wie eng in solch hochgestimmten Augenblicken der Geschichte Hoffnung und Enttäuschung beisammen liegen, bewiesen damals der Peloponnesische Krieg oder der Einbruch der „Barbaren", so wie auf 1789 bald die Einkerkerung der optimistischen Philosophen der Revolution (wie Condorcet) folgte, auf den Triumph freiheitlicher Demokratie die terroristische Dikatur Robespierres und schließlich die imperiale Autokratie Napoleons.

Die Ambivalenz früherer Zeitenwenden und ihrer Euphorien, die bald Ernüchterungen Platz machten, gilt auch für unser Jahrhundert. Sollten nicht die umwälzenden Ereignisse am Ende des Ersten Weltkrieges die große Stunde der Demokratie sein? Doch sie führten zum Dauerkonflikt der neuen Nationalstaaten, zu ihrer raschen Überfremdung durch autoritäre und totalitäre Ideologien und Systeme. Und auch nach der erhofften Befreiung von 1945 war trotz der gewaltigen Veränderungen, die mit der Niederwerfung von Faschismus und Nationalsozialismus einhergingen, weder das Ende der bisherigen Geschichte noch das der Diktaturen und Ideologien gekommen, im Gegenteil! Alte und neue Wunschbilder der „one world" begleiteten die Umgestaltung Europas und der Welt in der zweiten Nachweltkriegszeit, führten zu verhängnisvollen Fehleinschätzungen und Illusionen. In Wahrheit konnte die Renaissance der Demokratie im Westen Europas (man mag sagen: leider) nur gelingen und diesmal bestehen vermöge des heftig umstrittenen Willens zu einer gemeinsamen Verteidigung und Selbstbehauptung in enger Verbindung mit den USA, und sei es durch eine klare Scheidung, ja

Konfrontation der Systeme durch ein Gleichgewicht des (atomaren) Schreckens.

Die schließliche Wendung der Sowjetunion ist denn auch nicht denkbar ohne die westliche Nachrüstung qua Doppelbeschluß, die Moskau mit den Grenzen seiner Belastbarkeit konfrontierte, es zum Abzug aus Afghanistan brachte und sein Verlangen nach westlicher Wirtschaftshilfe angesichts des drohenden EG-Binnenmarkts verstärkte – aber auch sein Bedürfnis nach Sicherheitskooperation statt politisch kostspieliger Besetzungs- und Konfrontationspolitik zur Folge hatte. Denn die andere wesentliche Voraussetzung der Umwälzungen von 1989, das elementare Streben nach Freiheit und westlichem Lebensstandard auch im Ostblock, bestand ja durchaus schon vor Jahrzehnten am 17. Juni 1953 in Ostberlin wie dann 1956 in Budapest und 1968 in Prag – nur daß die Rote Armee damals nicht stillhielt, wie es jetzt 1989 geschah.

Es war jene Einsicht Gorbatschows und Schewardnadses in das Notwendige, Unumgängliche, mithin die Rolle geschichtlicher Persönlichkeiten (wie im Westen Reagan und Bush, Schmidt und Kohl), die den Durchbruch möglich machte. Realpolitik statt Ideologie, so Gorbatschow beim für die NATO-Zugehörigkeit Deutschlands entscheidenden Treffen im Kaukasus (16. 7. 1990), bedeutete also nicht ein Verschwinden von Politik, sondern das Streben nach zweckmäßiger Verwirklichung beiderseitiger Interessen, mit dem gemeinsamen Bekenntnis zum „Recht aller Völker, ihr Schicksal frei zu bestimmen" (Erklärung Gorbatschow/Kohl in Bonn am 13. 6. 1989).

Hier geht es um Veränderungen wie Konstanten, um widerlegte wie bewährte Ideen und Werte, um das Revolutions- wie das Renaissancehafte der gegenwärtigen Entwicklung bei der Beseitigung ideologischer Diktaturen und Rekonstruktion freiheitlicher Demokratien. Ihre Renaissance nun auch in Mittel- und Osteuropa kann auf jahrzehntelang verdrängten historischen Erfahrungen aufbauen, wie jetzt die Schnelligkeit und Unwiderstehlichkeit der revolutionären Ereignisse und die Durchsetzung von Mehrparteiensystemen anstelle totalitärer Regime beweist – alles Forderungen der Auseinandersetzung seit Beginn des Kalten Krieges, ja schon seit den „bürgerlichen" Revolutionen von 1848 und 1918.

Zumal im deutschen Falle wird auch deutlich: Es geht noch immer um Folgen von Krieg und Nationalsozialismus, um ein jüngstes und hoffentlich letztes Kapitel, mit dem nationales Einheitsverlangen seine europäisch-atlantische Einbindung findet, im Sinne postnationaler, menschenrechtlicher Orientierung und Entschärfung zwischenstaatlicher wie nationaler Antagonismen. Die neue Zeit führt viel Geschichte mit sich, als Kraftquelle, Belastung und Lernprozeß gleichermaßen und mit den Lernzielen: Primat der Demokratie und Europas, Verbindung von Selbstbestimmung und Toleranzangebot als Garantie bürgerlicher Gesellschaft (civil society) mit einer Friedensordnung, die auf dem Kompromißprinzip nach innen (Demokratie) und nach außen (Europa) beruht.

Die Historiker, eigentlich eher rückwärtsgewandte Propheten, können die Deutung von Wendezeiten im Licht vergleichender Erfahrungen versuchen mit der nötigen Bescheidenheit des aus der Rückschau Hellhörigen, doch nicht mit jenem Anspruch, die Richtung zu weisen, mit dem zumal die politisch-nationalen Historiker vom Schlage Heinrich von Treitschkes aufzutreten pflegten; eher schon mit Jacob Burckhardts abwägender Skepsis der weltgeschichtlichen Betrachtungen. Und was die Sozialwissenschaftler angeht, so ist ihr Anspruch auf Vorausdenken nicht mit Prognose zu verwechseln, der zweifelhaft bleibt, ja irreführend wirken kann, wenn er noch durch Medien und Massenkommunikation verstärkt und vergröbert wird. Das Reagieren von Menschen und Gesellschaften, Völkern und Staaten auf Druck oder Verführung – auch auf self-fulfilling prophecies – ist allenfalls nachträglich wissenschaftlich zu erfassen und zu deuten.

Was politisch wünschbar erscheint und in Frage steht, um die großen Chancen der Gegenwart zukunftsträchtig zu nutzen und zu sichern, hat Wolfgang Mantl sehr prägnant umrissen - und auch das benannt, was es zu vermeiden und zu hindern gilt. Die Vereinigung Deutschlands ist ein Kernstück der Überwindung der Teilung Europas, auch in der weltpolitischen Auswirkung. Sie mag den Nachbarn als Problem erscheinen, sie ist aber dann keine Gefahr, wenn sie sich vorranging als ein europäischer und demokratischer Prozeß und nicht wie nach 1914 als nationalistischer Sonderweg vollzieht - ganz abgesehen von den enormen wirtschaftlich-sozialen Lasten, die sie auch der Bundesrepublik auferlegt.

Nochmals: Dieser Umbruch in Europa ist nicht einfach ein „Wunder“, und auf Wunder ist auch fürderhin nicht zu warten. Im Unterschied zu der atemberaubenden Schnelligkeit der Veränderungen, der Politiker wie Analytiker kaum zu folgen vermögen, geht es nun um lange, weitere Bewährungsproben des Neuen: nach Art des „Bohrens harter Bretter“ (Max Weber) und eines „piece-meal engineering“ (Karl Popper) mit unberechenbaren Fristen und Kosten.

Denn nach wie vor müssen wir rechnen mit innerer und äußerer Gefährdung jener offenen, zivilen Gesellschaft, die 1989 erstmals in ganz Europa voll zum Durchbruch gekommen ist und die doch noch immer, blicken wir auf die Mitgliedsländer der UNO und die Dritte Welt, in der Minderheit ist. Gewiß: ein Problem der ökonomischen wie der politischen Entwicklung. Demokratie als Staat heißt „limited government“ – durch Machtbeschränkung, Gewaltenteilung und übernationale Bindung. Sie ist die immer fragile, stets angefochtene Staatsform der Selbstbeschränkung, der Einsicht in die Unvollkommenheit des Menschen, so, wie die Diktatur die Herrschaftsform seiner ideologischen Überhebung ist. Voraussetzung des Gelingens von Demokratie ist und bleibt darum die Möglichkeit einer weltoffenen, zivilen Gesellschaft, nicht die Ersetzung einer Ideologie durch eine andere.

[Nur soweit es gelingt, diesen Prozeß zu fördern und zu befestigen, ist die große Wende von 1989/90 von Dauer, sind die Gefahren eines Machtvakuums zu bannen, in dem Nationalismus und Autoritarismus an die Stelle des kommunistischen Totalitarismus treten und das vereinigte Deutschland erneut in die problematische Lage einer Zwischenmacht zwischen West und Ost hineingedrängt werden könnte. Auch diese Perspektive bietet keinen Grund für Euphorien, aber um so mehr für eine entschieden fortschreitende Politik der europäischen Einigung und Föderation, in steter Verbindung mit der bewährten atlantischen Gemeinschaft.]

(Vortrag anläßlich eines internationalen Symposiums auf Schloß Stainz bei Graz im September 1990).

Die Autoren

Benser, Günter, geb. 1931, Professor für Geschichte der Arbeiterbewegung, Direktor des Instituts für Geschichte der Arbeiterbewegung in Berlin-Ost (bis März 1992). Veröffentlichungen u. a.: Zur Herausbildung der Eisenacher Partei (1956); Die KPD im Jahre der Befreiung (1985)

Bracher, Karl Dietrich, geb. 1922, Professor emeritus für Politische Wissenschaft und Zeitgeschichte (Rheinische Friedrich-Wilhelms-Universität Bonn). Veröffentlichungen u. a.: Die Auflösung der Weimarer Republik (1955, 6. Auflage 1984); Europa in der Krise (1979); Zeit der Ideologien (1982, 2. Aufl. 1984); Die totalitäre Erfahrung (1987)

Esch, Arnold, geb. 1936, o. Professor für Mittelalterliche Geschichte an der Universität Bern (1977–1988), Direktor des Deutschen Historischen Instituts in Rom. Veröffentlichungen u. a.: Bonifaz IX. und der Kirchenstaat (1969); Pietismus und Frühindustrialisierung (1978)

Fischer, Fritz, geb. 1908, Professor emeritus für Geschichte der Neuzeit und der neuesten Zeit (Universität Hamburg). Veröffentlichungen u. a.: Griff nach der Weltmacht (1961, 4. Aufl. 1970; gekürzte Sonderausgabe 1967, hiervon Paperbackausgaben 1977 und 1984); Krieg der Illusionen (1969, 2. Aufl. 1970, Paperbackausgaben 1978 und 1987)

Gall, Lothar, geb. 1936, o. Professor für Neuere Geschichte an der Johann-Wolfgang-Goethe-Universität Frankfurt am Main. Veröffentlichungen u. a.: Bismarck. Der weiße Revolutionär (1980, 7. Aufl. 1990); Bürgertum in Deutschland (1989)

Garton Ash, Timothy, geb. 1955, Senior Research Fellow für europäische Zeitgeschichte am St. Antony's College an der Universität Oxford. Veröffentlichungen u. a.: „Und willst Du nicht mein Bruder sein ..." Die DDR heute (1981); Ein Jahrhundert wird abgewählt. Aus den Zentren Mitteleuropas 1980–1990 (1990)

Hartmann, Peter Claus, geb. 1940, o. Professor für Allgemeine und Neuere Geschichte an der Johannes-Gutenberg-Universität Mainz. Veröffentlichungen u. a.: Französische Verfassungsgeschichte der Neuzeit 1450–1980 (1985); Bayerns Weg in die Gegenwart (1989)

Keiderling, Gerhard, geb. 1937, Professor am Institut für Deutsche Geschichte in Berlin-Ost (bis 1991). Veröffentlichungen u. a.: Die Berliner Krise 1948/49 (1982); Berlin 1945–1986. Geschichte der Hauptstadt der DDR (1987)

Kocka, Jürgen, geb. 1941, Historiker am Wissenschaftskolleg zu Berlin und Professor an der Freien Universität Berlin. Veröffentlichungen u. a.: Klassengesellschaft im Krieg 1914–1918 (1973, 2. Aufl. 1978); Weder Stand noch Klasse. Unterschichten um 1800 (1990); Arbeitsverhältnisse und Arbeiterexistenzen. Grundlagen der Klassenbildung im 19. Jahrhundert (1990)

Meier, Christian, geb. 1929, Professor für Alte Geschichte an der Ludwig-Maximilians-Universität München. Veröffentlichungen u. a.: Caesar (1. und 2. Aufl. 1982, Paperbackausgaben 1986 und 1988); Vierzig Jahre nach Auschwitz (1987, veränderte Aufl. 1990); Die politische Kunst der griechischen Trägödie (1988); Die Nation, die keine sein will (1990)

Muller, Steven, geb. 1927, Präsident der Johns-Hopkins-Universität von Maryland und Vize-Vorsitzender des Vorstandes des American Institute for Contemporary German Studies in Washington (1972–1990), Vorsitzender von The 21st Century Foundation, Washington (ab 1990). Veröffentlichungen u. a.: Documents on European Government (1963)

Nipperdey, Thomas, geb. 1927, o. Professor für Neuere Geschichte an der Ludwig-Maximilians-Universität München. Veröffentlichungen u. a.: Deutsche Geschichte 1800–1866 (1983, 5. Aufl. 1991); Deutsche Geschichte 1866–1918 (1990, 2. Aufl. 1991)

Nolte, Ernst, geb. 1923, Professor emeritus für Neuere Geschichte (Freie Unversität Berlin). Veröffentlichungen u. a.: Der Faschismus in seiner Epoche (1963); Der Europäische Bürgerkrieg 1917–1945 (1987); Geschichtsdenken im 20. Jahrhundert (1991)

Oertzen, Peter von, geb. 1924, Professor für Politikwissenschaft a. D. (Universität Hannover), Mitglied im Parteivorstand der SPD, Leiter der „Parteischule". Veröffentlichungen u. a.: Betriebsräte in der Novemberrevolution (1963, 2. Aufl. 1967); Die soziale Funktion des staatsrechtlichen Positivismus (1974)

Pommerin, Reiner, geb. 1943, Universitätsprofessor für Neuere und Neueste Geschichte an der Friedrich-Alexander-Universität Erlangen-Nürnberg. Veröffentlichungen u. a.: Der Kaiser und Amerika (1986); Von Berlin nach Bonn (1989)

Schulze, Hagen, geb. 1943, Universitätsprofessor für Neuere Geschichte an der Universität der Bundeswehr München. Veröffentlichungen u. a.: Otto Braun oder Preußens demokratische Sendung (1977, 3. Aufl. 1981); Weimar 1917–1933 (1982, 3. Aufl. 1986); Der Weg zum Nationalstaat (1985, 2. Aufl. 1986); Die Wiederkehr Europas (1990)

Schwarz, Hans-Peter, geb. 1934, o. Professor für Politische Wissenschaft und Zeitgeschichte an der Rheinischen Friedrich-Wilhelms-Universität Bonn. Veröffentlichungen u. a.: Die Ära Adenauer 1949–1963, 2 Bde. (1981, 1983); Adenauer, 2 Bde. (1986, 1991)

Sheehan, James J., geb. 1937, Professor für Geschichte an der Universität Stanford. Veröffentlichungen u. a.: Der deutsche Liberalismus 1770–1914 (1983); German History 1770–1866 (1989)

Steinbach, Peter, geb. 1948, Professor für Politikwissenschaft (Historische und Theoretische Grundlagen) an der Universität Passau (1982–1992); Professor für Politikwissenschaft (Historische Grundlagen der Politik) an der Freien Universität Berlin (ab April 1992); Veröffentlichungen u. a.: Die Politisierung der Region: Reichs- und Landtagswahlen im Fürstentum Lippe 1866–1881 (1989); Die Zähmung des politischen Massenmarktes. Wahlen und Wahlkämpfe im Bismarckreich im Spiegel der Hauptstadt- und Gesinnungspresse (1990)

Stern, Fritz, geb. 1926, Seth Low Professor für Geschichte an der Columbia Universität New York. Veröffentlichungen u. a.: Gold und Eisen. Bismarck und sein Bankier Bleichröder (1978); Der Traum vom Frieden und die Versuchung der Macht (1988)

Stone, Norman, geb. 1941, Professor für Neuere Geschichte an der Universität Oxford. Veröffentlichungen u. a.: The Eastern Front 1914–1917 (1975); Hitler (1980); Europe transformed 1878–1919 (1984)

Stürmer, Michael, geb. 1938, o. Professor für Mittlere und Neuere Geschichte an der Friedrich-Alexander-Universität Erlangen-Nürnberg, Geschäftsführendes Vorstandsmitglied des Forschungsinstituts für Internationale Politik und Sicherheit der Stiftung Wissenschaft und Politik in Ebenhausen. Veröffentlichungen u. a.: Koalition und Opposition in der Weimarer Republik 1924–1928 (1967); Das ruhelose Reich 1866–1918 (1983)

Werner, Karl Ferdinand, geb. 1924, o. Professor für Mittelalterliche Geschichte an der Universität Mannheim (1965–1968), Direktor des Deutschen Historischen Instituts in Paris (1968–1989). Veröffentlichungen u. a.: Das NS-Geschichtsbild und die deutsche Geschichtswissenschaft (1967); Vom Frankenreich zur Entfaltung Deutschlands und Frankreichs (1984); Die Ursprünge Frankreichs bis zum Jahr 1000 (1989)

Winkler, Heinrich August, geb. 1938, o. Professor für Neuere und Neueste Geschichte an der Albert-Ludwigs-Universität Freiburg im Breisgau (1972–1991), Professor für Neueste Geschichte an der Humboldt-Universität zu Berlin (ab Oktober 1991). Veröffentlichungen u. a.: Mittelstand, Demokratie und Nationalsozialismus (1972); Arbeiter und Arbeiterbewegung in der Weimarer Republik, 3 Bde. (1984, 1985, 1987)

Personenregister